LES

PYRÉNÉES FRANÇAISES

PAUL PERRET

LES

PYRÉNÉES FRANÇAISES

ILLUSTRATIONS DE E. SADOUX

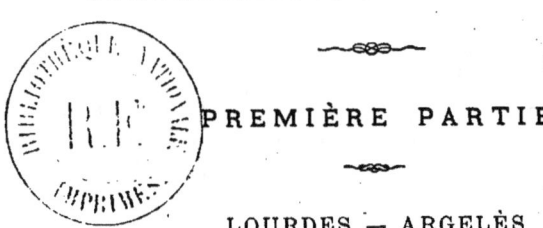

PREMIÈRE PARTIE

LOURDES — ARGELÈS
CAUTERETS — LUZ — SAINT-SAUVEUR
BARÈGES

LIBRAIRIE H. OUDIN, ÉDITEUR

PARIS | POITIERS
51, RUE BONAPARTE, 51 | 4, RUE DE L'ÉPERON, 4

MDCCCLXXXI

Il y a plusieurs sujets de discussion parmi les touristes, et l'un des plus ordinaires s'élève sur les mérites comparés des Pyrénées et des Alpes. On peut écouter le débat, secouer la tête, dire doucement : c'est affaire de goût, et se croire un sage. Ne pas prendre de parti est sûrement un coup de prudence en cela comme en toutes choses; mais c'est aussi une marque d'indifférence. Les personnes plus sensibles aux impressions avoueront volontiers que les Alpes leur ont causé un plus grand effet d'éblouissement peut-être, et les Pyrénées plus de surprises attachantes ; elles ont plus admiré les premières, et mieux aimé les secondes.

Ces Alpes gigantesques mais inégales vous écrasent ou vous déconcertent ; les premiers chaînons sont à peine des monts ; c'est une muraille qui court; et puis au-dessus, tout à coup s'élancent les grands pics : voici la région des glaciers aériens et des déserts célestes, le Mont-Blanc, qui se dresse à 2,500 mètres au-dessus de la hauteur moyenne de la chaîne. Le spectacle est magnifique, mais d'une magnificence qui décourage. On sent que tout cela est trop grand pour l'homme ; ce n'est point le genre de beauté qui nous convient, à nous, chétifs.

Beaucoup de gens très bien doués pour recevoir les émotions que *font naître les forces et les splendeurs de la nature ne voudraient point ne pas avoir vu les Alpes, et pourtant ne souhaiteraient pas d'y vivre.*

Les Pyrénées, au lieu de vous écraser, vous enveloppent ; elles ont plus de charme, parce qu'elles sont bien autrement animées et vivantes. Elles n'ont point ces étages de glaciers, point ces lacs immenses, pas ces reliefs colossaux et ces dépressions énormes. Elles déploient devant nos yeux leur robuste ceinture, et les pics qui se détachent des massifs avec leur parure de vapeurs ou de neiges nous causent des sensations auxquelles le trouble ou l'effroi ne viennent point se mêler. Très peu sont inaccessibles, et quelle que soit leur altitude, on ne perd jamais que pour un moment, quand on les gravit, la vue des riantes vallées couchées au pied des monts. On ne cesse pas d'apercevoir la terre, le monde vivant, et c'est un repos de l'esprit dans la fatigue du corps ; on ne se sent pas enfin lancé, abîmé dans l'espace. La superbe chaîne court d'une mer à une autre ; des deux côtés c'est l'étendue libre qu'on va retrouver en sortant de cette prison de calcaire ou de granit. Le charme dont nous parlions à l'instant grandit à mesure qu'on se rapproche de ces flots bleus ou de la plaine verte. La mer a des rayonnements, et la terre des fertilités méridionales. Les Alpes avec leur froidure implacable ne s'ouvrent au voyageur que dans le grand été ; on peut visiter les Pyrénées au printemps et s'y attarder à l'automne ; toutes les basses vallées sont des stations d'hiver. Le plus grand attrait, enfin, des Pyrénées, c'est qu'elles connaissent la variété des saisons.

Elles ont aussi, à défaut des vastes glaciers, des beautés qui leur sont particulières et que ne montrent point leurs orgueilleuses rivales. On ne rencontre pas dans les Alpes ces excavations prodi-

gieuses, si régulièrement creusées dans l'épaisseur du mont, qu'on dirait l'œuvre intelligente et réfléchie de quelque peuple de Titans plutôt que celle de la nature; — ces cirques immenses, comme Gavarnie, environnés de gradins où des nations entières pourraient s'asseoir. Au-dessus se dressent les jeux étonnants de la montagne figurant des tours coiffées de nues, des murailles sans fin, des escaliers qui semblent avoir été disposés pour l'escalade du ciel, les cités et les forteresses d'une race de géants disparus.

Les grands effets de surprise ne manquent donc point aux Pyrénées. Voilà pour les beautés de la nature. Quant à l'histoire, les Alpes rappellent de grands souvenirs; ceux qui se présentent ici ont une couleur plus antique et plus romanesque à la fois. Annibal portant la guerre offensive à Rome traverse les Pyrénées avec 90 mille fantassins, 12 mille chevaux, 60 éléphants. Tite-Live raconte que des ambassadeurs romains s'étant rendus en Gaule pour engager les Barbares à fermer aux Carthaginois les passages des monts, il s'éleva dans l'assemblée gauloise de tels rires accompagnés de cris si furieux que ces ambassadeurs tremblèrent pour leur vie; ils auraient été massacrés sans l'intervention des vieillards, « qui apaisèrent la jeunesse ». Les Gaulois pressentaient dans les Romains les maîtres de l'avenir et les haïssaient déjà, parce qu'ils allaient être bientôt obligés de les craindre. Ce coup d'audace d'Annibal est, sans que beaucoup de personnes s'en doutent, un des faits principaux de notre vieille histoire militaire nationale. Sertorius plus tard, les Arabes et les Aragonais plusieurs fois, surtout ceux de Don Pédro, qui vint combattre en faveur des Albigeois contre Simon de Montfort, ont effectué le passage, mais avec des succès douteux. Les Pyrénées ont leur pente au nord, leur escarpement *au midi ; la France a donc plus fréquemment et plus aisément envahi l'Espagne qu'elle n'a souffert de l'invasion espagnole. Annibal réussit pour plusieurs causes dont son génie n'était que la seconde ; la première, c'est qu'il eut les Gaulois pour alliés. Vingt siècles après, en 1814, Wellington, pénétrant par le côté le plus faible, marchant à la tête de quatre-vingt mille hommes contre Soult qui n'en avait pas la moitié, au milieu d'un des plus terribles naufrages que la France ait eu à subir, n'arriva pourtant que jusqu'à Toulouse, où nos débris l'arrêtèrent.* « En revanche, dit un historien « célèbre, les Gaulois, les Romains, Pompée, César, les Visigoths, « les Francs, Charlemagne, Philippe III, Du Guesclin, les armées « de Louis XIII et de Napoléon Ier, ont victorieusement franchi « les monts. »

Entre la France et l'Espagne, on compte environ quatre-vingts cols ou « ports » ; — *le nom de* « ports » *se donne dans les Pyrénées aux passages, comme celui de Gave aux cours d'eau. Sept seulement sont praticables aux voitures, une trentaine aux mulets. Ils sont, en général, placés à une assez grande altitude : ainsi le plus célèbre, paré du coloris de la légende, la* Brèche de Roland. *Il est situé sur le cirque même de Gavarnie, et vraiment il* « ébrèche » *la crête de la majestueuse enceinte. Tout le monde sait que cette ouverture y fut faite par le paladin, d'un coup de sa Durandal. Ce que la Brèche de Roland a de superbe et d'unique, c'est qu'elle s'ouvre sur la limite des deux territoires ; le regard, vers le nord, sur la patrie française, s'étend de là jusqu'à Toulouse ; au midi, sur la plaine d'Espagne, ondulant vers Sarragosse. La* « brèche » *est élevée à 9,000 pieds, et par conséquent domine la hauteur moyenne de la chaîne, qui n'est que de 2,500 mètres.*

Ce n'est pas encore la limite des neiges perpétuelles ; ce n'est donc point l'altitude qui rend les Pyrénées inabordables aux armées. « Elles ne pourraient opérer qu'à l'est ou à l'ouest, a écrit « M. Duruy dans sa belle introduction à l'Histoire de France, et « là, elles rencontreraient deux fortes places de guerre, Bayonne « et Perpignan, les deux portes de la France sur l'Espagne. Jamais « l'invasion n'a été tentée et ne pourra l'être par les deux routes à « la fois; car, les montagnes franchies, il resterait aux armées enva- « hissantes l'insurmontable difficulté de se relier l'une à l'autre, et « de combiner leurs mouvements à travers plus de 80 lieues d'un « pays où ne se trouve aucune vallée longitudinale, c'est-à-dire « parallèle à la chaine. » Cette disposition orographique a été fort justement observée par le savant historien; un autre écrivain l'a comparée à « une feuille de fougère » qui se diviserait d'abord par le milieu. « Ce sont ensuite des subdivisions en petits rameaux, « feuilles ou folioles, qui nous présentent en miniature l'économie « de cet immense système de monts. » Les contreforts se détachent du faîte à angle droit, puis se dirigent vers l'est ou vers l'ouest, formant de grandes vallées qui débouchent sur les deux mers. Des cours d'eau les traversent, et les principaux, dans la partie occidentale à laquelle sera surtout consacré le début de nos travaux, courent à la Garonne, ou, comme l'Adour et le Gave de Pau, roulent vers le golfe de Gascogne. Ces larges vallées se subdivisent elles-mêmes en un grand nombre de vallées plus petites : toujours les rameaux et les folioles de la fougère. Elles ont leurs villes assises aux différents étages du sol. Pau, qui regarde le pic du Midi d'Ossau, est déjà situé à plus de 200 mètres, Tarbes à 300. Au deuxième étage, nous rencontrons de ce même côté Argelès, Lourdes, les deux Bagnères, à 4, 5 et 600 mètres. Au-dessus d'Argelès s'ouvre la route de Cauterets.

L'étude que nous commençons, et que nous avons fermement résolu de poursuivre, sera particulièrement et même uniquement destinée à faire connaître dans leurs détails jusqu'à présent inexplorés, sous leurs nuances familières, et, si cela peut se dire, dans leur déshabillé, les Pyrénées françaises. Nous parcourrons pas à pas les replis de ces vallées, recherchant partout, en même temps que les beautés naturelles, les traces historiques, quêtant et rassemblant les légendes. Du fond de ces combes vertes, tapissées de tant de fraîcheur, et colorées pourtant de tons si chauds, nous irons à l'escalade des monts. Nous voudrions que ce livre fût le guide du touriste pendant le jour, et le soir, l'excursion achevée, son délassement. C'est trop d'ambition sans doute; mais c'est l'ambition d'être utile. L'objet que nous nous proposons est à la fois très simple dans sa conception et d'une exécution très laborieuse. Il faut dire beaucoup et aborder beaucoup de choses; l'écueil, en effleurant tous les genres, c'est de tomber dans le genre ennuyeux.

Heureux si nous l'avons évité dans ces premières pages!

LA VALLÉE DU LAVEDAN

LA CHAÎNE VUE DE COARRAZE

LES
PORTES DU BIGORRE

I

C'est un tout petit pays que le Bigorre ; mais il n'est point de ceux qui ont été heureux parce qu'ils n'ont pas eu d'histoire. De très grands personnages ont écrit la sienne, entre autres Pierre de Marca, qui fut président du Parlement de Pau, puis conseiller d'Etat d'Église, archevêque de Toulouse, archevêque de Paris, favori de Richelieu, et, malheureusement pour sa mémoire, l'un des quatorze juges de la commission extraordinaire qui jugea Cinq-Mars et de Thou. Alors il mérita trop bien sa fortune.

De plus anciens auteurs l'avaient précédé : Pline a dit son mot sur les Bigorrais, qu'il nomme « Begerri », et qui deviennent les « Bigorrines », suivant César. Les étymologistes devaient s'échauffer sur ce nom de Bigorre : il viendrait de « Bigorra », mot basque dont le sens serait « doublement fortifié »; — ou encore de « Bigoër », pays froid. Le Bigorre est fortifié plus que doublement, et ce n'est un pays froid que dans les hautes vallées, portant huit mois leur ceinture de neige. Nous nous garderons donc bien de disputer sur ces origines; car nous tenons à le dire encore une fois, — par respect pour la science, par égard pour le genre de lecteurs éclairés, mais point du tout spéciaux; que nous recherchons, nous n'essaierons pas d'écrire en savant.

La comté de Bigorre était belle, riche et forte; elle valait la peine d'être disputée, et le fut douze ou quinze siècles durant. Son premier ennemi fut son voisin le Béarn. Si vous partez de Pau, vous suivez, en le remontant, le cours du Gave; le flot roule plein de bruit et de lumière; il a souvent des gaietés furieuses, toujours des clartés vivantes. D'abord il traverse des prairies, et forme parfois des ilots plantés d'arbres. Là, vous remarquerez pour la première fois le caractère léger des feuillages; c'est ici que vraiment la verdure est « riante ». Sur cette route si doucement pittoresque, une ombre immense plane; vous avez déjà cessé d'apercevoir le pic du Midi d'Ossau, avec sa coiffure blanche; mais, sur la rive gauche du Gave, la première chaine se dresse. Vous tournez; il semble que ce soit cette masse noire qui s'avance sur vous. Le train s'arrête : c'est la station de Coarraze.

Une église crénelée, des restes de murailles, un château neuf sous lequel vous devinez de vieilles assises. Coarraze est la frontière des deux provinces; là, il y eut une forteresse qui servait à garantir le Béarn des revanches du Bigorre et du retour offensif, après l'incursion; là fut élevé Henri IV.

Au temps de Froissart, une étrange aventure arriva en ce château de « Corasse »; car c'est ainsi que l'écrit le vieux chroniqueur, qui, pour « Béarn », dit également « le pays de Berne ». Le sire de *Corasse*, « qui est une ville à sept lieues d'Ortais (pour Orthez), avoit un plait » en Avignon devant le Pape pour les dimes de l'Église, à l'encontre « d'un clerc de Cathelongne, lequel étoit en clergie très grandement « fondé ». Le Pape donna raison à messire Cathelongne, qui vint pour faire valoir son droit désormais consacré; mais le seigneur, au lieu de payer, lui montra une branche au bout d'une corde. Le clerc n'insista pas; seulement, tout en battant en retraite, il dit à son adversaire qu'il lui enverrait « un champion ». Trois mois après, le chevalier dormait « en son lyct lez de sa femme », quand « des messagers invisibles » se mirent à « tempester par toute la maison ». La nuit suivante, le tapage recommença. Le seigneur alors de « saillir sus en my son lict : — Qui est-ce qui ainsi bûche en ma chambre »? Une voix lui répondit : « Je suis le lutin Orion. Je viens de la part du clerc de Cathelongne, et te lairay en paix quand tu lui auras faict bon compte ».

Le chevalier était avisé; au lieu de brusquer le lutin, il le raisonna. « Le service d'un clerc ne vaut rien, lui dit-il. C'est lui qu'il faut que tu laisses, gentil Orion. Viens ça près moy et me sers. »

Il le persuada si bien que le lutin s'enamoura du sire. Il revint le voir toutes les nuits; la dame en eut d'abord « si grand paour, que tous cheveux luy en dressoient »; mais elle s'y accoutuma, voyant qu'il ne lui faisait point de mal, et qu'il instruisait son mari. Orion, toujours invisible, racontait comment il arrivait d'Angleterre, ou d'Allemagne, ou de « Hunguery »; il savait tout ce qui se passait dans tous les coins du monde, et le sire de Corasse, si bien informé, s'en allait à la cour du comte de Foix, son suzerain, à Orthez, et lui en faisait de bons contes : — Monseigneur, voici ce qu'on dit et ce qui se passe en Angleterre.

Le suzerain en était émerveillé. Il dit à son vassal : Votre lutin, ne l'avez-vous jamais vu ? — Jamais, Monseigneur. — Oh! bien, je serais plus curieux. — Il mit en tête du chevalier ce désir qui devait le conduire à mal.

Une nuit, comme Orion se glissait à son chevet, et lui tirait familièrement l'oreille, le châtelain lui dit : « Eh! donc, d'où viens-tu ? — Je viens de Prague en Bohême. L'Empereur d'Allemagne est mort ». Le chevalier se mit à calculer que Prague était à soixante journées de marche, pour le moins, depuis Corasse, et continua : — « As-tu des ailes » ? Finalement, et tout en devisant avec son lutin, il lui confessa la grande envie qu'il avait de le voir. — « Puisque vous avez un tel désir, répondit « Orion, la première chose que vous verrez et encontrerez « au matin, quand vous saudrez hors de votre lict, ce serai-je. »

Le matin, le chevalier s'éveille, regarde et cherche ; n'ayant rien découvert, il fit, la nuit suivante, de grands reproches au lutin qui l'avait berné. « N'avez-vous pas vu, dit Orion, deux fétus qui tournoient ensemble et se jouoient ? Ce étois-je. » Le seigneur le supplia de se faire connaitre sous une autre forme. Le lutin grondait : « Ci, vous me courroucerez et me perdrez ». Cependant il promit. Le lendemain, le chevalier vit en sa cour une longue truie, qui n'avait que les os et la peau, et cette vilaine bête le mit en colère : « Or, tôt mettez les chiens hors » !...

La truie s'était évanouie quand les chiens arrivèrent. On entendit un grand cri ; le sire de Corasse commença de penser qu'il avait fait une sottise.

La nuit tombée, il attendit, en demandant pardon au lutin d'avoir été trop prompt, mais vainement. « Oncques ne revint Orion, et le chevalier mourut l'an qui suyvit. » — Ainsi disparut le *reporter* de Coarraze, — le premier des reporters. Pour être surnaturel, il n'en était que mieux informé.

Il n'y a plus de seigneur et plus de lutin sur les bords du Gave.

LA VALLÉE DU LAVEDAN

II

Saint-Pé est une bourgade romantique : des maisons assises sur une terrasse épaulée à des roches, au-dessus du torrent ; l'ombre des montagnes qui la domine ; une superbe église malheureusement ruinée, maladroitement restaurée, à la voûte de laquelle est suspendu un objet précieux entre tous, car ce n'est rien moins que la clef du ciel. La clef de saint Pierre. Saint-Pé n'est que l'abréviation du nom de l'apôtre. Mais les habitants ne se trouveront peut-être point flattés de l'appellation de bourgade que nous donnons à leur *ville*. Elle n'a pas moins de 2,500 âmes, et ce ne sont pas des âmes inactives. Saint-Pé est un petit centre industriel ; on y fabrique des voiles et l'on y travaille les fers. C'est aussi un centre religieux ; on y voit un « petit séminaire » ; ce fut jadis terre d'abbé.

Le monastère de Saint-Pé eut une puissance considérable ; son abbé siégeait parmi les « pairs » du Bigorre. Ses querelles avec l'évêque le forcèrent souvent de comparaître devant le comte « en son château de Lourdes ». Ce fut cette antique illustration, et encore plus ses richesses, qui valurent à l'abbaye le fâcheux honneur d'une entreprise des protestants, vers 1570. Le sire de Montgomery, le même qui fut le meurtrier de Henri II, par mégarde dans un tournoi, enleva et brûla la ville et le couvent ; quand on a tué un roi, on n'épargne point du pauvre peuple et des moines.

Le chemin de fer court au-dessus, quelquefois au ras du Gave, sur des roches que l'eau vient frapper, d'autres fois dans des tranchées creusées à travers les « moraines » ; car toutes ces vallées si vastes, couchées dans les plis des monts, furent des glaciers autrefois. Sur ces hauteurs, le plus souvent dénudées, couvertes de pins en quelques endroits, ailleurs de hêtres, se fait chaque année, à l'automne, la chasse aux palombes. Si vous gravissez l'escarpement, vous rencontrerez à une faible altitude — 500 mètres environ — le joli lac de Lourdes.

Il est alimenté par des sources invisibles ; sa circonférence est de six kilomètres ; sa profondeur moyenne, de neuf mètres, et il présente une superbe nappe d'eau de couleur changeante. On n'y trouve point, quoi qu'on en ait dit, les traces d'anciennes habitations lacustres ; l'homme primitif, en ces régions, a laissé surtout ses vestiges dans les grottes, qui sont nombreuses aux environs de Lourdes et de Saint-Pé. Du lac, on retire des arbres non équarris, ce qui tendrait à prouver qu'il fut creusé par une commotion volcanique, à une époque relativement moderne, et qu'il faut rejeter la légende.

Une ville autrefois se serait élevée là ; ces traditions partout se ressemblent : la cité avait mérité, comme Gomorrhe, la colère du ciel, et Dieu, ayant résolu de l'effacer de la surface terrestre, voulut sauver une famille de justes. — Fuyez et ne regardez point derrière vous ! — Une femme regarda. On montre la pierre en laquelle fut changée cette curieuse de peu de foi. L'histoire de la femme de Loth s'est répandue en des milliers d'éditions à travers le monde ; il y a peu de variantes.

Le lac de Saint-Pé est extrêmement poissonneux ; les truites y sont de bonne chair, et l'on y pêche d'énormes anguilles. On peut croire que ces monstres friands étaient du goût des abbés de Saint-Pé, qui ne cessèrent de disputer le lac aux comtes de Bigorre ; mais ceux-ci ne cédaient rien de leur droit seigneurial en ce pays que commandait la forteresse de Lourdes, la clef de leur comté.

La gare de Lourdes est peut-être la plus pittoresque et la plus gracieuse des gares de France ; il est permis de supposer que ce n'est point la faute des ingénieurs, qui n'en ont pas choisi l'emplacement : il n'y en avait point d'autre. Au-dessous, le Gave roule, et sur le bord opposé, dans la combe profonde, sont assis, parmi la verdure, les établissements religieux. L'église neuve et de grande et riche allure les domine ; les étages de la montagne s'élèvent, et le pic de Jer, grand morne isolé, ferme l'horizon. A gauche, un bloc de rochers battu par les eaux porte à sa crête une vieille maison forte. Lourdes marque les premiers gradins de l'immense amphithéâtre des monts. De cette gare, on distingue le pic du Midi du Viscos, et plus loin, le haut chaînon ruiné que dépasse le pic d'Ardiden (près de 3,000 mètres).

VUE GÉNÉRALE DE LOURDES

III

Il a été également beaucoup disputé sur l'âge du château de Lourdes. Une chose pourtant éclate aux yeux : c'est que, depuis qu'il y eut en ces pays un commencement d'art militaire, ce poste a été soigneusement gardé, puisqu'il commande les deux grandes vallées de Saint-Sauveur et d'Argelès. Une découverte assez récente a tranché la dispute : en 1844, les soldats du génie militaire, travaillant à des fouilles, ont mis au jour des fûts de colonnes portant des inscriptions latines ; les Romains ont donc campé là. À quelque distance de la ville, sur le territoire des Granges, est une ferme du nom de *Strade*. On a cherché les vestiges d'une voie romaine ; il n'y a que ce nom ; mais, un peu plus loin, on montre le *Camp de Julos*. Ici, comme partout, nous retrouvons César. On a rencontré des restes de constructions, çà et là des traces de fossés : il s'agit sans doute d'un camp stationnaire. Le lieu s'appelle Castera.

On sait que César passa en Aquitaine toute la fin de sa huitième campagne dans les Gaules; nous le retrouverons encore à Cauterets. L'histoire fabuleuse veut que les Bigorrais, qui tenaient les passages des Pyrénées, se soient rendus à son lieutenant Crassus. Un peu plus tard, Messala fut envoyé contre ces mêmes peuples pyrénéens. Il tenait ce commandement de l'amitié d'Auguste, et ses exploits furent célébrés par son autre ami Tibulle. Il y a toujours profit dans l'amitié des empereurs et des poètes. Le fort de Lourdes passa naturellement aux mains des Visigoths. Nous le retrouvons en celles des Sarrasins; il s'appelait alors *Mirambel*, un nom qu'il n'est pas besoin d'expliquer. La beauté de la vue n'était pas un plaisir auquel des Sarrasins fussent insensibles; et ce plaisir était doublé par la pensée qu'ils en jouissaient dans une sérénité parfaite en ce nid d'aigle. Peut-être ont-ils été les véritables constructeurs du donjon carré qui domine tout l'ouvrage. On a voulu naturellement attribuer cette tour aux Romains; un savant du terroir fait observer, avec raison, qu'il est pour cela trop mal bâti : les Romains furent les premiers maçons du monde, comme ils en ont été les premiers politiques. Quant aux assises de l'antique forteresse, il se pourrait bien que ce fût œuvre romaine; mais il n'est pas aisé de reconnaître ces traces vigoureuses sous tant de constructions nouvelles de tous les âges, même du nôtre, le château de Lourdes ayant été une dernière fois raccommodé, vers 1820, par le génie militaire, le plus savant peut-être, mais assurément le plus sauvage des architectes.

Sur ce bloc de calcaire qui baigne son pied énorme dans le torrent, les Sarrasins n'avaient à craindre que le feu du ciel; l'aventure commençait quand on s'avisait d'en descendre. Parfois il arrivait qu'un héros populaire se dressait contre ces maudits dans les vallées bigorraises. Le prêtre Missolin rassemble ses ouailles. Sa troupe se grossit. Le voilà général, lui qui n'avait jamais été soldat. Les Sarrasins éprouvèrent dans la *Lanne*

Maurine (lande des Maures) que le bras du Saint était pesant; car Missolin fut un saint, auquel, pourtant, on éleva plus tard une grossière statue équestre, comme si c'eût été un chevalier. Il vivait au ve siècle. « La Lanne Maurine » est située sur le territoire d'Ossun. Des auteurs combattant la légende y ont cru voir le champ de bataille où Charles Martel écrasa les débris des Sarrasins, qu'il avait vaincus près de Tours.

A quelque distance d'Ossun, vers le nord-ouest, sont les restes d'un camp fortifié qui n'a point l'apparence romaine; c'est peut-être le dernier refuge des Barbares fuyant devant le grand-duc Austrasien, qui fit des rois et ne daigna l'être. Peu d'années après, la présence de Charlemagne dans les Pyrénées est hors de doute. Un éminent magistrat, M. Bascle de la Grèze, qui a beaucoup écrit sur les choses de Béarn et de Bigorre, a trouvé, dans les archives de Pau, un titre original, dont le texte latin est un grimoire; on y voit comment le Sarrasin Mirat, maître de Mirambel, fut obligé de se rendre au grand Empereur, qui le fit chrétien et chevalier.

Au moyen âge, Mirambel a prit le nom de Lordes. C'est une terrible place de guerre, dont les approches mêmes sont bien défendues : — au nord, des marais aujourd'hui comblés; au midi, deux petits lacs coupant la route, et un fort avancé, le castel de Gavarnie, dont on voit encore la tour croulante, avec les restes d'un chemin couvert; au couchant, le Gave; au levant, la ville, pourvue d'une double enceinte, flanquée de huit tours. On l'enleva pourtant quelquefois de vive force; — la citadelle, jamais que par surprise. — Froissart dit : « Lordes est un chastel im-« possible à prendre ». Au temps des Albigeois, les hérétiques s'y glissèrent; c'est même ici un rapprochement singulier : ce lieu de Lourdes, aujourd'hui consacré par la Religion, est, au commencement du xiiie siècle, l'un des refuges principaux de l'hérésie.

Le comte de Bigorre avait pris parti pour les nouveautés; il meurt, laissant une fille placée sous la tutelle du roi d'Aragon, exerçant son droit de garde-noble, car la comté de Bigorre, comme toutes les seigneuries pyrénéennes, relevait alors de l'Aragonais. Cette comtesse Pétronille tient une grande place dans l'histoire locale par les aventures que suscita son goût

LE DONJON DE GAVARNIE

extraordinaire pour le mariage : elle n'eut pas moins de cinq maris. Le deuxième fut Guy de Montfort, fils de Simon, vainqueur du comte de Toulouse, champion de la Papauté et chef de la Croisade contre les sectaires et les « Gomorrhéens » du Midi.

Guy prêta serment, dans son camp même, devant Lourdes,

aux barons de Bigorre, dont il est curieux de relever les noms, parce qu'ils ne s'éteignirent point, et que plusieurs firent une grande fortune. Quelques-uns sont représentés encore aujourd'hui : Gondrin d'Antin, Barbazan, Castelbajac, etc. Le château de Lourdes tint bon contre Guy de Montfort, qui s'en fut assiéger Castelnaudary, où il fut tué. Lourdes, apparemment, se rendit à sa veuve, et les comtes de Bigorre rentrèrent en possession de la précieuse forteresse. Quarante ans après, Esquivat, fils d'Alix, que Pétronille avait eu de Guy de Montfort, appela à son secours, contre ses compétiteurs à la possession du comté, le deuxième fils de Simon, son oncle, devenu comte de Leicester, en Angleterre; le même qui, révolté contre le roi Henri III, se rendit maître du royaume, appela le Tiers-État dans le Parlement, et ainsi créa *la Chambre des Communes*.

Esquivat cède Lourdes à Leicester, dont le fils le remet au roi de Navarre. Les querelles entre les divers héritiers de Pétronille venus de tant de maris ayant été portées devant le roi de France, ce juge puissant plaça le comté sous le séquestre; autant vaut dire qu'il se l'adjugea. C'était Charles le Bel. Avec lui la branche des Capétiens directs allait s'éteindre; le trône de France échut aux Valois. Philippe VI l'ébranle, Jean Ier le renverse, ou il s'en faut de peu. Prisonnier à la bataille de Poitiers, il doit céder à l'Anglais, son vainqueur, plusieurs de ses provinces, entre autres le Bigorre, qui ne lui appartenait pas. Le Prince Noir se rend dans le comté, où il n'a pas laissé des traces moins fabuleuses que César et que Charlemagne. Il est certain pourtant qu'il traversa les Pyrénées, allant soutenir en Espagne les droits de Pierre le Cruel contre Henri de Transtamare, son frère. Il confia la garde du château de Lourdes à Arnaud de Béarn.

Or le duc d'Anjou, faisant la guerre pour le roi de France, vint mettre le siège devant le fort. Les assiégeants firent de terribles sorties ; il y eut de beaux combats sous les murs, les Anglais marchant au cri de : Saint Georges! — les Bigorrais d'Arnaud, au cri de guerre de Bigorre : Notre-Dame! Quant à les entamer, ces murailles massives et aériennes, le duc vit bientôt qu'il n'y fallait pas songer. Le sire en était courroucé, mais il décampa. Gaston Phébus, comte de Foix, vint alors le trouver; il y eut entre eux un marché diabolique. Le comte s'engageait à livrer Lourdes à Monseigneur d'Anjou, moyennant vingt mille livres qui lui seraient comptées, et quarante mille autres qui lui seraient remises pour acheter les âmes des capitaines du château. Ainsi fut fait. Gaston Phébus invita Arnaud de Béarn à le visiter en sa cour d'Orthez; il ne doutait pas qu'au prix d'un si bel argent, il ne fût aisé de le séduire. Si on ne le corrompait point, il y avait des moyens de s'en défaire, bien qu'il eût la parole seigneuriale pour gage. Arnaud vint; mais il était plein de méfiance ; il avait remis la maison forte à son frère Jean, en lui faisant jurer que jamais il ne la résignerait qu'au roi d'Angleterre.

Il ne voulut point loger dans le palais du comte et s'en alla à l'hôtellerie de la Lune; mais le seigneur l'envoya quérir pour le faire manger à sa table. Ce fut un très beau festin ; on but jusqu'au soleil levé. Le comte alors fit ses propositions au capitaine, qui les rejeta fièrement. Il avait donné sa foi à l'Anglais, il n'entendait point la reprendre : « Ni pour or, ni pour argent, Monseigneur »! — Le comte entendit cela ; « le sang luy en mua en félonie et en courroux ». Tirant sa dague, il en porta cinq coups à ce brave homme, qui tomba lui disant: « Ha, Monseigneur, vous ne faictes pas gentillesse ; vous m'avez « mandé, et c'est ainsy que vous m'assassinez » ! — Le blessé fut jeté dans un cachot, où il mourut. Son frère Jean tint son serment. Le comte de Foix et Monseigneur d'Anjou n'eurent point le château.

En 1593, Lourdes soutint un nouveau siège. Le baron d'Arras

mena les bandes protestantes contre ces vieux murs; la noblesse catholique de Bigorre, les seigneurs de Vieuzac et d'Ourout se portèrent au secours des assiégés. Lourdes encore une fois résista. Vint la fin des guerres, et le baron de Miossens prit possession, au nom de Henri IV, de la citadelle, dont la période héroïque se trouva terminée. Un siècle et demi s'écoula; il y avait une garnison et un capitaine à Lourdes; le ministre Saint-Florentin, alors, imagina d'en faire une prison d'État.

Le mot n'est peut-être pas le bon, car la forteresse servit surtout à loger les prisonniers qu'on détenait en vertu de lettres de cachet. Le Roi délivrait sous son sceau des ordres en vertu desquels ses officiers devaient réprimer par l'emprisonnement ou l'exil des écarts ou des crimes que de hautes bienséances ou la raison d'État conseillaient de ne point déférer aux tribunaux. Les lettres de cachet devaient naturellement être entachées d'arbitraire quelquefois, comme tout acte d'autorité sans contrôle, mais elles furent en même temps tutélaires pour les familles. Le château de Lourdes renferma plus d'un débiteur noble qui avait contracté des dettes frauduleuses, et plus d'un jeune fou engagé dans les liens d'un mariage scandaleux qu'on voulait rompre. Il eut des hôtes de distinction, hôtes par force; — et parmi ceux-là, un Valentinois qui avait rossé un prince du sang.

Les cours de justice étaient les adversaires naturels de ce mode secret de répression. Messieurs les conseillers du Parlement de Toulouse, dont ressortissait le Bigorre, lui donnaient le nom de *justice bottée*, parce qu'elle était exécutée généralement par des hommes d'épée. La mauvaise réputation de la prison de Lourdes était si bien établie que Barrère, qui s'était autrefois intitulé seigneur de Vieuzac, député du Bigorre à l'Assemblée Constituante, présenta, en 1790, une motion tendant à la raser. Il eût été apparemment bien fâché, trois ans après, qu'on l'eût écouté; ses opinions sur la liberté individuelle n'étaient plus les mêmes, puisqu'il fut un des pourvoyeurs les plus ardents des prisons de la Terreur. Le château de Lourdes ne servit plus à donner les loisirs de la réflexion aux fils de famille rebelles; on y entassa les « suspects ».

Le gouvernement de la Restauration et celui du roi Louis-Philippe y firent exécuter des travaux militaires, et le second Empire y entretint une garnison. Le vieux nid d'aigles n'a plus aujourd'hui qu'un gardien. Nous sommes loin des temps féodaux, alors que les comtes de Bigorre y rassemblaient les Etats de la comté; loin de la guerre des Anglais, qui fournit assez de prouesses devant Lourdes pour arracher ce cri d'admiration à Froissart : « Oncques, on ne vit batailles si bien combattues » !

LA VIEILLE ÉGLISE

LOURDES

La ville.— on ne peut plus dire la petite ville — de Lourdes est peut-être la seule en France qui doive son agrandissement à d'autres causes que le commerce ou l'industrie. C'est ici la prospérité par la foi. Les pèlerinages à la grotte de Notre-Dame ont triplé la population. Hôteliers, guides, loueurs de chevaux, débitants, ouvriers et manœuvriers, sont accourus de toutes parts à Lourdes, qui avait naguère deux mille habitants, et aujourd'hui en a sept mille.

La charmante villette a toujours eu pourtant l'importance d'un lieu de passage. Que l'on aille à Pau, à Barèges, à Saint-Sauveur, à Cauterets, à Bagnères-de-Bigorre, à Luchon, il faut la traverser.

D'innombrables diligences s'y croisaient autrefois, et s'arrêtaient à l'hôtel de la Poste ; maintenant on y est porté bien plus rapidement par le chemin de fer de Pau à Tarbes : il y a quatre trains par jour, et le trajet est de deux heures environ depuis la première de ces deux villes.

Les convois de pèlerins ne vont point d'une allure si vive : ils offrent à l'arrivée le spectacle le plus pittoresque : une foule diverse et bigarrée, prêtres, gens du peuple et gens du monde, fermières et marquises, empilés dans une longue file de wagons. Ce tableau très édifiant serait en même temps une curiosité amusante, sans le grand nombre d'infirmes et de malades qui viennent y jeter une teinte mélancolique.

De la gare, on aperçoit toute la ville, et l'on domine les établissements religieux. Là-bas, les maisons grimpent à l'assaut du bloc énorme de rochers au faîte duquel est assis le château ; en face du voyageur s'élèvent, sur les deux rives du Gave, la basilique célèbre, consacrée le 1er juillet 1876, les deux maisons plus récentes encore des Bénédictines et des Pères de l'Immaculée-Conception, le réfectoire des pèlerins. La flèche de l'église garde encore les teintes de la pierre neuve ; les murailles blanches des couvents tranchent vivement sur la verdure dont ils sont entourés. Tout ce cadre est d'une fraîcheur vivante.

Dans la cour de cette gare populeuse, animée, vous trouverez cinquante voitures de toutes formes, attelées de ces alertes chevaux de Tarbes qui ont une furie et une docilité surprenantes. Race précieuse que ces petits coursiers du diable, qui sont des bêtes du bon Dieu. La langue des cochers est vive et dorée ; ces porteurs de berrets de Bigorre ont des cousins en Gascogne. Vous montez dans un de ces bruyants équipages qui va trottant, cahotant, par les rues escarpées, et vous atteignez la voie pieuse qui mène à la grotte. De chaque côté se dressent des baraques en planches, boutiques ou buvettes. Ici des éventaires chargés d'objets religieux de toutes sortes, d'images de la Vierge et de chapelets. De longs rosaires sont disposés en guirlandes autour des montants qui soutiennent les toitures de bois. Là, des tables sont disposées pour les pèlerins las ou altérés après une longue route. Ces estropiés, ces paralytiques, ces aveugles, étalant la misère humaine sur les deux côtés de cette route sacrée, font comprendre l'activité du pèlerinage.

La voiture traverse le « pont vieux », dont les fondations, en effet, paraissent antiques ; il présente une lourde arcade recouverte d'un superbe manteau de lierre. La vue dont on y jouit mérite qu'on s'y arrête un moment. Sur la rive gauche du Gave, une prise d'eau a été pratiquée, et donne naissance à un canal d'un millier de pas environ, qui forme une île. Un moulin est assis à cheval sur ce courant babillard, et sert de pont entre la rive et cet îlot verdoyant. Le canal rejoint le Gave en face des « roches Massabielles ». La grotte s'ouvre à quelques pas au-dessus du confluent. Il serait mieux peut-être de dire : *les* grottes, car trois excavations se présentent ; mais ce qui est important à noter, c'est que cette triple cavité fait face à la pointe de l'îlot. Elle servait autrefois de refuge contre l'orage aux pêcheurs du Gave, ou aux porchers menant leurs troupeaux sur un terrain vague qui s'étend un peu plus loin, bordant le flot. On raconte que l'orifice en était tapissé d'un épais buisson de rosiers sauvages. En 1858, une enfant de quatorze ans, fille d'un meunier de Lourdes, et appelée Bernadette — un nom gracieux de ces montagnes — y fut visitée d'une apparition de la Vierge.

On peut lire le récit de cet événement surnaturel, dont le retentissement fut très grand, dans le livre de M. Henri Lasserre : — *Notre-Dame de Lourdes.* — La grotte est maintenant consacrée à la Vierge, à l'intercession de laquelle des infirmes et des malades viennent de tous les points de France demander le miracle de la guérison.

C'est un spectacle extraordinaire, — quand on arrive aux abords de la grotte par le chemin descendant de la ville, — que cette foule

LOURDES — LA VILLE

agenouillée sur la rive. Des chariots roulés à main d'homme, des brancards garnis de matelas, sont déposés sur le sol. Là gisent des vieillards, des femmes, des enfants. Les suppliants quelquefois ont été enlevés et portés jusqu'au sanctuaire. La troupe pieuse est plus serrée à mesure qu'on approche de l'orifice, défendu par une grille.

LA GROTTE

A la voûte de rochers est attachée une lampe d'or, et des béquilles sont suspendues... Elles sont devenues inutiles à ceux qui ont obtenu l'usage restitué de leurs membres. Au centre de l'anfractuosité, une statue de la Vierge s'élève. A gauche coule la fontaine miraculeuse qui, suivant la tradition, a jailli tout à coup le 22 février 1858; la roche auparavant était aride.

Sur ce même côté gauche, et un peu en avant de la grotte, a été construit un bâtiment qui sert de logis au gardien des lieux saints; on y vend des gourdes et des bouteilles pleines de cette eau de la source, et des objets bénits. Partout des cierges brûlent, mêlant leur lumignon tremblant à la lumière du jour; le faîte de la grotte est tapissé d'un bois formé surtout de grands arbustes printaniers. Aussi ce coin désormais fameux est charmant, particulièrement au mois de mai, quand les chèvrefeuilles et les cytises sont en fleurs.

Une allée y grimpe en serpentant; on la suit, rasant la tête des feuillages, écoutant le bruit du torrent, traversé parfois de rumeurs confuses : c'est le bourdonnement des prières qui monte. Par ce frais dédale, on arrive bientôt à la terrasse qui entoure l'église. Là, on jouit de la même vue qui se découvre du château : le vaste amphithéâtre des montagnes. Sur les pics, la couronne des neiges ; sur leurs flancs, l'écharpe des nuées.

L'église, de proportions très vastes, est double, formant une crypte et un sanctuaire supérieur; elle a été construite dans le gothique du XIIIe siècle, et ce qu'elle offre de plus remarquable, ce sont ses trois absides rayonnant autour du chœur. La décoration intérieure en est fort riche, mais surtout pittoresque. De grands lustres dorés descendent de la voûte tapissée des trois cents bannières portées par les pèlerins dans la cérémonie de la consécration, à laquelle assistèrent trente-cinq évêques (1er juillet 1876). Ce jour-là eut lieu le couronnement de la statue de la Vierge, placée au-dessus du maître-autel. Cette cérémonie a laissé dans le pays une impression profonde. Les Bigorrais aiment particulièrement ces longues processions qui se déroulent, tandis que s'élèvent les cantiques des jeunes filles et le chant des prêtres. Jamais ils n'en avaient vu de si solennelle.

Cette opulente église, dont la flèche monte dans l'air libre, dont les profils élégants se découpent sur l'espace presque sans limite, puisqu'elle marque de ce côté de Lourdes le point le plus élevé du territoire jusqu'au prochain étage des monts — déconcerte un peu les gens du Nord, accoutumés à voir leurs vieilles basiliques serrées dans des rues étroites, enveloppées de grandes ombres. Ceux-là lui trouveraient volontiers un défaut : remplie de témoignages vénérables, entourée, presque assiégée de piétés inquiètes ou ferventes, elle est trop neuve.

Bernadette n'est plus de ce monde. Elle a vécu longtemps chez

L'ÉGLISE

les Sœurs de la Charité, à Nevers. Elle avait pris l'habit de cette Congrégation. On peut dire que cette fille extraordinaire a fondé Lourdes pour la seconde fois, longtemps après les Romains, à qui l'on attribue l'honneur de la fondation première. Il est particulièrement assez curieux de rapprocher de la description des grottes saintes, telles que nous venons de les présenter, celle qu'en a donnée M. Achille Jubinal en 1840 :

« Nous avons visité, dit-il, les grandes *Espeluts* (Speluncæ).
« Ces trois cavités naturelles qui se touchent forment trois arcades
« d'au moins quarante pieds de largeur chacune et d'une étendue
« considérable. Elles ne sont *au reste remarquables qu'à ce*
« *titre.* »

L'écrivain ne prévoyait pas l'avenir. — Ce nom d'*Espeluts* est celui qu'on donne à ces excavations dans le pays; les personnes un peu plus lettrées disent : *Spélugues*.

Ne quittons point la route qui borde le Gave; suivons-la plutôt sur un espace encore de sept ou huit cents pas, et nous trouverons une quatrième grotte plus spacieuse, surtout plus profonde. Une troupe de savants en exploration y a découvert une prodigieuse quantité d'ossements, presque tous fossiles, à côté d'objets travaillés par l'homme, et appartenant à l'âge de la pierre taillée. Plus loin encore, une autre grotte, gigantesque celle-ci, traverse une partie de la montagne. Elle se divise en deux branches horizontales courant, l'une vers l'occident, l'autre vers l'orient. Une troisième branche coupe les deux premières dans le sens longitudinal, si bien que la figure générale est celle d'une croix. A l'extrémité de cette branche du milieu bouillonne un puits d'une redoutable profondeur.

On a également trouvé dans cette *spélugue* des ossements de renne et d'aurochs, et des traces d'habitations humaines pendant la période préhistorique. — Pas un vestige de l'âge contemporain, — à la différence des grandes cavernes situées aux environs de Bagnères, dans la vallée d'Aure.

Ces dernières sont même fortifiées et ont à peu près certainement servi de refuge aux populations du Bigorre contre les Vandales.

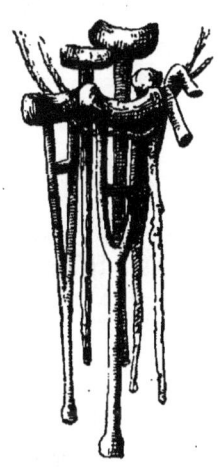

CHATEAU DE GELOS

ROUTE D'ARGELÈS

Deux monts marquent d'un côté la fin de la plaine de Tarbes, de l'autre le commencement de la gorge de Pierrefitte : c'est le Jer à gauche, c'est à droite la Bée. Tous deux projettent sur Lourdes le dernier cercle de leur ombre. En sortant de la ville, on descend vers la vallée de Bat-Sourigüère. La route se trouve rejetée à gauche par le cours du Gave, et longe le pied du Jer. Elle est large, mais enveloppée d'abord d'une aridité rebutante.

Partout des parois crevassées et ruinées, les flancs crayeux de la montagne, et si le soleil luit, des réflexions crues et violentes, une chaleur sèche, insupportable; au-dessus des chaînons qui se croisent, on aperçoit un cône qui se dresse : c'est le Soulom, qui n'est que le premier étage du Viscos, et qui sépare plus haut, bien plus haut, les deux vallées de Luz et de Cauterets. On suit la base du pic d'Alian. Tout à coup, comme par l'effet d'une surprise

merveilleuse et sous le commandement d'une baguette de fée, le spectacle change.

C'est le bassin d'Argelès qui s'ouvre. Cinq vallées se présentent en éventail. Le regard embrasse une étendue riante et libre, court à des hauteurs presque célestes, découvre les massifs lointains perdus dans les brumes, et sous ce voile flottant devine l'ensemble de la chaine : — quatre-vingts lieues de monts.

Quant à la route elle-même, elle traverse un cercle de verdure couronnée de neige, qui serait un délicieux petit monde fermé, sans les deux vallées, ou plutôt les deux gorges de Cauterets et de Luz qui l'ébrèchent.

Nous avons fait vœu de ne point parler scientifiquement, suivant la mode du jour. Sans prétention géologique, nous dirons donc tout simplement qu'un vaste réservoir d'eau parait avoir occupé cet entonnoir immense et charmant, dans les âges primitifs ; nous cheminons au fond d'un lac.

Nous sommes au cœur du Lavedan, pays qualifié terre seigneuriale et comtale. L'étymologie du nom est, à ce qu'il parait, dans un vieux mot qui veut dire « pays de sapins ». Une forêt s'éleva sur ces pentes, ombrageant la basse terre délivrée des eaux et convertie en prairies chatoyantes que le Gave alimentait ou ravageait, suivant son caprice et sa diablerie originelle. Ce courant, au chant sonore, vient de Gavarnie et ne commence guère à s'assagir qu'aux abords de Pau ; là même il a des retours furieux. — Le Lavedan est encore connu dans la vieille histoire sous le nom de Terre de sept vallées : Surguère, Castelloubon, Estrem de Salles, Davantaigne, Azun ou Arrens, Saint-Savin, Barèges.

Cette route charmante d'Argelès traverse la branche centrale d'où se détachent ces pittoresques rameaux ; les pleurs de la montagne y descendent de toutes parts ; une multitude de ruisseaux alertes mettent en mouvement des scieries de planches, et vont se perdre dans le Gave. Tout ce bas et verdoyant pays a l'air d'un verger ; les champs de maïs, les prairies, les vignes, les bouquets de bois s'y croisent. L'observation qu'a déjà faite le voyageur, en remontant depuis Pau le grand torrent béarnais, sur le caractère particulier de la verdure des vallées pyrénéennes, se représente à son esprit. Un des charmes de la contrée, c'est l'extraordinaire légèreté des feuillages.

On pourrait en dire autant du ciel et des nuées, même des neiges. Ces longs sillons blancs sur les premiers chaînons ressemblent à de la poussière d'argent ; les vapeurs ne coiffent pas lourdement la tête des hautes roches, comme dans les Alpes et même dans le Jura ; elles ondoient au souffle du vent qui les déroule et les reploie, elles se colorent sous le feu des rayons qui les percent. Si, après un orage, le ciel redevient pur, elles s'envolent à tire d'aile, et découvrent alors le triple fond du tableau : le bord de la vallée de l'autre côté du chemin ; les premiers cônes ou les premiers ballons qui le dominent, car les monts pyrénéens ont une étonnante variété de formes ; puis, au troisième plan, les hauts sommets, arrondis, évasés, s'élevant en pyramides, s'effilant en aiguilles.

Veut-on que nous courions d'un trait jusqu'à la petite ville d'Argelès, en négligeant les infinis détails de ce paysage si divers, en détournant nos yeux attirés par des ruines d'aspect militaire qui se dressent de distance en distance sur les blocs détachés ? Un peu d'attention suffit à nous faire observer que cette ligne est régulière ; c'est un système raisonné de défense que nous voyons, et nous en faisons la remarque à notre guide, qui nous répond en secouant la tête : — « Oui dà, cela servait du temps des Anglais » !

La domination anglaise a laissé comme un sédiment de colère dans les traditions bigorraises et béarnaises. Nous verrons plus loin le *château du Prince Noir*, et le *Castelnau d'Azun* encore debout, bien qu'un véritable attentat l'ait découronné de ses créneaux de marbre. Mais passons. Nous approchons d'Argelès, nous commençons à découvrir le massif presque entier du Viscos, au nord-est. — A droite du chemin, vers l'ouest, les villages et les hameaux se multiplient sur le mont verdoyant. Parfois ils sont encadrés de véritables petits bois d'arbres fruitiers. Plus haut encore, des maisons isolées s'abritent sous un pli de terrain, les pieds dans un étroit herbage où des vaches paissent. Ces bandes de pâturages aériens offrent un heureux contraste de nuances

LES RUINES DE GELOS

avec de petits bouquets de sapins, et d'autres parties plus sombres, qui ne sont que la roche nue, le calcaire noir.

La route est déjà moins déserte. Deux jeunes gens rejoignent notre voiture, marchant d'un pas serré et dévorant, tous deux d'assez petite taille, mais droits comme des I. Ils auraient fait la gageure de nous dépasser à la montée, que nous n'en serions pas surpris; et ils la gagnent! Tous deux portent le berret, la ceinture rouge aux flancs; ils ont une rapidité et une dignité d'allure qui se combinent rarement ensemble. Ils nous saluent d'un bonjour prononcé d'une voix brève et pourtant sonore ; — d'ailleurs, sans interrompre leur course. Quel jarret ! Nous les rattraperons à la descente, ce qui rendra leur effort inutile. Les deux gars le savent bien ; ils ont voulu faire preuve de vaillance. C'est toujours honorable, même quand ça ne sert point !

En sens inverse, un curé arrive à cheval. Il a retroussé sa soutane. Il pèse deux cents livres. Il serait plus léger, qu'il n'irait pas pour cela plus vite. Le cheval n'est ni vieux ni fourbu, et pourtant trottine mollement, la tête basse. Avez-vous remarqué que la meilleure monture se gâte entre les jambes d'un curé ? Les chevaux abusent des maîtres débonnaires ; et l'on dit qu'il en va des hommes comme des chevaux.

Un peu plus loin, un char rustique s'avance, traîné par quatre bœufs. Un vieux paysan le mène : deux femmes y sont couchées sur un lit de paille, les épaules et la tête enveloppées dans des capulets, l'un rouge, l'autre blanc. Dans cette posture horizontale, cette partie d'ajustement qui est la livrée des femmes, comme la ceinture et le berret sont celle des hommes, ne laisse point juger de sa grâce. Mais, à l'entrée du faubourg, nous rencontrons une autre troupe féminine, et le capulet, modèle de nos capelines citadines, que nous avons suivi en l'étriquant, nous apparaît avec tous ses avantages. Rien de plus primitif : c'est la moitié d'un sac. Mais qu'il encadre bien le visage ! Les Pyrénéennes savent en disposer les plis sur leurs épaules. Elles sont drapées comme des manières de reines.

Une chose fait grand tort à la « gente cité » d'Argelès, au moment où l'on y entre : c'est le spectacle saisissant qu'on a devant les yeux de l'autre côté de la ville. Nulle part encore on n'a vu se dessiner si largement le triple étage des monts. La pente qui descend vers la vallée est tapissée d'un immense et superbe bocage, formé de vingt essences d'arbres, tous centenaires : la blancheur des villas se détache parmi les feuillages. Au-dessus, une vieille

ARGELÈS DE BIGORRE

tour bâtie par Centulle III, comte de Bigorre, lequel vivait à la fin du xiie siècle, et le groupe intéressant de Saint-Savin, le rocher de la *Piétad*; puis la route de la haute vallée d'Azun, la plus romantique des sept du Lavedan, tout un massif de hauteurs sauvages où les Romains, dit-on, découvrirent et exploitèrent des mines d'argent et d'or; l'entrée de la gorge de Cauterets; enfin, le Viscos, le géant de ce coin des Pyrénées, et son manteau de neige.

C'est pourtant une jolie villette qu'Argelès, avec ses maisons à galerie. On y reconnaît un grand air d'aisance et de simplicité; les bourgeois y vont en berret bleu, comme les gens du peuple; d'ailleurs, on y compterait peut-être moins d'Argelaisiens que d'Anglais. Argelès est station de printemps, comme Cauterets est station de grand été; Biarritz, d'automne; Pau, de plein hiver. Les insulaires ont reconquis le pays, comme du temps du Prince Noir; mais c'est, il faut bien l'avouer, par des armes plus courtoises. Ils lui donnent à vivre, au lieu de le dévorer. Seulement ils dressent toujours un problème devant nos yeux, à nous autres Français, ces éternels voyageurs!

Ce problème, nous le posons. Le résoudra qui pourra! — Comment se fait-il que l'Anglais, étant le seul peuple du monde qui ait réalisé l'idéal d'une constitution politique conforme à son tempérament et à ses désirs, et dont il est plus fier que de la possession de l'Empire des Indes, ne reste point dans son pays pour en jouir? — Pourquoi le voit-on sans cesse hors de chez lui?

Existence perpétuellement nomade qui a ses charmes. On n'a pas de maison à tenir, et dans l'éternelle hôtellerie, on n'a que la peine de payer sa note. Quand arrive le moment de rendre à Dieu son âme flegmatique, l'Anglais ayant couru tous les chemins du monde peut se dire qu'il a tout vu. Par exemple, il n'a pas tout compris. En quelque endroit qu'il se trouve, s'il y a un site, une ruine, une beauté, une horreur à visiter, il n'y manque point. Il explore en conscience, et n'a pas de reproche à se faire; mais quoi qu'on lui fasse voir, est-il jamais ému d'admiration ou de plaisir? Il suffit de l'étudier, écoutant les guides avec une patience philosophique, mais ne les interrogeant jamais, pour demeurer convaincu que les aiguillons et les frémissements de la curiosité lui sont inconnus. Les « filles d'Albion » ne dépensent pas sous leurs grands voiles bleus, verts ou bruns, moins de flegme que leurs pères, frères, fiancés ou maris.

On vous le dit, en vérité, Ève, toute blonde qu'elle fût, n'était pas Anglaise.

DONJON DE VIDALOS

EXCURSIONS

Oh! les joyeux villages dans toute la vallée. On s'éveille, le matin, à l'hôtel de France, le temps est clair. On a maintenant devant les yeux la route délicieuse qu'on a laissée derrière soi, la veille. Au loin, bien loin, par delà les bois, par delà les méandres des coteaux, on devine la brèche de Lourdes qui ouvre l'accès de ce paradis. Tout cela convie à une promenade matinale. Un guide n'est pas nécessaire; on peut aller à la découverte sans danger.

Le but, ce doit être la vallée d'Estrem de Salles. On monte, on a le plaisir de contempler d'en haut les derniers bondissements du Gave d'Azun qui a courtoisement choisi Argelès pour y mêler ses eaux à celles du grand Gave de Pau. Laissons de côté Arcizan-Devant, qui n'a de remarquable que sa position pittoresque au-dessus de la ville. On quitte à droite la route d'Azun; on longe la chaine de grandes roches aux couleurs chaudes, tantôt nue, tantôt couverte de grandes lianes et de bois qui dominent Argelès. De cet endroit la vue sur la vallée est la plus belle qu'on puisse souhaiter. Arrêtons-nous un moment.

Argelès, en effet, est exactement situé au sommet de l'angle que décrit cette vallée trop gracieuse, car elle a des charmes qui retiennent et qui conseilleraient la villégiature au lieu du voyage. Du point où nous sommes arrivés, on la découvre tout entière; les yeux suivent aisément l'ondulation des montagnes, qui vont s'abaissant jusqu'à Lourdes ; la dernière cime est celle du Jer. Au centre de la courbe immense le Gave roule, grossi par le tribut

LA PORTE DE L'ÉGLISE DE SERRE

qu'il vient de recevoir. Aux flancs des hauteurs, les bourgades et les hameaux grimpent : Agos, Ouzoux, Vidalos et sa tour, un autre vieux fort ruiné, Gélos, un peu en avant de Lugagnan. —

Au reste, dans toutes ces vallées supérieures — autant de routes descendant d'Espagne — pas un village qui n'ait ou qui n'ait eu son donjon.

A droite, nous apercevons les sinuosités de la vallée jusqu'à Pierrefitte, que surmonte le pic de Soulom : nous le connaissons déjà ; en arrière, les cimes de Luz et de Cauterets ; en avant, au contraire, sur les pentes abruptes, le château de Beaucens, faisant face à Saint-Savin. Ici, le décor s'achève par une nouvelle ruine, au profil élégant et sévère : c'est le château du *Prince Noir*, que ce terrible ennemi de la France ne put certainement achever de construire, puisque certaines parties de l'édifice paraissent être de cent ans postérieures à sa gloire qui nous fit tant de mal — et à sa mort qui nous fit tant de bien.

Bientôt on arrive à Gex. La route, ombragée de noyers superbes, conduit à Serre-Argelès, vieux village d'un pittoresque endiablé. Très vieille église dont la porte au-dessous d'un porche cintré est fort curieuse ; un de nos dessins la reproduit. L'abside est ronde, la nef renferme des chapiteaux qui demanderaient une page d'archéologie. En dépit de notre résolution de ne jamais forcer notre métier, nous n'aurons que trop d'occasions de glisser dans cet ouvrage très modeste de ces pages que tout le monde n'aime pas à lire. Or, nous aimerions, nous, à être lu par tout le monde.

Près de l'église, à Serre-Argelès, les restes d'un vieux donjon se cachent sous une robe énorme de lierre. Il surplombe le val d'Estrem où nous allons descendre ; la Bergons coule au fond de la ravine. Un pont traverse la petite rivière ; une scierie grince ou tonne parmi les grands arbres. Suivons le cours d'eau, remontons-le jusqu'à Salles. Encore un donjon. Vieux pays, vieilles guerres, vieilles horreurs. Remontons encore, nous gagnerons Ouzoux. Là, se voient des maisons gothiques. Les fenêtres sont moins vieilles que les murs, sans doute parce qu'elles ont été réparées dans un style plus jeune ; les volets sont plus modernes que les croisées, pour la même raison, apparemment. On est forcé de renouveler le bois, avant que la pierre ne cède. Ouzoux a sa curiosité locale : ce sont les grottes de Glaizielles.

Une tradition s'attache à ces excavations, qui n'ont jamais été décrites. Elles auraient servi de refuge à l'époque des guerres de religion. Nous verrons que ces guerres ont été particulièrement féroces dans le Bigorre. C'est même un problème historique à déterminer que celui de savoir exactement par quel courant de passions et d'opinion cette population Bigorraise, catholique fervente et même un peu violente, à la manière espagnole, fut portée, en grand nombre, vers les nouveautés religieuses, si contraires à son tempérament. — Quant aux grottes de Glaizielles, hautes et spacieuses, si elles ne cachèrent point des catholiques menacés par des huguenots, ou des huguenots traqués par des catholiques, elles servirent à peu près sûrement d'habitation aux Pyrénéens de l'âge du renne. On y a trouvé les mêmes ossements que dans celles de Lourdes. L'exploration, d'ailleurs, en a été jusqu'à présent incomplète.

A peu de distance d'Ouzoux, un chemin, de la largeur d'un homme, terriblement pierreux, conduit par une pente abrupte au bord d'un Gave en miniature, qui, pour être petit, n'en est pas moins assez méchant. Cette descente qui a ses périls, mais que l'on doit faire à travers des buissons épais et charmants, serait à elle seule une aimable promenade. Elle termine d'ailleurs l'excursion que nous venons de tracer. En descendant encore, on va rejoindre la route d'Argelès à la porte du petit village d'Ost. La perspective n'a cessé de varier presque à chaque pas depuis le départ. En quittant Ouzoux, on va tout à l'heure encore pouvoir étudier le côté droit de la vallée dans ses aspects changeants qui se succèdent. La vue embrasse les monts jusqu'à Luz et Barèges. Si le ciel est pur, on apercevra même le pic du Midi ; et ce sera le prix d'une fatigue légère que le déjeuner dissipera.

La table d'hôte est abondante et excellente à l'hôtel de France.

Plus d'un voyageur qui lira ces pages rapides nous saura bon gré de cette note de l'estomac. Soixante Anglais de tout âge et des deux sexes prennent place devant la nappe blanche ; l'œil se repose agréablement sur de frais visages et sur ces grandes chevelures blondes dont l'or scintille quand un rayon pénètre dans la salle. Les vieilles dames ont un *cant* inexprimable ; elles ont imaginé, pour s'en parer à l'heure du repas, un haut bonnet droit et raide, agrémenté de rubans disposés en cocarde, quelquefois bleus, plus souvent rouges, ordinairement jaunes. Veuillez observer qu'elles sont aussi ordinairement blondes, bien que leur chevelure soit un peu différente désormais de ces toisons flottantes qu'elles portaient au temps heureux où elles étaient des « fiancées ». Il y a tout à l'heure deux cent cinquante ans qu'Antoine Hamilton, le compagnon d'exil de Jacques II, à Saint-Germain, dans ses *Mémoires du comte de Grammont*, a signalé le goût étonnant des blondes Anglaises pour le jaune, et cette recherche subtile de la couleur qui leur sied le moins. On n'est pas à ce point ennemi de soi-même. Quant aux hommes, tous les Anglais, vieux ou jeunes, souvent très beaux, portent leur qualité de « libres insulaires » avec la même raideur que devaient montrer les touristes de l'ancienne Rome, et qui dénonçait aux gens des provinces le « citoyen romain ». — Seulement, ils n'ont point le contour antique et l'ampleur romaine.

A ces déjeuners, si nécessaires à la réfection, au milieu d'une existence active et quand les poumons s'emplissent de l'air excitant de la montagne, mangez le ragoût d'izart, au fumet un peu sauvage, buvez le vin de Henri IV, le Jurançon ; mais cette liqueur d'or est chaude, il la faut vieille et dépouillée. Après le repas, une lente promenade est agréable. Elle se présente d'elle-même avec deux buts intéressants : d'un côté, le château d'Ourout ; de l'autre, le faubourg de Vieuzac et son donjon restauré.

Ourout touche à l'hôtel de France, dont les fenêtres postérieures s'ouvrent sur des jardins. C'est une maison du xv® siècle, avec ses tourelles et ses pignons, en plus d'un endroit bizarrement rabistoquée, mais conservant sa forme générale. Quelques vieilles parties même sont intactes. Au-dessus de la porte principale se voit un écusson très chargé, avec une devise en langue bigorraise dont le sens est : Je ne céderai rien. Les seigneurs d'Ourout étaient de fières gens ! Nous les retrouverons dans les

CHATEAU D'OUROUT

luttes religieuses du xvie siècle. Leur domaine patrimonial paraît avoir été Saint-Pastous. Ils furent également seigneurs d'Arrens, la commune principale aujourd'hui de la vallée d'Azun. Ourout fut apparemment pour eux une sorte de maison de plaisance, et le lieu était bien choisi. De la terrasse du château, ombragée de grands arbres, on a sous les yeux, au premier plan, à droite, des prairies vertes, une route qui court sous les noyers ; à gauche, les replis de la vallée s'abaissant vers le grand Gave ; au deuxième plan, les hauteurs de Saint-Savin et la chapelle de la Piétad, la maison rustique de Miramont sous les bois qui tapissent le flanc de la montagne ; au troisième enfin, le Viscos radieux, gardant toujours à ses hautes cimes un peu de neige pour la faire étinceler au grand soleil.

Revenant sur vos pas, traversant la ville d'Argelès ou contournant les prairies, et prenant le chemin parallèle à la grande rue qui longe le petit Gave, vous arriverez à ce faubourg de Vieuzac dont une légende a voulu faire un marquisat pour Barère qui y était né. Ce personnage trop célèbre fut avocat tout simplement, puis conseiller à la sénéchaussée de Bigorre, qui le députa aux Etats généraux.

La toque vaut peut-être le heaume, mais ce sont deux couvre-chefs différents. Ce faubourg de Vieuzac présente de curieuses maisons à galeries de bois et des tanneries dont le parfum vous conseillera de hâter le pas. Aussi bien la tour carrée qui s'élève un peu plus loin parmi la verdure vous attire. Elle fut entourée de larges fossés et de contrescarpes dont aucune trace ne subsiste. Une seule porte y donne accès, et deux belles fenêtres trilobées sont percées au premier étage. Ces ouvertures ont fait croire que le donjon de Vieuzac avait servi d'habitation seigneuriale ; il est plus probable que ce fut simplement un poste militaire, une tour de guet et de signaux. Le propriétaire actuel, M. Alicot, qui fut un moment député d'Argelès à l'Assemblée Constituante de 1871, a eu la mauvaise pensée de percer un autre jour à l'étage supérieur ; cette fenêtre moderne est d'un effet lamentable.

Le donjon de Vieuzac n'est plus que l'ornement d'un parc au milieu duquel s'élève une habitation délicieuse. La vue en est à peu près la même que de la terrasse d'Ourout, mais avec une plus grande étendue de perspective sur la gauche du bassin. Le grand Gave passe à quelque distance sous un pont de bois, et l'on entend le bruit du flot. Sur les premiers gradins de l'amphithéâtre qui se déploie vers l'ouest, on aperçoit les ruines du château de Beaucens, séjour des vicomtes de Lavedan, la clef de la vallée. Le poste de Vieuzac recevait les signaux de Beaucens et les transmettait à l'église fortifiée de Saint-Savin, sur l'autre bord du mont, puis au château du Prince Noir. Nous reviendrons sur la parfaite régularité de ce système militaire qui commande tout le Lavedan.

LE DONJON DE VIEUZAC

Si après cette promenade sans accident de terrain, tranquille et tout unie, on peut encore remplir l'après-midi à une autre excursion courte et attrayante, on va d'Argelès à Boo-Silhen, soit en suivant la route, soit en contournant le petit massif isolé qui s'avance sur la vallée d'Argelès. Ce massif, prenez-y garde! Ce n'est pas seulement le contrefort de la montagne de Peyre-Dufau que nous avons devant nous; c'est un barrage.

Ces roches retenaient l'eau du lac immense dont le bassin maintenant verdoie sous nos yeux.

ÉGLISE DE BOO-SILHEN

Ce chemin est le moins pénible, ce n'est pas le plus pittoresque. Il vaut mieux escalader franchement ce petit mont. Des hameaux s'éparpillent entre les roches : Silhen, Plaouts, Asmetz.

A mesure qu'on s'élève, la vue devient plus magnifique ; elle embrasse les pics de Gabiso et d'Arraillé.

Boo-Silhen est en plaine, à la hauteur du Gave. Une butte rocheuse le domine et sert d'assiette à son église, qui a de l'allure, sans valeur artistique. Un ruisseau baigne le pied de la butte et longe un sentier qui descend de Saint-Pastous. Ce coin est peut-être le

LE PIC D'ARRAILLÉ

plus frais de toute la vallée. Partout les pentes sont tapissées de pâturages boisés; d'autres villages y jettent une animation vivante : Ayros, Vier, Préchac.

L'heure est trop avancée pour pousser jusqu'à Beaucens. La table d'hôte est servie dans ce plantureux hôtel de France d'Argelès ; c'est l'heure du dîner.

PONT D'ARGELÈS

LES FORTERESSES

D'Argelès, nous l'avons dit, on longe, pour aller à Beaucens, le faubourg de Vieuzac, on franchit un beau pont de bois sur le Gave : c'est l'accès de la rive droite de la vallée. La route monte entre des hameaux, des vergers ; un petit Gave tumultueux, écumant, descend au travers du village de Beaucens ; il faut user, l'hiver ou après les orages, de ponts improvisés : un tronc d'arbre jeté au-dessus du torrent, comme en plein pays sauvage. En temps ordinaire, le fond du lit peut servir de chemin jusqu'au pied de la butte qui porte le château ; c'est même le plus court. Arrivé au pied du promontoire que domine le donjon, le voyageur devait éprouver jadis quelque embarras de savoir comment il grimperait parmi ces décombres, sur le sol miné, à travers les rochers et les pierres taillées de main d'homme s'éboulant ensemble. La nature et l'art militaire, celui du moins des vieux temps, sont réunis à Beaucens : la première a fourni cette assiette formidable, l'art a conseillé d'y élever ces murailles à trois cents pieds au-dessus du ravin.

Il y a quelque vingt-cinq ans, le ministre Fould, propriétaire du château, eut l'heureuse idée de remplacer par une belle route carrossable ce sentier fait pour les chèvres bien plus que pour les millionnaires. En assurant sa propre commodité, M. Fould travaillait également à celle d'autrui. On monte maintenant à ce nid d'aigle aussi doucement qu'au palais de Versailles. Malheureusement on n'obtient point le confort sans nuire au pittoresque ; il a fallu combler des fossés pour tracer au faîte une plateforme bien nivelée, qui est d'ailleurs un admirable belvédère. De là, on peut vérifier l'exactitude des observations de M. Cénac-Moncaut, dans son *Voyage archéologique et historique* à Bigorre, sur le système de forts guetteurs ou *attelayes* qui commande tout l'ancien comté. En même temps, on demeure surpris de l'apparence légère d'une maison forte si renommée que Beaucens. Ce n'est point la tournure massive et redoutable des demeures féodales du nord de la France, avec leurs énormes tours rondes et leurs revêtements de murailles cyclopéennes. Ces tours carrées du midi ont des élégances qui n'éveillent pas le sentiment de la crainte. Et ce n'est pas tout : en longeant les constructions de Beaucens, on s'aperçoit qu'elles sont formées de schistes et de cailloux à peine cimentés, qui se fendent et roulent au moindre choc. Ceux qui ont vu Coucy dans le département de l'Aisne, et Clisson en Bretagne, seront assez enclins à ne reconnaitre dans les châteaux des Pyrénées que de pittoresques fortins.

En revanche, l'art militaire ne fut jamais aussi avancé dans le nord, aux mêmes temps. Ce système d'*attelayes* est d'une régularité savante. Beaucens, qui commande l'entrée des deux vallées de Luz et de Cauterets, correspond avec le château de Sainte-Marie au-dessus de Luz. Les deux forteresses sont cachées l'une à l'autre par les replis de la gorge de Luz, et l'on ne rencontre point de traces de tours intermédiaires ; mais les feux pouvaient s'allumer au sommet des roches, et les signaux arrivaient. D'ailleurs, Sainte-Marie, qui fut bâti par les Anglais, et où se voit, par

CHATEAU DE BEAUCENS — LE DONJON

exception, une tour cylindrique, communiquait avec Lourdes. Beaucens était plus particulièrement destiné à la surveillance de la grande vallée, de l'entrée de la gorge de Cauterets, et de l'accès du val d'Azun. Le château recevait les envois télégraphiques de la tour de Gélos, d'abord, dont la ruine se dresse sur un promontoire détaché, suivant les mêmes règles que Beaucens. Gélos est situé sur la rive droite du Gave, à trois mille mètres seulement de Lourdes. Plus loin, c'est Vidalos, au sommet d'un cône; de là les signaux couraient sur Vieuzac, qui transmettait ses feux des deux côtés du bassin : à Beaucens, sur la rive gauche; sur la rive droite, au grand établissement militaire de Saint-Savin, composé d'une église fortifiée et d'un donjon disparu; puis, un peu plus en arrière, au château du Prince Noir, qui dominait la vallée d'Azun; plus en arrière encore, dans la même vallée, au donjon d'Arras, où nous rencontrerons la même exception qu'à Sainte-Marie, une tour ronde.

Beaucens fournit la preuve que toutes ou presque toutes ces demeures de guerres appartiennent à des époques diverses. La grande guerre des Albigeois, à laquelle tous les pays méditerranéens et pyrénéens prirent part, en fit élever un grand nombre. La guerre des Anglais les trouva debout; les Anglais s'en emparèrent, les détruisirent et les reconstruisirent pour leur compte; les guerres de religion conseillèrent de les réparer, les entamèrent encore; le temps, depuis, les a renversées. A Beaucens, un chemin couvert fait le tour de la montagne; on entre dans l'enceinte par une porte ogivale en marbre; à droite est un réduit voûté qui devait en loger le gardien. L'ogive donne à peu près l'époque de cette première construction. A dix ou douze pas plus loin, une autre porte cintrée se présente, et l'on y voit encore la coulisse de la herse. Elle est relativement moderne, du XVe siècle, peut-être du XVIe. Une sorte de barbacane lui sert de défense, comme à la première porte; cet ouvrage est percé de meurtrières à fusils. Voilà sa date. Vers 1569, le comte de Montgomery pour la reine Jeanne de Navarre, mère de Henri IV, ravagea le Bigorre, et même brûla Tarbes en se retirant. Le seigneur d'Ourout conduisait les catholiques, pour lesquels François de Béarn tenait le château de Lourdes. Montluc, qui commandait en Guienne, leur envoya des secours. Il n'avait pas encore reçu, au siège de Rabasteins, cette terrible blessure au visage, qui l'obligea de porter un masque le reste de sa vie.

Le maître de Beaucens était alors Anne de Bourbon, vicomte de Lavedan, baron de Barbezan, partisan de la religion nouvelle, mais seigneur très compromis, très effacé, portant besace ; car ses dettes étaient les plus considérables dont on eût jamais entendu parler en pays pyrénéen. Ces comtes — d'abord vicomtes — de Lavedan, n'ont d'ailleurs qu'une très médiocre histoire héroïque ; mais ils eurent une grande puissance territoriale. Au commencement du XIIe siècle, on les voit figurer parmi les *ricos hombres* d'Aragon. Dès ce temps-là, riche était synonyme de puissant; ces anciens nous valaient en tout, nous autres modernes ; mais valaient-ils mieux ?

Beaucens n'a pas été le berceau de la famille de Lavedan ; il appartint aux comtes de Bigorre, puisque l'un d'eux en fit présent à l'évêque Amélius, au Xe siècle. Les Lavedan existent pourtant dès cette époque reculée; ils s'appellent Anermans, Anerils, Fortaner; puis ils prennent les noms à la mode d'Espagne, Raymond-Garcie. L'un d'eux a voulu faire assassiner le comte de Bigorre, son suzerain; celui-ci l'assiège dans son château de Barbazan, ce qui était un juste retour. Barbazan dresse encore aujourd'hui sa vieille tour au-dessus du chemin de Tarbes à Bagnères.

Les Lavedan paraissent n'être devenus seigneurs de Beaucens que vers la moitié du XIVe siècle. Ils avaient alors les terres de Vier, Préchac, Andrest, Troygnan. Déjà la branche directe était près de s'éteindre. Au XVe siècle, Jeanne de Lavedan porta le vicomté dans la maison de Lyon, en épousant Gaston de Lyon, seigneur de Bézaudun. Leur fille unique est mariée à Charles, bâtard de Jean II, duc de Bourbon. Anne de Bourbon, son petit-fils, fut le seigneur princièrement ruiné que nous connaissons. Son fils, Jean-Jacques, meurt sans enfants; le Lavedan passe par bénéfice de cousinage à la maison de Montaut-Bénac. Le chef en était alors Philippe de Navailles, gouverneur de l'Aunis, plus tard maréchal, duc à brevet et mari de cette austère Navailles, dame d'honneur de la reine Marie-Thérèse, et surveillante des filles d'honneur, qui se fit un peu exiler pour avoir voulu contrarier les desseins amoureux de Louis XIV sur ce piquant « essaim de beauté ».

Madame de Navailles n'était point, d'ailleurs, la duchesse sexagénaire qu'Alexandre Dumas a mise en scène. Elle n'avait guère que 35 ans; elle était belle, mais vertueuse et surtout pleine d'honneur. Il lui parut que ce serait manquer à ce qu'il commande que de ne point repousser l'auguste chasseur toujours à l'affût sur les terres confiées à sa garde. Le roi, tantôt la félicitait sur sa fermeté à remplir son devoir, et tantôt se fâchait. La duchesse, très embarrassée, prit le parti d'aller consulter un grand casuiste. C'était le curé de Saint-Nicolas-des-Champs, messire Joli. Le curé lui conseilla de résister au prince, fût-ce au prix de sa disgrâce. Madame de Navailles sortit de cet entretien fort encouragée. Elle rentre à Saint-Germain, apprend qu'on a vu des hommes qui ne ressemblaient point à des voleurs, courir sur les toits, du côté des chambres des filles d'honneur, et, à l'instant, fait poser des grilles. Le matin, ces grilles avaient disparu : un ordre souverain les avait fait arracher pendant la nuit. Au dîner, le Roi se moqua fort de la duchesse, disant que les Esprits lui jouaient de mauvais tours. La trouvant rogue et irritée, il passa de l'ironie à quelque colère, et la fit prier, peu de jours après, d'aller séjourner dans un de ses châteaux. Le maréchal de Navailles n'en réussit pas moins à faire ériger son comté de Lavedan en duché-pairie.

Le riche domaine, ensuite, passa par héritage dans la Maison d'Orléans, puis dans celle de Rohan, peu avant la Révolution. — Dès ce moment Beaucens, abandonné depuis la mort du dernier Bourbon-Lavedan, c'est-à-dire depuis un siècle et demi, n'était plus qu'une ruine.

COUR INTÉRIEURE DE BEAUCENS

Ruine charmante. Franchissons une troisième porte qui donne sur un chemin couvert, puis une quatrième et dernière qui est le véritable accès de la place. Elle est couronnée de restes de mâchicoulis, et flanquée d'une tourelle angulaire, d'une époque plus récente que la voûte même de l'entrée. Nous sommes maintenant dans la cour, au pied du donjon. Imaginez un préau tapissé d'herbes rases; on a bien mérité quelque repos, après une ascension dont le chemin carrossable pratiqué par les propriétaires modernes est la partie la plus douce. On se laisse aller sur ce gazon avec délices. Un orage passe rapidement au-dessus de la vallée. Quelques rayons percent encore cette envolée de nuages noirs, et jettent des tons cuivrés sur les vieux ombrages qui couronnent en face les hauteurs de Saint-Savin. Les pics du dernier plan sont coiffés de lourdes vapeurs. A nos pieds, la vallée est morne; au milieu des teintes grises qu'y répandent ces énormes nuées, le Gave conserve ses reflets vivants et clairs. Rien ne peut assombrir cette eau limpide.

Tandis que nous goûtons cette paix profonde en admirant ce superbe horizon, de petits sabots qui claquent et un autre pas trainant se font entendre; nous nous retournons au bruit d'un gloussement pareil à celui de certains volatiles en colère : deux êtres humains sont là, si l'un d'eux pourtant est un être et n'est pas plutôt une chose. C'est une fillette de douze à treize ans qui nous présente un bouquet de pâquerettes cueillies dans les ruines, et un idiot de la montagne, appuyé sur un long bâton dont la brute pourrait bien avoir l'idée de faire quelque usage dommageable à notre personne absolument désarmée. Le pauvre diable n'y songe pas, il rit.

Ses semblables sont assez communs dans le pays, bien moins pourtant que les goitreux dans les Alpes. Ce rieur stupide fait mal à voir; nous lui parlons, il ne paraît pas entendre. Mais nous tirons de notre bourse une piécette blanche pour récompenser l'attention de la fillette ; l'idiot la voit, sa face s'anime, il tend la main. Cette misérable créature est pourtant un homme, car il aime l'argent ! Il ne sait pas parler, et il sait mendier. — Voilà, n'est-il pas vrai ? une piquante rencontre dans l'ancienne demeure de ces Lavedan, les *ricos hombres* d'Aragon, les « hommes riches » !

Le donjon de Beaucens, une tour carrée qui s'élève dans l'angle septentrional du monument, n'a décidément point l'aspect colossal. Toute l'architecture militaire de ce pays est d'allure sarrasine ; c'est hardi, mais c'est grêle. Une petite fenêtre est percée à l'étage de la tour; nulle part, on ne voit de portes; il semble qu'on ne pourrait pénétrer dans cette partie du donjon qu'au moyen d'échelles. Des mâchicoulis couronnent la crête de l'édifice, ils reposent sur de belles consoles. En arrière, règne une sorte de parapet, derrière lequel se postaient les archers, et qui furent garnis de meurtrières pour les mousquets, lorsque l'invention en arriva.

Le donjon de Beaucens est séparé par le préau du bâtiment d'habitation qui regardait le sud, l'ouest et le levant. De ce dernier côté apparait encore l'encadrement de quelques fenêtres moresques : c'était le goût d'Espagne. Au couchant, quelques débris gisant dans l'enceinte, et qui présentent des bases de colonnettes, sembleraient indiquer l'existence d'une chapelle. Elle aurait été construite vers la fin du xve siècle. Au sud-ouest est une tour d'angle, éventrée, croulante.

La fillette et l'idiot nous suivent toujours, tandis que nous procédons à cette visite minutieuse; l'enfant nous raconte qu'autrefois la terre trembla; sans quoi cette tour serait encore solide. Nous le savions; ce tremblement de terre est de 1854, et causa de grands dommages dans le Lavedan. Nous disons à la fillette : En ce temps-là, cherchais-tu déjà des marguerites ?

Elle nous répondit, avec un petit rire qui ressemble à un bêlement et qui nous rappelle l'agneau de la fable, se justifiant devant messire le loup : — Comment l'aurais-je pu, puisque je n'étais pas née ? — L'idiot aussi riait par imitation; il continuait de tenir tendue sa main décharnée, il voulait une autre pièce.

Nous descendons du château, — non par la belle route, — mais en suivant les étroites sinuosités d'une pente assez abrupte jusqu'au fond de la ravine; nous retrouvons le méchant torrent qui passe comme un trait au travers du village, le remplissant de la poussière de son écume, et l'envie nous vient de le suivre. Il tourne autour du pied de la montagne. Une moitié de vieux pont volant en planches se présente, l'autre moitié ayant été emportée

LE CHATEAU DE BEAUCENS

par une crue; nous le franchissons; un village est devant nous sur l'autre rive, un village qui déconcerterait les peintres les plus hardis. On ne se figure pas aisément tant de sauvagerie et tant de grâce unies ensemble; c'est furieux et c'est délicieux.

Ah! la belle contrée, et parmi tant de bourgades pittoresques, la belle trouvaille que Villelongue! Le torrent l'enveloppe,

PASSERELLE DE BEAUCENS

le perce, l'étourdit de sa clameur retentissante; dans ses méandres qui ne finissent point, il est partout. Il court au pied des maisons, il arrose ou ravage, suivant son caprice, des vergers au fond de la ravine. Et quelles maisons! On saurait dire qu'elles sont vieilles, elles n'ont plus d'âge. Et quel enchevêtrement de feuillages au-dessus et au-dessous d'un pont plusieurs fois séculaire! Mais ces lieux extraordinaires ont de l'attrait surtout pour les visiteurs. Sous le couvert de tant d'arbres capricieux, sous les auvents et les galeries de bois de ces étranges masures, le soleil ne pénètre jamais; le torrent jette seul de la lumière dans le village, dont la rue a six pieds de largeur, tout juste ce qu'il faut en longueur pour une tombe.

Le petit Gave en rejoint un plus grand : c'est le Gave de Barèges. Nous nous trouvons à la bouche d'une gorge austère et magnifique dans son aridité puissante. Nous y reviendrons.

CHAPELLE DE LA PIETAD

SAINT-SAVIN

Saint Savin n'est pas un Bienheureux de petit rang, et les abbés, ses successeurs, ne furent pas de petits sires : ils commandaient à huit paroisses, ils possédaient les villages de Nestalas, Arrens, Aucun, Gailhagos, Arcizan, Devant, Arras; mais surtout ils avaient reçu en présent d'un comte de Bigorre la vallée de Cauterets, qui appartient encore aujourd'hui à leurs sujets d'alors, les habitants du territoire de Saint-Savin, représentés par un syndicat. Au reste, c'étaient à peine des sujets, car « les chefs de maison » ou « voisins » formaient alors une république fédérative, sous la présidence de l'abbé. *Les femmes y avaient le droit de vote.*

La sainteté d'un jeune garçon, fils du comte de Barcelone, au vii⁰ siècle, a engendré la prospérité de ce coin des montagnes; on ne dira point que cette prospérité n'ait pas une source pure. Savin, qui avait perdu son père, fut élevé par sa mère dans une grande piété; désireuse de le former à l'usage du beau monde de ce temps, lequel ne ressemblait guère à celui d'aujourd'hui, la comtesse l'envoie à la cour de son oncle Hentilius, comte de Poitiers. Ce seigneur, très pratique, trouve dans le voyageur un jeune homme très savant et très sage, et songe aussitôt à utiliser ses belles qualités à son profit; il s'empresse de confier l'éducation de son fils à un tel neveu. On disait à Poitiers que Savin avait la pureté d'un ange; il en avait aussi le don de persuasion : c'est ce qu'Hentilius apprit à ses dépens.

Savin s'essaya au prosélytisme; il sut démontrer à son élève et cousin la supériorité de la vie religieuse sur l'existence profane; un jour, ils disparurent tous les deux; ils s'étaient allés jeter dans un monastère qui suivait la règle de saint Benoît; ils prirent l'habit; mais les austérités du cloître cessèrent bientôt de suffire au zèle du jeune comte de Barcelone, qui rêvait celles de l'anachorète.

Il quitte la maison claustrale, se dirige vers les montagnes de Bigorre et reconnait dans la belle vallée de Lavedan le terme de son pèlerinage. Là, il reçoit l'hospitalité dans un autre monastère, appartenant également à l'Ordre de Saint-Benoît, fondé sur les ruines d'un ancien fort gallo-romain, qui a toujours porté le nom inexpliqué de *Palatium Æmilianum*. L'abbé Forminius reçoit du jeune pèlerin la confidence du projet qui l'avait conduit dans ces montagnes, et voulant le retenir près de lui, l'engage à bâtir son ermitage sur le plateau de Pouey-Aspé, en un site magnifique, d'où l'on embrasse la plus splendide partie de la vallée. C'est là qu'est située cette chapelle de la *Piétad* dont nous avons déjà parlé.

Dans son état actuel, elle a sans doute été construite sur les ruines d'un oratoire plus ancien, car elle ne remonte qu'au xvie siècle. La chapelle précédente devait également s'élever sur

ABSIDE DE L'ÉGLISE DE SAINT-SAVIN

l'emplacement même de la cellule du saint. Les beaux lieux ne nuisent point à la prière.

Savin se proposa pour modèle le Mont-Carmel et le prophète Elie. Il vivait de racines, marchait les pieds nus sur la pointe des roches ; sa robe de bure se conserva miraculeusement et ne dura pas moins de treize ans, — autant que sa vie. Une puissance surnaturelle l'entourait ; un jour, il avait voulu boire à une source qui coulait dans le pré d'un méchant homme qui le fit chasser rudement ; Savin résolut donc d'avoir une fontaine à lui. Il frappe le rocher de son bourdon, l'eau jaillit, elle coule encore, elle est miraculeuse.

Après treize ans de cette existence angélique, l'anachorète rendit son âme à Dieu. Les moines du Palais Emilien prirent possession de sa dépouille et lui donnèrent la sépulture dans leur maison. — Nous allons trouver son tombeau dans l'église placée sous son vocable, et qui fut longtemps et à la fois un centre important de puissance temporelle, et un grand lieu de piété.

L'abbaye prit le nom d'un mort si illustre ; l'abbé de Saint-Savin siégea aux Etats de Bigorre. Quant à la date à laquelle fut construite cette curieuse église, elle est expressément consignée dans l'acte de donation de la vallée de Cauterets au monastère par Raymond, comte de Bigorre :

« Ce n'est pas une chose secrète, et il n'est presque personne
« dans la Gascogne qui ne sache très certainement que moi,
« Raymond, comte de Bigorre, désirant satisfaire pour mes
« péchés, ayant tout lieu de craindre la colère du Tout-Puissant
« et la perte de ma portion de la joie du Paradis, dans la vue de
« racheter mon âme et celles de mes pères, j'ai doté de mon
« patrimoine et autres biens le lieu où l'on sait, de science cer-
« taine, que repose le corps de saint Savin ; et je n'ai rien omis,
« Dieu aidant, pour y perpétuer tant le monastère que les moines
« y vivant dans la bonne règle, sous la conduite de leur abbé.
« C'est pourquoi, entre les autres biens dont j'ai eu soin de les
« gratifier, je fais cession et donation de la vallée de *Cauterès*
« au dit monastère et aux religieux qui y feront leurs offices ; à la

SAINT-SAVIN

« charge par eux d'y faire construire une église convenable, à la
« gloire de Dieu et à l'honneur de saint Martin, et d'y entretenir
« des habitations suffisantes pour faciliter l'usage des bains. A
« ces conditions, la dite vallée restera en la libre et paisible
« possession de l'abbé et des moines de Saint-Savin, sans
« qu'aucun de nous ou de nos successeurs puisse s'y arroger
« aucun droit ni préférence, pas même la faculté de faire conduire
« dans ses pâturages nos bêtes, de quelle espèce qu'elles puis-
« sent être, sans l'agrément de l'abbé de Saint-Savin.

« Nous leur cédons en outre les droits suivants : que si quel-
« qu'un prend à la chasse, dans la vallée, un sanglier ou un
« cerf, il sera tenu d'en apporter, par manière d'hommage, une
« épaule au monastère de Saint-Savin ; ce qui sera observé dans
« toute l'étendue du territoire de Saint-Savin, d'un pont à l'autre ;
« plus, que toute la vente de beurre que nous percevions de la
« faculté des pacages dans l'été, sera, par l'abandon que nous
« en faisons, employée pour le luminaire de Saint-Savin.

« Nous statuons enfin, tant pour l'amour de Dieu tout-puissant
« que pour notre salut et le salut de nos successeurs, que si le
« Roi venait à nous gratifier ou à nous récompenser de quelque
« pension sur les revenus du monastère, nous ne pourrions en
« profiter, ni nous, ni nos représentants sur lesdits lieux ; mais
« que nous en ferons un présent, par forme de restitution, à
« saint Savin sur son autel.

« Nous ajoutons la présente charte en confirmation de celle
« que nos ancêtres et nos auteurs avaient remise ès mains de
« Bernard, abbé de Saint-Savin ; régnant en France le roi Louis ;
« et le roi Garcie en Aragon, l'an depuis l'Incarnation du Sauveur
« neuf cent quarante-cinq. »

On retrouve des parties qui ont vraiment cette antiquité, et même une plus vénérable encore, dans le temple actuel, que le tremblement de terre de 1854 a quelque peu ébranlé.

C'est un édifice roman de vieil âge, le roman sans ornement. La porte de l'ouest, qui est la principale, est flanquée de neuf colonnettes, dont presque tous les chapiteaux sont dépourvus de sculpture. En entrant, on se heurte à un béni-

BÉNITIER DES CAGOTS

tier d'une ancienneté mystérieuse : on l'appelle le « bénitier des cagots ».

Que furent ces cagots, ces parias, ces réprouvés que l'on trouve dans tout le Midi, jusque dans le Poitou? Dans les Pyrénées, la légende voulait que ce fussent les métis des anciens conquérants Goths et des envahisseurs Sarrasins. Qu'on juge s'ils devaient être infectés d'hérésie en raison de cette double origine !

La haine des peuples ne manqua point de les envelopper dans le grand désastre des Albigeois et des Vaudois ; on les massacra par milliers. Les cagots étaient obligés de porter un habit particulier qui les fît reconnaître. C'était une casaque rouge, ordinairement marquée d'un signe ridicule, par exemple d'une patte d'oie. Ils ne pouvaient dépasser le porche de l'église. — Encore les aspergeait-on d'eau bénite consacrée dans un récipient qui ne servait à aucun autre usage. — Voilà ce bénitier des cagots.

Dieu nous garde d'attribuer de certaines arrière-pensées intéressées à l'abbé de Villabencer (c'était le nom du premier monastère établi sur les ruines du Palais Emilien); il est pourtant certain que la possession du corps et des reliques du Saint lui servit d'abord à recevoir les dons de Charlemagne, la réputation de Savin étant arrivée jusqu'au grand Empereur. La même raison d'édification décida des présents de Raymond de Bigorre; ils étaient bien nécessaires, car, dans l'intervalle, une terrible incursion des Northmans avait dévasté le monastère et la vallée. — Si nous remontons jusqu'à ces brouillards de la vieille histoire, c'est pour montrer combien il est difficile de démêler exactement à quels âges appartiennent les parties diverses de ce pittoresque monument. Les archéologues ont disputé, et, suivant leur coutume, se sont un peu noyés. L'époque du xe siècle pour la fondation principale, et du xie pour son achèvement, est la plus probable. Mais les anciens bâtiments claustraux au moins avaient une origine antérieure, comme nous allons le voir.

Ne nous arrêtons pas à l'absence de sculptures sur les piliers qui décorent la porte principale. Le premier roman est ordinairement nu; mais il faut ajouter ici la difficulté provenant de la dureté de la matière : ces colonnes sont en marbre. Les plus rapprochées de la voûte sont d'ailleurs travaillées; le ciseau inhabile de l'artiste a essayé d'y représenter un démon couvert d'écailles, avec la tête plate du serpent; plus loin, des figures d'enfants et d'animaux, qui pourraient bien être des ours. L'essai le plus frappant est le Christ du tympan, debout, la main levée pour bénir, entouré des quatre attributs des évangélistes : l'ange, le lion, l'aigle, le bœuf.

Entrons dans l'église; les proportions en sont vastes, l'allure singulièrement grandiose; le dessin général est la croix latine.

La nef reçoit le jour de l'occident par une grande rose sans meneaux; elle est voûtée à plein cintre; au sud s'ouvrent deux fenêtres assez étroites, purement romanes. Trois autres, de même style, éclairent le chevet, formé de trois absides, de profondeur inégale. L'autel s'élève dans la principale; il

PORTE DE L'ÉGLISE

est du XVIIIe siècle, décoré de figures d'anges rondelets, comme on les exécutait en ce singulier temps, sur le modèle des amours.

Derrière, pour achever le contraste, voici le tombeau du Saint, qui lui-même servit longtemps d'autel. Cette pierre sacrée du temple est faite d'un bloc de marbre gris noir, sur la face duquel ont été taillées quatre petites arcatures à chapiteaux,

LES ORGUES

à crochets. Dessus a été placée une pyramide de bois doré, datant vraisemblablement du xv⁰ siècle. Une grande boiserie peinte sur la droite du chœur raconte la vie du Saint, dont l'histoire entière se déroule sur les panneaux : peinture très ancienne. A côté, dans l'ébrasement de la croisée du fond, remarquable par deux colonnettes à chapiteaux *antiques*, est une Vierge, placée là comme par hasard, statuette d'un mètre environ, en bois doré, du xiii⁰ siècle.

TOMBEAU DE SAINT SAVIN

Les stalles sont du xv⁰. Remontons vers la nef, examinons les orgues à demi ruinées et fort belles ; elles sont du xvi⁰. Du même temps aussi les boiseries de l'autel de la Vierge. Et maintenant quittons l'église pour pénétrer dans le bâtiment claustral, qui va nous offrir des vestiges d'une antiquité plus reculée même que les plus vieilles parties du sanctuaire, et quelquefois présentant le même mélange.

Auparavant, le sacristain qui nous conduit nous arrête et nous montre un reliquaire placé dans une niche, à gauche du chœur. Les sceptiques sourient : cet étui précieux par sa matière et son travail, — car il est d'argent orné de pierres, et c'est de l'orfèvrerie du xi⁰ siècle, — contient le peigne et la calotte du Saint.

Du cloitre, nous avons déjà vu des fragments et des ruines, et, par exemple, de nombreux chapiteaux déposés dans la salle du réfectoire et sur une terrasse. Une salle seulement est intacte : c'est la salle capitulaire, formée de six voûtes croisées qui reposent sur deux colonnes de marbre visiblement antiques : deux débris encore debout du palais gallo-romain.

Cette salle est très basse ; elle s'ouvrait par une porte cintrée et par deux doubles arcades sur le cloitre, qui parait avoir eu deux étages de galeries communiquant à l'église. Sur l'un des chapiteaux de l'arcade géminée, on voit sculptée une chasse au cerf, — preuve incontestable d'antiquité, car il est certain que le cerf a disparu de ces montagnes depuis un millier d'années. A ces galeries, aucune trace de voûte ; la supérieure n'était soutenue que par les piliers, dont les fûts brisés ont disparu, et dont les chapiteaux gisent autour du monument.

Ainsi notre visite à l'intérieur de l'église est terminée ; nous ne sommes pas de la race illustre des savants, et nous n'en avons pas moins envie de conclure, tout comme si nous en étions, que le chevet est plus ancien que la nef, et le monument claustral plus ancien que le chœur. De même, si nous retournons à l'extérieur du temple, nous apercevons d'abord un superbe clocher octogonal, dont les quatre fenêtres en ogive forment lanterne.

Au-dessous du couronnement règne sur toute l'étendue de l'édifice une galerie couverte, bordée d'un parapet à créneaux. Nous voici donc en présence d'une église fortifiée. Nous allons retrouver partout, dans le Bigorre, cette contradiction étrange : la maison d'un Dieu de paix armée en guerre. Ainsi le voulut le malheur des temps et la nécessité de se tenir prêt contre les surprises, dans une contrée que tant d'incursions désolèrent. L'appareil de défense à Saint-Savin parait être du XVIe siècle ; mais il succéda certainement à des ouvrages antérieurs, négligés sans doute depuis la fin de la guerre des Anglais, et qu'il fallut relever quand les guerres de religion s'allumèrent.

LA SALLE CAPITULAIRE

L'abbé de Saint-Savin se trouva colonel d'arquebusiers sans le vouloir. Il était mitré. Plusieurs abbés de son rang et des évêques remplacèrent alors la mitre par le casque, et la croix par le glaive. On vit même, sous Louis XIII, un archevêque amiral. Sous Louis XIV, il y eut en Franche-Comté un ancien moine qui avait été pacha, et qui, ayant vendu les Turcs qu'il commandait, et, reçu l'absolution, étant rentré en demi-grâce, se mit en tête d'occuper le siège archiépiscopal de Besançon; mais le temps de ces mascarades étant passé, le Roi répondit en menaçant de renvoyer l'ancien pacha en exil.

Il voulait qu'un abbé menât la vie d'abbé. A Saint-Savin, elle était assez belle. Toujours siégeant aux États de Bigorre, le prélat exerçait chez lui une sorte d'autorité paternelle, douce envers ceux qu'il conduisait, et tranquille pour lui-même, bonne au troupeau, bonne au pasteur. Nous avons déjà dit que la vallée ou le *paschal* de Saint-Savin formait, sous la présidence abbatiale, une sorte de fédération. Les femmes avaient part au gouvernement. La légende est encore toute remplie d'une certaine Gualhardine, une forte tête féminine, qui, un jour, s'avisa, à elle toute seule, de mettre la République en échec. Vous remarquerez que « gualhardine » ressemble à « gaillarde ».

Ce fut une gaillarde, en vérité ! Elle se retrancha dans son *veto* sur une proposition adoptée par toute la fédération, mâles et femelles. On ne put l'en faire sortir.

Le village de Saint-Savin renferme plusieurs maisons à galeries du XVe siècle. Il est formé d'une large rue que l'ombre immense de l'église ne peut obscurcir, et son aspect est riant et paisible. Au pied d'une de ces vieilles maisons, un homme et une femme sont occupés à plier avec soin un habit aux couleurs éclatantes, mais d'une simplicité de forme qui nous attire. Ce n'est rien qu'une paire de culotte de velours et une paire de bretelles brochées. Notre enquête est bientôt faite : ceci est un habit de danse.

Les garçons de Saint-Savin sont les danseurs émérites de la contrée. Celui-ci avait fait partie de la bande qui s'était rendue à Tarbes, quelques jours auparavant, pour une fête, qui, pen-

MAISON DU XV° SIÈCLE

dant la moitié d'une semaine, avait joué du jarret nuit et jour, et qui était revenue, à grand bruit, par la route, toujours dansant.

Race nerveuse, jambes d'acier. La femme du gars qui l'aidait à envelopper d'un linge fin cet ajustement de gloire, et qui était la sienne, le regardait avec admiration pour ce bel exploit. Une jolie blonde aux yeux de violette, type rare dans ces montagnes. Elle nous dit qu'elle avait quatre petits enfants. Et nous, en riant, de lui répondre : Alors le bal n'est plus pour vous, la belle! — Oh! non! fit-elle naïvement, il n'y a plus que lui qui danse!

Une visite à la *Piétad* est de rigueur en sortant du village, bien que la vue dont on jouit sur la vallée en soit le seul attrait; mais il suffit. Notons cependant une jolie maison du XV⁰ siècle, que l'on trouve avant d'y arriver.

L'ermitage restauré du Bienheureux domine la route qui conduit à Pierrefitte. Plus loin, s'élève une maison carrée, sans style, qu'on appelle, dans le pays, le château de Miramont. « Chateau » est une appellation d'honneur, en mémoire de son premier habitant, le poète Despourrins, qui vivait au siècle dernier. Poète local, rossignol basque, demeuré très populaire. Miramont est situé sous de beaux ombrages, bâti légèrement en contre-bas du chemin, au bord duquel on va rencontrer un petit obélisque de marbre, édifié en 1867 par la Société académique des Hautes-Pyrénées, en souvenir du poète.

Le monument porte l'inscription suivante :

« *C'est auprès de ce site enchanteur que le poète populaire*
« *des Pyrénées, inspiré par la belle nature qui l'entourait, a com-*
« *posé ses poésies les plus gracieuses.* »

Et au-dessous : « *Au poète d'Espourrin, 1698-1749.* »

Il y a plusieurs manières, comme on le voit, d'écrire ce nom. Deux inscriptions basques ont encore été gravées sur le marbre : ce sont des fragments des ouvrages de Despourrins ou d'Espourrin. Le facteur de la poste, qui passait, a pu nous traduire la seconde, son savoir ayant échoué devant la première.

Voici cette traduction : « Assis au pied d'un hêtre, le berger pleure en songeant à ses amours ». C'est de l'églogue virgilienne.

A force d'examiner le texte de la seconde, ainsi conçu :

> *Las richessos deü moundé nou hèn que da turmèn ;*
> *Et lou plus bèt Seignou, dab soun aryén*
> *Nou baü pas lou pastou qui biü countén.*

nous avons pu en reconnaître le sens qui est celui-ci :

> *Les richesses du monde ne font que donner des tourments,*
> *Et le plus grand seigneur avec son argent*
> *Ne vaut pas le pasteur qui vit content.*

Cette découverte nous a mis en goût. Nous avons recherché les mélodies pyrénéennes recueillies, pour la plupart, par M. Pascal Lamazou. Les paroles du plus grand nombre de ces compositions naïves sont de Despourrins. En voici une intitulée : *Adiü la bèro Margoutou.*

> *Adiü la bèro Margoutou !*
> *Tu bas perdé toun serbidou !*
> *You baü parti, per lou Rey serby,*
> *Maüdito sio la guerro !*
> *Dens sas amous, d'aüta malhurous,*
> *Nou n'y a nat sus la terro.*

« Adieu, la belle Margoutou ! Tu vas perdre ton serviteur ! Je vais partir pour servir le Roi. Maudite soit la guerre ! Dans ses amours, d'aussi malheureux que moi, il n'en naquit pas sur la terre. »

Bèro Beryèro touto en plous
Ataü cantabo sas doulous :
Moun bèt beryè qu'éro arribat
Per tiené sa proumesso!
Mes u cruèl hat qu'eü m'a enlhebat.
Diü, la courto allegresso!

« Une bergère tout en pleurs, ainsi chantait ses douleurs : Mon beau berger était arrivé pour tenir sa promesse. Un cruel sort me l'a enlevé. Dieu! la courte allégresse! »

Tristé troupèt, b'ès esbarrit,
Lou mé pastou s'en ey partit :
Mouns agnerous, qui sus las flous
Aütour d'eth ganbadabotz,
Per acy n'eü cerquetz, praübous,
En ballés lou melabotz.

« Triste troupeau, que tu es à plaindre! le bon pasteur est parti. Vous, agneaux qui sur les fleurs, autour de lui, gambadiez, par ici ne cherchez plus, pauvres petits. En vain bêlez-vous après lui. »

Fidèl Pigou, tu qui as aüdit
Só qui tan de cóps m'abè dit,
Tu qui tu plasès aü mé caressa
Per só qui you l'aymabi,
Tu qui pertout l'anabos trouba,
Aydo maü ploura... Sabi!

« Fidèle Pigou (son chien), toi qui as entendu ce que tant de fois il m'a dit, toi qui te plaisais à le caresser, parce que je l'aimais, qui partout l'allais trouver, aide-moi à le pleurer... Viens! »

Voilà quelles sont ces poésies de Despourrins, empreintes d'un singulier et joli mélange de l'inspiration classique et du sentiment champêtre. — Et maintenant que nous avons rendu hommage à la mémoire du poète, reprenons notre route.

MONUMENT DE DESPOURRINS

Si, du village de Saint-Savin, le touriste, au lieu d'incliner vers la route de Pierrefitte, se dirige au contraire à gauche, il arrivera bientôt à Sireix et Bun, c'est-à-dire à la rencontre des deux vallées de Saint-Savin et d'Azun. De là, la vue s'étend sur les montagnes qui dominent cette dernière vallée dont les pentes sont animées par les jolis villages d'Arras, d'Aucun, d'Arcizans-Dessus, Gaillagos, etc. A droite, une belle échappée de la vallée d'Argelès nous montre les derniers contreforts par-devant la grande plaine bleue.

Cette promenade doit se terminer par une visite au château du Prince Noir. Nous avons déjà parlé de cette belle ruine dans l'explication rapide que nous avons donnée du système des *attelayes* dans la grande vallée. Elle domine le petit village d'Arcizans-Devant. On y monte par une ruelle sinueuse et rocailleuse, ce que, dans les villes de Suisse, on nomme familièrement « un tortillon ». C'est pourtant une rue, mais un peu plus qu'étroite et bordée de vieilles maisons humides, aux murs salpêtrés, à demi-croulants. En quelques minutes, on a gagné l'enceinte de la forteresse.

Le donjon carré est debout; il appartient au xive siècle; toutes les archives et les légendes du pays sont d'accord pour assurer qu'il fut construit par les Anglais eux-mêmes, maîtres des vallées, sur les ordres de leur chef suprême. De là son nom : château du Prince Noir.

Le reste de l'édifice est entièrement ruiné, sauf une partie qui dut servir de logis, qui parait un peu plus moderne que la tour, et dont la façade est ornée d'une charmante petite tourelle octogone servant d'escalier.

Au-devant, est une plate-forme ombragée de pommiers superbes.

L'endroit est particulièrement aimable au printemps, quand ces arbres sont fleuris. La fleur des grands pommiers, c'est la rose de l'air. Sur cette sorte de préau tapissé d'herbe rase, un vieux pâtre garde des moutons paissant. Il a de l'allure sous la cape.

Une belle route ramène en quinze ou vingt minutes du château à Saint-Savin.

Un chemin plus rapide, mais en somme très praticable, surtout à la descente, nous conduira en très peu de temps à Argelès, si nous ne voulons revenir par Saint-Savin.

CHAPITEAU ANTIQUE DE LA SALLE CAPITULAIRE

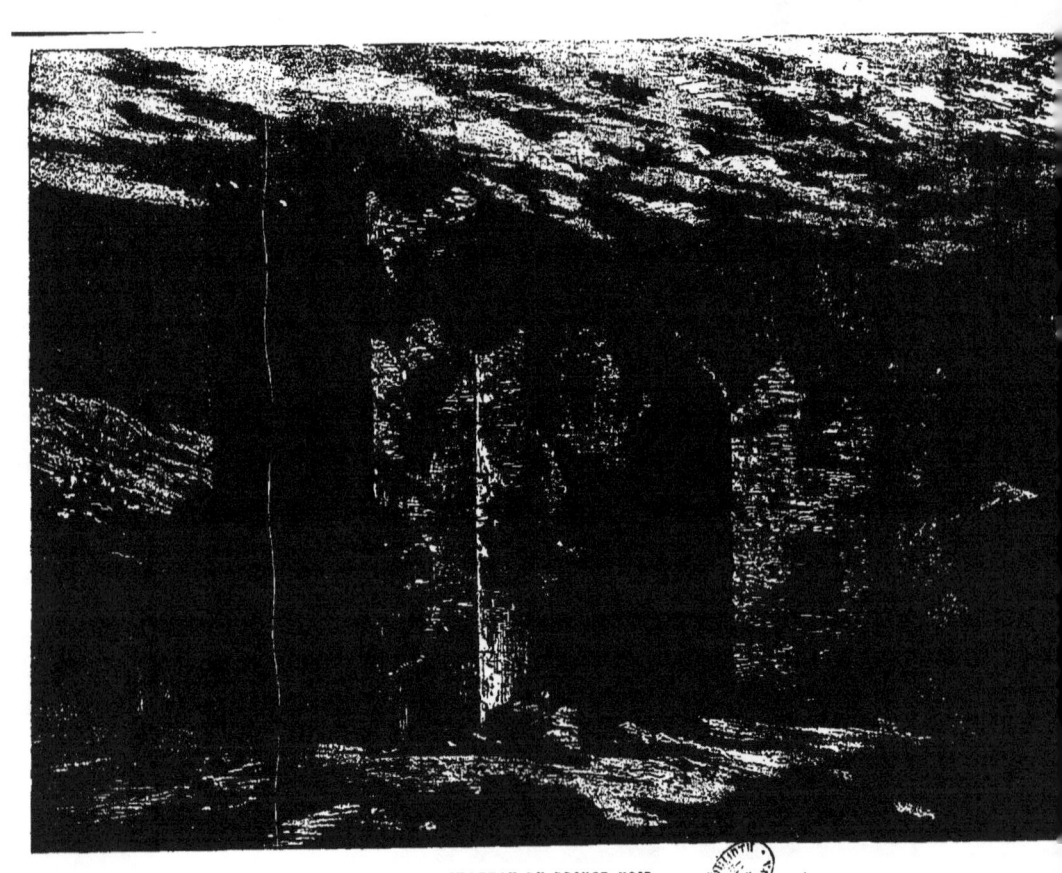

CHATEAU DU PRINCE NOIR

LE VILLAGE D'ARRAS (VU DU CHATEAU DU PRINCE NOIR)

LA VALLÉE D'AZUN

Si nous étions de ces hommes libres que ne retiennent ni les chaines de la pauvreté, ni les liens de la fortune, ni l'ambition, ni les devoirs, ni les habitudes, — de cette espèce, enfin, de sages uniquement occupés à la recherche du bonheur tranquille et simple, qui ne se voient, d'ailleurs, que dans les livres, nous ferions volontiers comme saint Savin, pour des raisons moins édifiantes ; nous construirions notre cellule, non auprès de celle du Bienheureux, mais dans cette vallée d'Azun, la plus romantique peut-être, l'une des plus variées assurément, et des moins connues des Pyrénées.

Qu'on s'imagine le plus gracieux pays : des prairies, des bosquets, des villages, des eaux claires, des ruines sombres, tout un flot de verdure aux teintes graduées qui roule ; tout un petit monde qui vit et s'agite entre de superbes et gigantesques arêtes qui le bornent et ne le ferment point ; où l'on goûte le charme d'un isolement profond, où l'on n'a pas ce sentiment vague de la prison que donnent trop souvent les montagnes; où l'on est entouré, point *muré*, — et l'on se fera une idée à peu près exacte du charme de ce haut et pittoresque terroir.

Partant d'Argelès, nous montons à Arcizans-Dessus. L'entrée de la vallée par ce côté est étroite; le Gave d'Azun court au fond d'une gorge boisée. Le village d'Arras est le premier que nous rencontrions sur cette route. Les maisons nous frappent par un détail singulier : presque toutes ont à leurs fenêtres des volets qui datent de la Renaissance. Ces jolis visages de bois sont seulement un peu vermoulus. Au-dessus d'Arras, voici une ruine importante : c'est le *Castelnau d'Azun*, qui commandait la vallée. Forte chemise de murailles, et deux donjons, l'un carré, l'autre rond, ce qui est une exception au système d'ouvrages militaires employé dans le pays. Un terrain vague et gazonné entoure le *Castelnau*; on est surpris de trouver bonne garde sous la vieille forteresse demantelée. Quoi ! encore des hommes d'armes ?

Non, tout simplement des garçonnets malins qui prétendent exiger un droit de visite. On donne au premier qui se présente; un moment après, un autre vient, puis un troisième. Il faut disperser la bande et forcer la porte. C'est qu'en vérité le *Castelnau d'Azun* a un propriétaire dont la présence est presque réelle, puisqu'il habite tout près de là, à Argelès. On use de son nom pour mendier, et l'on en abuse : — ce que, vraisemblablement, il ne sait point.

Ce propriétaire, qui est également celui du donjon de Vieuzac, a fait quelques efforts pour conserver son *Castelnau*, qu'on appelle aussi le *Laloubère*; mais il a fini par y nuire tristement : il a fait enlever la ceinture de créneaux de marbre au faîte du donjon carré. On les retrouve à Vieuzac, où ils ont été adaptés. Il eût mieux valu ne les point transplanter, sans doute.

Il est certain qu'un seigneur de poids et de grande qualité dut habiter le *Castelnau*. Un problème se dresse ici devant les yeux ;

c'est le même que soulève l'examen de toutes les demeures fortifiées des montagnes, — redoutables le plus souvent, toujours très étroitement distribuées. On se demande où se pouvait bien loger la famille seigneuriale ?

LE CASTELNAU D'AZUN

Il faut admettre que les nobles dames n'y trouvaient point — et sans doute qu'elles ne recherchaient pas — les aises et le confort, devenus si nécessaires dans les temps modernes à celles mêmes qui sont moins bien nées. Le sexe fort ne songeait pas à les leur fournir.

Le double donjon d'Arras ne fut pas seulement un poste militaire de premier rang; ce fut un centre de défense. Une autre tour cylindrique flanquait l'église ; une troisième — celle-ci carrée — et maintenant enveloppée par les bâtiments d'exploitation d'une ferme, s'élevait au centre du village. La forme cylindrique révèle des architectes du Nord. La tradition n'a donc point tort d'attribuer aux Anglais une part dans ces constructions; l'histoire dit qu'ils les occupèrent. Les montagnards de la vallée d'Azun reprirent le Castelnau sur eux, au commencement du xv⁰ siècle. L'assaut dut être rude, car cette chemise de murailles qui enveloppe la forteresse a plus de deux mètres d'épaisseur, et l'élévation en était considérable. Ces montagnards avaient dans le sang quelque chose de l'âpreté qui porta leurs frères Suisses à se débarrasser du joug des gouverneurs envoyés par les ducs d'Autriche.

Au sortir d'Arras, le chemin s'engage dans un défilé, le Gave roule au fond de l'escarpement. Là, les habitants montrent avec des fiertés légèrement féroces un rocher du haut duquel leurs pères précipitaient dans le torrent les collecteurs d'impôts des comtes de Bigorre. L'endroit est sinistre, et s'appelle le « Saut du procureur ».

Au village qui suit, et se nomme Aucun, on retrouve les *cagots*. Une colonie de ces misérables habitait un hameau situé de l'autre côté du Gave : c'est Terranère — Terre noire. Les cagots étaient bûcherons et charpentiers; leurs camisoles rouges ne devaient point paraître dans le village principal, qui est à présent un chef-lieu de canton. On nous y a fait voir M. le juge de paix. Ce digne magistrat est peut-être persuadé qu'il aurait empêché de pareilles iniquités, s'il avait vécu en ce temps-là. — Chacun ici-bas nourrit sa chimère.

Un peu au-dessous d'Aucun, le ravin s'est élargi. Le Gave court entre deux rives plates formant de jolis prés; des maisonnettes sont assises au fond de la combe, entourées de vergers. Que le torrent se gonfle, et voilà, véritablement, des habitations lacustres — sauf qu'elles se trouvent submergées plus qu'à demi, au lieu d'être élevées au-dessus de l'eau. Comment les habitants alors en peuvent-ils sortir pour les nécessités de la vie? La force du courant ne permet pas l'usage des barques. L'inondation, heureusement, est aussi peu durable que prompte et violente. D'autres chaumières campées un peu plus haut, sur la pente, sont des refuges ouverts aux voisins ; au pied du mont, un chemin dessert des villages à demi cachés, là-bas, dans ses plis.

De ce côté les provisions peuvent arriver, et les inondés trouver à vivre. De la route que nous suivons, ces hameaux et ces chaumières, vus d'une hauteur de plus de cinquante mètres, ont le même aspect lilliputien que les voyageurs ont trouvé souvent aux villages Suisses.

On se croirait dans un des vals profonds et resserrés du pays de Vaud. On songe à ces chalets en miniature, à ces petits arbres en bois peint, à ces animaux minuscules et fantastiques fabriqués au couteau, pendant l'hiver, sous les neiges, par les Suisses eux-mêmes, les plus industrieux des montagnards. Le tout se vend dans des boites de sapin qui gardent encore l'odeur de l'arbre ; ce sont des jouets recherchés par les enfants. Le soir, la grande sœur les range sur la table ; quand son village est construit, si le petit frère a des mouvements indiscrets et renverse l'édifice, quelle mignonne colère ! — Cependant, si nous revoyons ici les perspectives du pays de Vaud, — les teintes, dans le val pyrénéen, sont bien plus chaudes.

Le mont qui ferme le tableau est couvert de pins et de bruyères, la verdure des prés est riche et sombre, le Gave a des ruissellements d'argent. Le chemin forme ainsi, sur un espace de deux lieues environ, deux vallées superposées l'une à l'autre. L'étage supérieur est d'une remarquable fertilité. Cette haute vallée bordée par la route déroule à droite du voyageur une ceinture de champs cultivés, parsemés de bouquets d'arbres. De petits torrents courent sous des frênes, traversant le chemin, et vont s'épancher du haut de la paroi dans le val inférieur. Ces urnes renversées ont de jolis gazouillements, qui ajoutent à la gaité du paysage.

Cette riche campagne au premier plan n'est point chose rare dans les Pyrénées ; mais nulle part le contraste prochain n'est plus frappant qu'en cette vallée d'Azun, car, au point où nous sommes arrivés, l'arrière-plan déjà se dessine. Au-dessus de ces bocages et de ces monts boisés, apparaissent des crêtes redoutables, hérissées de pitons et de magnifiques entassements de neige. C'est le pic du Midi d'Arrens (près de 2,500 mètres), la pique d'Asté et le Balaitous (plus de 3,000 mètres), qui a l'honneur de porter un glacier.

Le village descend vers le Gave par une pente rapide. Le torrent est d'une méchanceté particulière entre tous ses pareils, qui ne sont point doux. En 1875, il s'avisa de monter jusque dans la rue haute et de remplir le rez-de-chaussée des maisons, qui le plus souvent n'ont pas d'étage. Restaient les greniers. On peut se figurer de quelle force l'eau furieuse battait ces vieux murs, et les habitants pouvaient croire le jour du déluge revenu, quand les rivières coiffèrent les montagnes. Ce Gave enragé s'élançait en l'air; ce fut une crue de plus de trente pieds, dont une inscription conserve la mémoire. Avez-vous remarqué combien il est rare que de pareilles mentions enregistrent les bienfaits de la nature? C'est un honneur réservé à ses colères.

Vous ne lirez jamais sur des murs : En telle année, la récolte fut grasse ; mais : En telle autre année, l'eau ravagea tout! Quelquefois, il s'agit du feu ; ici, du moins, ce n'est pas la nature qui est coupable. —. N'avons-nous pas dit que ces maisons d'Aucun étaient vieilles? Une superbe fenêtre, portant tous les caractères de l'art espagnol, nous apparait encastrée dans le mur d'une chaumine. Au-dessous de la baie se voit un bas-relief à demi rongé par le temps, qui représente un cheval et un cavalier, et forme une sorte d'écusson ; sur l'un des côtés, on reconnait le léopard du Prince Noir. La fenêtre est en forme d'arcade géminée; elle est bien du xive siècle.

Plus loin, une seconde croisée se rencontre, perçant également un vieux mur; le pilier soutenant la division des deux arcades a disparu. Que signifient ces restes isolés d'habitations demi-seigneuriales? Faut-il croire que des officiers du conquérant anglais, « vieillis sous le harnois », soient venus finir leurs jours chargés de méfaits et de gloire dans ce beau val d'Azun, sous la protection de la ligne fortifiée qui leur assurait la domination tranquille du pays? Les Anglais avaient-ils dès ce temps-là, — il y a cinq cents ans, — la fureur de ne point demeurer chez eux ?

FENÊTRE A AUCUN

Quant au caractère espagnol de ces restes mystérieux, il s'explique aisément. Le voisinage et les habitudes d'Espagne remplissent ces vallées; les paysans ont des airs d'hidalgos; ce n'est presque plus la mine française. Il faut les voir revenant de la culture, à cheval sur l'extrémité de la croupe de leur âne. Les ânes sont grands ici et de belle tournure; encore une chose d'Espagne. Le cavalier est tout hérissé de fierté castillane; mais pourquoi cette manie de peser sur le derrière de la bête? Ne serait-ce pas afin de lui laisser la libre allure de ses membres antérieurs? Les jambes de devant ont ainsi plus de force pour grimper. — Quand l'âne descend, l'homme est plus sûr de ne pas être projeté en avant, sur la pente. — La prudence est la mère de la sûreté, laquelle est fille de l'équilibre.

L'art espagnol, le goût espagnol éclatent encore dans l'antique église d'Aucun. L'édifice est du vieux roman, raccommodé à toutes les époques postérieures. Elle est fort nue; mais le chœur apparait peint et doré à la manière d'Espagne. Nous allons retrouver la même recherche de la splendeur dans le culte et la piété, mais à un degré bien plus frappant dans la chapelle de Poey-la-Houn, près d'Arrens.

Avant de quitter l'église d'Aucun, admirons franchement un bénitier qui remonte au même temps que les premières constructions. — Voulez-vous songer, — sans tristesse, s'il se peut, — à l'effroyable quantité de générations qui, depuis le XIe siècle, ont puisé l'eau sainte en ce bassin de pierre? Que de jeunes et vieilles mains! Que de mains suppliantes!... Que de mains repentantes peut-être, en ces jours où le sang des autres ne coûtait rien, — où l'on ne s'avisait guère qu'au voisinage de l'heure suprême de songer qu'on avait eu tort pourtant de le répandre!

Après Aucun, voici le village de Marsous. Rien de frappant, si ce n'est toujours ces murailles fermant à cette heure des maisons rustiques, et présentant des restes curieux; — une fenêtre encore, celle-ci du XVe siècle, avec des meneaux à pénétration. En avant d'Arrens, un cirque charmant, rempli de culture, vient s'ouvrir. Aucun site dans ces montagnes n'a ce caractère varié, à la fois souriant et terrible. Ce qui ajoute encore à la vigueur du tableau, c'est que le dernier plan est le bout du monde. Ce cirque gracieux est entouré sur ses côtés de monts boisés; le sol en est d'une fécondité opulente, qui rappelle la campagne normande : des champs de blé et de maïs, des bandes de prairies, de grandes ondes vertes et dorées, que traverse un ruban de route.

Au-devant une formidable muraille : Montagnes bizarres, féroces, présentant d'abord un front de lames tranchantes.

Puis les pics se dressent; dans leurs intervalles, de vastes champs de neige; dans les anfractuosités de ces rochers immenses, des sapins. Leurs aiguilles sombres ressortent violemment sur cette blancheur immaculée. Une beauté particulière à la montagne pyrénéenne se révèle : la transparence de l'air, la vivacité des couleurs. Entre la vallée verte et ce mur

FENÊTRES A MARSOUS

énorme, implacable, glisse un fond fuyant et léger. On est bien prisonnier dans cette formidable enceinte; mais la prison est riante, presque caressante.

On nous dit que des sources ont été récemment découvertes aux abords du village, et, entre autres, une source chaude. — Arrens serait une station thermale promptement en vogue; d'autant que la température y est toujours assez égale, et presque tiède, à moins que les vents d'Espagne ne se mêlent de souffler par-dessus les glaciers. Pourtant, une station dérangerait cette solitude animée et la remplirait des bruits du monde. Quel dommage !

A Arrens, tout est réuni pour composer le plus saisissant et le plus délicieux tableau. Entre la rampe immense des monts et le village, un mamelon se dresse qui porte la chapelle de Poey-la-Houn. Nous y monterons dans un moment. Le village lui-même nous arrête. L'adorable vieux coin d'une sorte de désert habité, traversé par un petit Gave qui va rejoindre le grand, au pied des dernières maisons ! Il y roule sur une pente rapide ; ces maisons lézardées, tremblantes, sont parées de galeries à jour. L'église s'élève au centre de ce vénérable pâté ; elle est banale et pauvre, décorée d'un portique appartenant au mauvais art espagnol ; le petit torrent borne le préau qui s'étend au-devant, et comme il contourne les habitations qui l'enveloppent, en descendant vers la grande rue de la bourgade, il doit quelque peu gêner la piété de ceux qui ne se trouvent point logés en deçà de son cours vagabond et orageux.

Tant pis pour ceux qui sont au delà, c'est-à-dire à gauche, si le débordement arrive le dimanche ! Point de messe. Il y a bien des semblants de ponts faits de lames d'ardoises, mais l'eau les recouvre quand elle ne les emporte pas, et roule sur le chemin. — Suivons ce ruisseau bruyant jusqu'au point où il se mêle au vrai Gave, son aîné. Ce point est d'un pittoresque achevé, unique peut-être.

Le Gave d'Azun descend à grand bruit sous une feuillée énorme et magnifique ; il s'est divisé en deux branches qui roulent dans un double lit, formant deux étages. La différence de niveau est environ d'un mètre et demi. La langue de terre qui sépare les deux courants est couverte de bocages épais : des aulnes et des frênes. Sur la rive opposée s'étend une grande hêtrée. Par les interstices que laissent leurs troncs blancs et satinés, et par les jours qui s'ouvrent dans le feuillage, on aperçoit le fond de roches et de neiges, et l'on sent en même temps peser sur sa tête l'ombre du pic. Il fait presque nuit en plein midi sous cette ramure.

On remonte sur la langue de terre entre les deux flots bavards, et l'on arrive à un pont, trois ou quatre fois séculaire, dont le milieu forme un angle presque aigu. Pour descendre sans péril la raideur de la double pente, il n'y a que le pied de l'homme — ou celui du baudet.

ARRENS

La hauteur de ce dos d'âne donne une idée assez juste de la violence du torrent, et des précautions prises pour qu'il n'aille point emporter le pont. Au delà, comme par l'effet d'un coup de baguette, toute verdure cesse. Le lit du Gave s'élargit démesurément et, comme il est en un de ces jours de sagesse, il n'en occupe que le milieu. De chaque côté s'étend un champ d'énormes cailloux blancs comme du lait; on dirait une large couche d'ossements. Les bords sont sauvages, la roche nue : quelques pins rabougris; puis la rampe sombre, infinie, montant au ciel. A deux cents pas environ, le torrent rencontre brusquement un coude et disparaît; mais les yeux ne peuvent encore se détacher des jeux effrayants de la gorge, dont on devine le dessin entre ces blocs amoncelés.

A la gauche du pont, un chemin étroit grimpe aux flancs du mamelon détaché qui porte la chapelle de Poey-la-Houn. Il rejoint bientôt une route plus large tracée en labyrinthe. L'ascension en est, par conséquent, très douce; on a devant les yeux, d'un côté, le village d'Arrens, et le cirque verdoyant qui le précède; de l'autre, la gorge sauvage. On a tourné l'un de ses contreforts, on revoit le torrent.

Poey-la-Houn veut dire *Montagne de la Fontaine*. Une source jaillit au milieu du sanctuaire, dont le sol a été taillé tout simplement dans le roc. Cette rusticité fait contraste avec la richesse des ornements; c'est ici, plus que partout ailleurs dans la vallée, la piété espagnole. Les murs sont recouverts de boiseries peintes et dorées; c'est plus qu'une surcharge, c'est une folie de dorures.

L'autel de la Vierge est le plus somptueux de tous; la statue enluminée est du XVIIe siècle. Quelle que soit l'origine de cette chapelle, on peut regarder comme certain qu'elle reçut un redoublement de réputation et d'honneur, à l'occasion du vœu de Louis XIII. La munificence royale se répandit sur cette maison consacrée à Notre-Dame. Il ne faut pas oublier que Louis XIII entretenait encore avec le Béarn et le Bigorre, berceau de la branche de Bourbon, dont il était issu, domaine patrimonial et privé de son père Henri IV, des relations étroites et paternelles, qui ne cessèrent qu'au règne suivant. Le maître-autel serait, suivant la tradition, un don du Roi; il porte, en effet, le cachet très particulier de ce temps. Ces piliers dorés appartiennent au pur style Louis XIII, si ce style fut jamais bien pur.

En revanche, les croisées sont de l'époque Louis XVI. Les orgues qui s'élèvent au fond de l'église sont de Louis XIV. Un lustre Louis XIII d'une richesse très rare est appendu à la voûte; la légende y voit encore un présent de ce roi.

La légende nous dit aussi que Poey-la-Houn fut édifié par un des seigneurs d'Arrens. Quels seigneurs ? Arrens appartint aux abbés de Saint-Savin. Le Bigorre, un moment, fut donné par le Prince Noir, avec tous les héritages conquis ou que la guerre avait laissés vacants, au captal de Buch, son lieutenant. Au XVIe siècle, les châtelains d'Ourout, près d'Argelès, s'intitulent seigneurs d'Arrens. Ces maîtres d'Ourout, alors, paraissent avoir été une branche de Pardaillan d'Antin, l'une des douze maisons baronales de la comté, dont un descendant a été illustré par ses malheurs conjugaux, le marquis de Montespan. Aucune trace de demeure seigneuriale ne subsiste dans Arrens.

Autour de Poey-la-Houn, on ne trouve non plus les restes d'aucune enceinte fortifiée. Des remparts n'auraient pas été inutiles pour défendre les religieux des entreprises toujours ouvertes des aventuriers espagnols. Le chemin qui vient d'Espagne est ici plus que rude, et les « ports » ou passages sont rares ; mais les aventuriers passent partout. Certainement il y eut à Poey-la-Houn un centre religieux fort ancien. Il faut croire qu'il était suffisamment défendu par l'odeur vénérable du sanctuaire.

Si l'on suit, à partir du pied de ce monticule, le chemin en colimaçon, on aperçoit d'abord un long bâtiment qui se développe à droite de la chapelle ; puis, en s'élevant, le monument lui-même, qui a sûrement appartenu au roman du deuxième âge, dans sa construction primitive.

Il est aisé de reconnaître les rajustements et revêtements du XVIIe siècle qui l'ont transformé. Une tour carrée flanque l'église ; le clocher proprement dit est de 1684 ; date que porte la cloche de bronze fleurdelisé. La chapelle est précédée d'un portique soutenu par des colonnes de marbre et surmonté d'une statue de la Vierge. C'est la pieuse enseigne du lieu.

Tout porte donc à croire que Poey-la-Houn fut un des sanctuaires choisis dans toute la France pour servir de foyer à la dévotion nouvelle introduite par le vœu du Roi. Cette destination ancienne en impliquait une toute moderne mais toute semblable ; il était naturel que l'on rattachât la chapelle d'Arrens à celle de Lourdes, qui en est si proche. D'autant que Poey-la-Houn, appartenant désormais à la *Fabrique* d'Arrens, a été offert en présent à l'évêché de Tarbes. Ce sont, en effet, des missionnaires de Lourdes qui désormais occupent la maison, laquelle a depuis

LA CHAPELLE DE POEY-LA-HOUN

longtemps servi de collège. On y distribue l'enseignement théologique.

Nous sommes à la veille d'une fête, et le soir approche. Les cloches de l'église paroissiale d'Arrens annoncent la solennité du lendemain; celle de Poey-la-Houn vient s'y mêler. Il chante clair ce bronze royal! Les ondes sonores se bercent, puis s'élèvent dans l'air pur, subitement devenu assez froid: c'est que le vent des neiges, le vent du glacier du Balaitous est venu à souffler.

Nous voulons regagner le village ; mais comment résister au désir de reprendre le chemin pittoresque du Gave ?

Nous suivons donc l'ilôt entre les deux lits du torrent ; les ténèbres sont presque complètes sous ces feuillages ; ce n'est plus la lumière du jour, c'est la lueur de l'eau qui nous guide.

Les habitants sont rassemblés au bord de la route qui doit nous ramener à Argelès, devant l'auberge : les hommes alertes et fiers sous la cape, les femmes toujours gracieuses sous le capulet. Cette population bigorraise est sociable et douce, bien que très vive. On n'entend guère de disputes dans les villages ; mais on y recueille parfois des chants bizarres, d'une véritable harmonie. Les Bigorrais aiment à chanter à l'unisson ; presque tous ont la voix juste ; beaucoup l'ont d'une étendue singulière.

Lorsque notre voiture rentre dans le cirque de cultures que nous avons décrit, nous jetons un regard en arrière. C'est à regret que nous quittons cet aimable et superbe coin d'un beau pays. Cet endiablé de vent d'Espagne paraît devoir amener l'orage sur ses ailes glacées ; d'ailleurs, on sait très bien qu'en bas il verse la pluie, qu'en haut il entasse la neige. Le pic du Midi d'Arrens est enveloppé moitié de ténèbres, moitié de vapeurs. Cependant le crépuscule commence à peine, et la tourmente est encore loin.

Tandis que nous traversons au grand trot les villages qui bordent la route, nous voyons au pied des fenêtres gothiques des garçons en station amoureuse, et de jolis minois féminins dans l'encadrement. Encore la mode espagnole. Le bruit de grelots que mène notre attelage ne dérange point ces fiancés.

L'amour aussi va son train.

LA VALLÉE DE SAINT-SAVIN

VIEILLES MAISONS A PIERREFITTE

LE CHEMIN DE CAUTERETS.

Là-bas, à deux cents lieues des Pyrénées, est une misérable petite rivière qui vient mêler son eau trouble à la Loire. Ne demandez pas, lecteurs, pourquoi je vous mène si loin; vous le verrez tout à l'heure. — Ce filet boueux qui se traîne dans les prés n'a même plus de nom. Cependant tous les riverains vous diront que cette « riviérette » a porté « la flotte de César ». On ne peut nier qu'elle ne fût jadis plus importante et bien plus large. L'ancien lit se dessine dans la bordure des coteaux, presque entièrement desséché, converti en marécages ou en prairies. Il put être navigable; mais que ces hauteurs aujourd'hui chargées de vignes aient vu passer César et sa flotte, qui le croirait? — Ces riverains entêtés, pourtant, le soutiennent; et dans un de leurs villages que baigne le chétif cours d'eau, se voit un cabaret qui a pris fièrement pour enseigne : Au Port de César. Tout le pays s'en est longtemps égayé ; mais un jour, en creusant l'ancien lit de la rivière morte, on a trouvé d'abord des pièces de bois travaillées et dorées qui ont conseillé de poursuivre les fouilles ; alors on a mis au jour les débris d'une superbe galère romaine du temps des Antonins. — L'enseigne du cabaret se trouvait à peu près justifiée. — Il ne faut donc pas trop légèrement nier la tradition et rire des légendes.

Si nous avons raconté cette histoire lointaine, c'est que, dans nos Pyrénées, nous trouvons sa pareille.—Tout Cauterets vous dira que César lui rendit visite. Si ce ne fut pas César, ce put bien être quelqu'un des siens, un Romain, de poids. Qui nous dit que le Palatium Æmilianum, sur les assises duquel se sont élevés les établissements religieux et militaires de Saint-Savin, ne logea pas des personnages consulaires, « pourvus de moins de santé que d'honneurs, qui vinrent, entourés des uns et cherchant à réparer l'autre, se baigner à ces sources revivifiantes ? En entrant dans Cauterets, vous vous heurterez d'abord aux Thermes de César ».

Ne riez point ! Souvenez-vous de la petite rivière de Bretagne plus qu'aux trois quarts tarie et de la galère romaine !

Les eaux de Cauterets sont certainement connues depuis l'époque des Romains, et l'étaient auparavant des peuples indigènes. Leur usage est antérieur à l'institution des médecins qui le conseillent. Au fond de cet entonnoir pittoresque creusé entre de superbes amoncellements de montagnes, la nature offrait ses bienfaits et ouvrait ces sources miraculeuses qui combattent une partie des maux réservés à l'homme. Une partie seulement. Veuillez songer que contre toute personne humaine il y a deux cent cinquante maladies environ, parfaitement classées — sans parler de leurs variétés, — et toujours sans compter les médecins !

Cauterets est donc en honneur depuis vingt siècles ; mais ce fut au xvi° que la mode le consacra pour la première fois. La première des « trois Marguerite » de notre histoire française lui apporta ce nouveau lustre.

Princesse incompréhensible à beaucoup d'historiens, parce qu'ils n'apportent que le flambeau de la passion pour éclairer les matériaux toujours si confus sur lesquels ils travaillent. Ils ont établi la discussion sur ce point unique : La sœur de François Ier, qui, parfois, persécuta les protestants, fut-elle secrètement protestante ?

Et, selon la réponse qu'ils se font à eux-mêmes, et suivant leur propre inclination, ils exaltent cette femme généreuse ou ils l'abandonnent. Un écrivain du xvii° siècle, et l'une des plus fortes têtes de ce temps qui produisit tant d'esprits solides, Bayle a écrit à ce sujet une page éclatante de justice et de raison.

— Si la reine de Navarre, dit-il, ne fut pas huguenote de cœur et de pensée, sa riante et douce figure n'en apparaît que plus grande et plus touchante. Elle défendit les huguenots de tout son pouvoir, — ce qu'elle n'aurait peut-être pas fait plus tard, lorsqu'ils se trouvèrent assez forts pour secouer la persécution et prendre les armes. Elle les défendit parce qu'ils étaient faibles alors et voués à la proscription ou aux supplices. Si elle n'était pas des leurs, elle a le mérite d'avoir agi par humanité ; elle nous présente le gracieux visage de la tolérance. D'autres, en ce temps-là, essayèrent quelquefois de le prendre ; mais ce n'était qu'une grimace promptement démentie, quand venait une occasion de revanches et de cruautés.

Princesse charmante, — quoiqu'elle ne fût point jolie. Elle ressemblait à son frère qui, de ci de là, fut un grand Roi, un héros à l'occasion, toujours un vert galant, parfois un galant ridicule, et dont les portraits si connus n'en présentent pas moins la physionomie d'un soudard, un peu rehaussée, il est vrai, par la singulière noblesse de sa race. Ce terrible nez des fils de saint Louis, que les courtoisies de l'histoire ont appelé « aquilin », déparait sans doute le visage de Marguerite, comme il bosselait et couvrait de son ombre celui de François Ier ; mais elle avait les yeux autrement souriants et clairs, et la bouche autrement fine. Elle n'eut point le goût furieux de son frère pour la parure; elle portait d'ordinaire des « cottes » montantes et plates, avec une « cornette » très simple et très basse qui lui encadrait entièrement le front. Elle avait, comme dit Marot, « le rond parler », sans artifices.

Marguerite remplit les Pyrénées de ses grâces et de son nom ; — jeune encore, elle les traverse, se rendant en Espagne pour y négocier la délivrance du roi François, prisonnier à Madrid; elle était alors duchesse d'Alençon. Plus tard, remariée à Henri d'Albret, *roi* de Navarre, — roitelet butor et maussade, — elle vit à sa cour de Nérac, et meurt au château d'Odos, en pleine montagne. Mais, surtout, elle mit au monde cette courageuse et sévère Jeanne d'Albret, qui épousa Antoine de Bourbon, et fut, à son tour, la mère de Henri IV. — C'est de Nérac qu'elle venait assez ordinairement à Cauterets, pendant « le mois de septembre ». Et c'est à Cauterets que nous la retrouverons tout à l'heure, « dans les prés, le long de la rivière du Gave », devisant avec ses femmes et les savants de sa petite cour. — Le Gave de Cauterets roule des eaux changeantes comme était l'esprit de l'aimable princesse. — La célèbre station thermale était alors un hameau ; c'est maintenant une manière de grande ville, montrant des hôtelleries de marbre, à peu près entièrement déserte pendant neuf mois de l'année; durant les trois autres mois, une fourmilière humaine.

Vingt mille étrangers s'y rendent. Des orchestres résonnent, et l'assaut des grandes parures se donne tous les jours le long de cette « rivière du Gave », au flot nuancé. — Des guides bienveillants vous disent que la « saison » est ouverte du 1er mai au 31 octobre. Passe encore pour mai, si l'on ne craint point les froidures subites du matin et du soir, et les pluies du printemps qui sont ici des déluges ; mais, en octobre, on y vivrait enveloppé déjà dans les plis d'un manteau de neige.

On monte à Cauterets depuis Pierrefitte-Nestalas, qui possède une gare. A Pierrefitte, les baigneurs pour Cauterets arrivent ordinairement de Lourdes par la voie ferrée. On peut y venir d'Argelès en promenade pédestre. Nous avons déjà suivi ce chemin pittoresque depuis Saint-Savin jusqu'au château de Miramont, la demeure autrefois du poète Despourrins. Le village de Nestalas précède le bourg lui-même. Voici plusieurs vieilles maisons qui montrent des fenêtres en ogive. Pierrefitte, plus loin, est dominé par la grande ombre de la montagne de Soulom ; au-dessus s'élance le pic de Viscos.

Une superbe hôtellerie se carre au milieu du village, environnée d'une cour plantée d'acacias taillés en boule. De la maison s'échappent les sons de trois pianos. Eh ! quoi ! le piano sévit jusqu'au pied de ce beau Soulom.

Cette harmonie enragée révèle encore des « filles d'Albion ». Nous entendons les valses de Straüss. L'Anglaise jouerait du piano au fond d'une gorge, sous l'avalanche. — La cloche de l'hôtellerie sonne ; c'est l'heure du déjeuner. Plusieurs familles britanniques entrent dans la grande salle, où nous avons demandé qu'on nous servît à déjeuner. Toujours les mêmes jolies personnes, fraîches et raides. Pierrefitte est comme une demi-station de printemps, une succursale d'Argellès.

Trois chars à bancs viennent se ranger dans la cour ; ils vont conduire nos Anglais en excursion à Cauterets.

Pour les voyageurs moins opulents, il y a un service d'omnibus. La route est neuve et rejoindra l'ancienne au-dessus du pont de Médiabat, à cinq kilomètres environ du point de départ, le trajet total étant de deux lieues et demie. La route ancienne était une échelle, ou il s'en fallait de peu ; d'ailleurs, la muraille de rochers qui la borde n'est depuis longtemps qu'une immense ruine d'où se détachent sans cesse des blocs entiers. Les voyageurs étaient avertis qu'ils devaient faire leur testament avant que de partir : ce qui aurait fini par en mettre un bon nombre en humeur de rester.

Le chemin neuf de Cauterets pénètre tout de suite dans la vallée du Gave, qui porte le nom de la ville thermale, et qui, en effet, en descend. C'est un défilé sauvage resserré entre deux monts ; le torrent y forme une coupure à brusques arêtes et coule à des profondeurs considérables ; mais ce furieux a bien soin de se faire entendre, et sa musique menaçante accompagne sans cesse le voyage. Ces deux énormes parois de schiste paraissent tremblantes de leur base à leur faîte ; la roche est partout écroulée, érosée, dans sa masse, curieusement effritée sur ses bords. Si une source s'épanche, c'est avec des grondements souterrains qui dénoncent des cavités creusées dans l'épaisseur du mont. Partout des rocs dont l'adhérence est détruite, que de larges crevasses séparent du bloc ; et il n'est pas besoin de les examiner attentivement pour reconnaître combien ils sont amollis par les infiltrations provenant des pluies et des dégels. La pente vertigineuse qui descend au torrent n'est pas moins fouillée et ravinée. Il est visible que toute cette partie du chaînon est profondément attaquée par les eaux. — Cette route construite pour en remplacer une autre qui devenait périlleuse, n'est elle-même que médiocrement rassurante. En revanche, elle est fort belle.

Si le mont, à gauche, présente une muraille insipide, on peut ramener ses yeux sur le *couvert* du torrent : car, le plus souvent, le Gave roule sous un double manteau de feuillage. Des tilleuls croissent dans les fissures de la pierre, sur un lit étroit de terre végétale, et leurs têtes dépassent parfois le bord du chemin ; plus bas, ce sont des aulnes et des frênes qui se baignent dans le flot même ; cette eau claire scintille entre leurs branches. Elle ren-

LA GORGE DE CAUTERETS

contre des barrages naturels qu'elle franchit en grondant et en se couronnant d'écume; une poussière humide couvre les arbres de l'étage supérieur; le vent les secoue; ils renvoient cette pluie fine sur la route. De l'une des voitures chargées d'Anglaises qui précède la nôtre, des cris s'élèvent; c'est qu'elles ont reçu au passage ce salut impertinent du Gave. Le conducteur, qui s'amuse, fait semblant d'être effrayé, il arrête ses chevaux; et nous, en dépassant l'équipage, nous voyons tous ces visages jeunes ou vieux, roses ou de la couleur du citron, qui s'essuient.

Ils s'essuieraient jusqu'à demain, si l'automédon, rassasié de sa malice, ne faisait point claquer son fouet, car la poussière humide vole toujours.

A droite du Gave, sur la gauche du chemin, à la montée, ce sont maintenant les flancs du Soulom qui se déploient; les roches de ce côté surplombent presque le torrent. L'ancienne route, dont on reconnaît le tracé, n'était ni aussi large ni aussi commode que la nouvelle. Sur cette rive, les éboulements sont effrayants, et l'on aperçoit pour la première fois ces « chaos » que nous rencontrerons souvent jusqu'au pied des monts de Cauterets; mais il y a des parties solides, et parfois le massif s'entr'ouvrant laisse voir de mignonnes vallées verdoyantes, qui fuient entre des bouquets d'arbres; un village ou une métairie sont assis parmi des hêtres, hôtes superbes des cimes, qui craignent peu les grands hivers. Tout à coup le pied du Soulom s'éloigne; et c'est à cet endroit que le pont de Médiabat a été jeté, et que la route neuve passe sur la rive droite. Presque en face du pont, une large et profonde déchirure s'ouvre, à gauche, au flanc du mont; une nappe d'eau y roule en cascade, bondissant sur les pointes des roches, parmi des vignes sauvages, et s'engouffre dans le Gave, où elle tombe d'une hauteur de plus de mille pieds. Au fond du tableau, se dresse *Peguère*.

Nous allons gravir la « butte du Limaçon ». C'est, à gauche, un vaste éboulement, un large champ de mort et de ruine. Un *chaos*. Des roches brisées, des quartiers de schiste amoncelés; le contrefort entier du mont se détache, et peu à peu retombe en morceaux dans la gorge. Nous sommes au-dessous d'un *couloir* d'avalanches. Tous les printemps, les vieilles neiges glissent sur ces hautes pentes par les mêmes chemins, entraînant tout sur leur passage. Point de forêts ici pour arrêter cette mar-

LE PIC DE PÉGUÈRE

che redoutable; tout cède, tout se précipite sous cette énorme coulée de glace et de boue.

A droite du Gave, au contraire, la vallée s'est décidément élargie. Les bandes de prés deviennent de véritables tapis de verdure, étendus sur des ondulations de terrain presque régulières; c'est le côté libre par lequel Cauterets prend du jour et regarde l'espace.

Le chemin, bordé de peupliers ombrageant des bancs de pierres disposés pour le repos des promeneurs, conduit bientôt au fond de l'entonnoir. La villette est là, assise entre trois monts : à l'est le Peyraute, au sud-ouest Peguère, à l'ouest Peyrenère. Et puis le second plan : entre Peguère et Peyrenère, le Monné, au-dessus de Peguère le Caballiros, au-dessus de Peyraute, le Viscos.

Entre ces géants et ces masses d'ombres, un étroit bassin se couche. L'art y a quelque peu gâté la nature. Les prairies d'autrefois sont devenues un « parc ». Cauterets, sans doute, était plus pittoresque au temps de la Marguerite des Marguerite.

CAUTERETS AUTREFOIS

La première des trois. Cela ressemble à un conte. Il y avait une fois trois princesses qui surent le latin — et même le grec. Cependant la possession de tant de belles connaissances n'est pas entièrement prouvée, en ce qui regarde la dernière des trois, Marguerite, sœur de Charles IX et de Henri III, première femme de Henri IV, cette délicieuse, irrésistible et fameuse *Margot*, qui aurait eu besoin de « latiniser » quelquefois, — surtout parce que « le latin dans ses mots brave l'honnêteté ». Elle fit trop souvent comme le latin, cette superbe fleur royale.

Quant aux deux autres, quelle différence ! Le savoir, la grâce et la vertu réunis, triple couronne. Nous allons un peu longuement parler de la première ; on ne s'en lasse point. La seconde était sa nièce, fille de François Ier, son frère ; elle épousa Philibert Emmanuel, duc de Savoie. Un mariage de raison, — mais de raison politique. Le contrat fut un traité, celui de Cateau-Cambrésis, en 1559 Quand elle n'était que Marguerite de France, elle protégeait Ronsard, Bellet, Dorat, Jodelle, et en général tous les poètes, race caressante mais ingrate. Devenue duchesse de Savoie, elle change ces amis de l'esprit. Ce ne fut pas sa faute : à la cour Savoyarde, point de poètes ! Mais il y avait des maîtres en la noble science du droit; elle protégea donc les jurisconsultes. Il parait qu'ils se plurent à fortifier l'équité naturelle qui résidait au cœur de leur princesse ; ils lui enseignèrent l'art de gouverner correctement et avec douceur. A moins, pourtant, que ce ne soit elle-même qui ait introduit la douceur ; — laquelle n'est guère dans les moyens des jurisconsultes, — encore moins dans leur tempérament. La Savoie lui donna le nom de « mère du peuple ». C'est un fils quelquefois ingrat.

Mais l'autre Marguerite, la première, la nôtre, ne gouverna pas avec moins de cœur ses petits États du Béarn, de Bigorre et d'Albret, et sans doute y mit encore plus d'esprit. Elle a été louée par Érasme, qui fut le Voltaire de son temps, tout comme Catherine II de Russie par Voltaire, qui fut l'Érasme du sien. Elle avait environ trois ans de plus que François d'Angoulême, son frère, et tous deux descendaient de Charles V par Louis d'Orléans, leur bisaïeul, le frère de Charles VI « le Fol », — l'assassiné de la rue Barbette, par les hommes du Bourguignon. Ces trois ans, à l'âge qu'avaient le frère et la sœur, étaient une distance assez grande pour autoriser dans la seconde le ton et les petits airs maternels. Leur mère était cette remuante et méchante Louise de Savoie, qui avait quinze ans à peine de plus que sa fille. Elle aimait ses enfants, mais elle eût volontiers mis le monde sens dessus dessous pour leur fortune et pour la sienne. Les deux femmes s'étaient accoutumées à voir dans ce grand François, garçon robuste, hardi, bruyant, le roi, le *César*, le maître, le Dieu. Il était le plus proche héritier de la belle couronne de France, le bonhomme Louis XII n'ayant pas eu d'enfants de la reine Anne qui était morte. Mais voici que, tout à coup, le royal barbon se met en tête de se remarier ; il épouse un tendron illustre, Marie d'Angleterre, qui n'a que dix-sept ans. Quel émoi à la cour d'Angoulême! Cependant ce mariage tourna mieux pour François Ier qu'on ne l'avait prévu; — et finit justement comme on aurait dû le prévoir. — Au lieu d'y trouver le fils qu'il souhaitait, Louis XII, plus que quinquagénaire, en mourut.

Marguerite était déjà mariée. On lui avait donné pour époux le duc d'Alençon, petit-fils de Jean d'Alençon, compagnon de Jeanne d'Arc, mort prisonnier de Louis XI au château de Loches, prince sans valeur, mais de grosse ambition. Aussi disait-elle avec sa grâce accoutumée que son corps appartenait à son mari, mais que son âme demeurait à son frère. Elle s'associait à l'enthousiasme de Louise de Savoie leur mère, écrivant, après la bataille de Marignan, gagnée par le nouveau Roi sur les Suisses : « Mon fils, mon glorieux et triomphant César, vainqueur des Helvétiens! » Tout le commencement du règne fut un long enivrement pour les deux femmes; mais l'ombre glissa sur le tableau.

Dix ans se sont écoulés : ce n'est plus Marignan, c'est Pavie. « Le triomphant César » a été vaincu, il est prisonnier à Madrid; il est assez maltraité par les geôliers que lui a donnés Charles-Quint, et malade en sa prison.

Un accident arrive pour consommer les douleurs de Marguerite : son mari, le duc d'Alençon, est un fuyard de Pavie; il dit, pour excuser sa conduite, qu'il a voulu sauver quelques troupes; mais le mépris s'est attaché à sa personne. C'est ici un drame très sombre : le véritable auteur de ce désastre de Pavie, c'est d'Alençon. N'est-ce pas lui qui, quatre ans auparavant, dans la campagne des Pays-Bas contre les Impériaux, s'est fait donner le commandement appartenant au connétable de Bourbon, et a jeté ainsi cette vaillante épée dans la trahison? A Pavie, Bourbon, commandait les Espagnols de concert avec le vice-roi de Naples, Lannoy. D'Alençon sent le poids des responsabilités qui pèsent sur lui, il meurt de chagrin à Lyon; et

CAUTERETS — LE GAVE

sa femme lui avait à peine fermé les yeux, quand le conseil de Régence la désigne pour aller à Madrid négocier la délivrance du Roi. Alors, elle traverse pour la première fois, en habits de deuil, ces Pyrénées qui devaient être son bien ; elle vole au secours de « celui seul que Dieu lui a laissé en ce monde, *père, frère, mari* ». Charles-Quint met la liberté de François à un terrible prix : il faudra céder la Bourgogne ! Marguerite conseille de tout promettre, de tout signer. Quant à tenir et exécuter, ce sera autre chose. Elle est femme, elle n'a pas les scrupules masculins sur le point d'honneur. — « Que vous demande-t-on, Monseigneur ? dit-elle au captif. Des engagements et des serments que la violence arrachera. Rien n'est bon qui est œuvre de force. Sachez que votre royaume est comme un corps sans chef, vivant pour vous recouvrer et mourant pour vous sentir loin. » — François Ier ne put encore se décider à donner sa royale parole avec des réserves mentales et l'intention de la violer. Marguerite revient en France, malade et désespérée.

En aucun moment de sa vie, ce dévouement envers son frère ne fléchit. Elle aimait à dire : « qu'elle voudrait mettre au vent la cendre de ses os pour lui faire service ». C'est chose très explicable que la ferveur de cette tendresse fraternelle dans une femme chaste, aimante, et deux fois mal mariée. La pureté de ses mœurs est assez plaisamment caractérisée dans l'éloge qu'Érasme lui décerne : « Qui ne considérerait avec admiration dans la sœur d'un si grand Roi, dit-il, des qualités qu'on a peine à trouver chez les prêtres et chez les moines ? » — François Ier connaissait bien la force de cette tendresse ; un jour, le connétable de Montmorency, qui passait en son temps pour avoir la rudesse des lansquenets d'Allemagne et la mauvaise langue des commères de France, lui dénonça la reine de Navarre comme une « mère d'hérétiques ». — « Oh bien ! répondit le Roi, ne parlons point de celle-là. Elle m'aime trop, et ne croira jamais que ce que je croirai, et ne prendra jamais de religion qui préjudicie à mon Etat. » Il ne se trompait point : Marguerite fut sa dernière amie. Elle était auprès de lui, à Chambord, dans les dernières années de son règne, quand, vieilli avant l'âge, défiguré par des maux inavouables, accablé des revers de ses armées, trahi par ses maîtresses et ses courtisans, dont il avait surpris les intelligences avec Charles-Quint, il ressentait un amer dégoût des choses, des hommes, surtout des femmes.

Ce fut en présence de sa sœur qu'il écrivit, en ce palais de Chambord, sur la vitre de son oratoire, la fameuse sentence :

Souvent femme varie...

Marguerite seule n'avait point varié.

En 1527, elle s'était remariée à Henri d'Albret, seizième seigneur de cette puissante Maison, depuis son entrée, par Amanieu d'Albret, dans la grande histoire, à la fin du XIe siècle. Albret avait cette supériorité sur Alençon, le premier mari, que c'était un prisonnier de Pavie, — non un fuyard; mais il avait aussi ce désavantage d'être un homme violent et brutal, tandis qu'Alençon était un prince doux et effacé. Henri fut le deuxième roi de Navarre de son nom, fils de Jean II, qui avait acquis ce territoire par son mariage avec Catherine de Foix, mais à qui Ferdinand le Catholique l'avait repris. En sorte que les d'Albret gardaient le titre, le royaume point. Il leur restait le Béarn, le Bigorre, Foix et Albret : encore un lot assez riche. Cet Henri ne tint guère de place à la cour de Nérac, si ce n'est pour la remplir de ses colères. Marguerite, heureusement, la remplissait de sa grâce et de son humeur fine et tranquille. Ce furieux et cette apaisée mirent au monde une fille robuste et vaillante, cette Jeanne, mère de Henri IV, dont il a été dit par d'Aubigné : « Elle avait l'âme entière aux choses viriles. »

Marguerite possédait l'étendue et la fermeté de l'esprit; cela n'allait point jusqu'à la « virilité ». Sainte-Beuve a justement observé que son goût pour les nouveautés religieuses avait bien pu lui venir de l'entraînement de la mode. Les Huguenots avaient apporté à la Cour de France une pratique qui parut fort piquante et attrayante parmi ces nouveautés : ce fut la traduction des Écritures en langage usuel, « le plaisir de comprendre les Psaumes et de les chanter en français ». Cela fit fureur, et cela devint quelque chose comme une amusette. De plus, presque tous les docteurs protestants étaient grands lettrés; on raffolait des Lettres alors. L'enchantement cessa quand ces mêmes Huguenots affichèrent, la nuit, dans Paris, des placards contre la foi catholique et l'autorité royale. L'Église trouva qu'ils sentaient le fagot, et le Roi, qu'ils fleuraient la République. De là les persécutions et les bûchers.

Marguerite fit de vaillants efforts pour sauver des flammes un gentilhomme artésien, Berquin, qui prophétisait sur les places publiques. Elle n'y réussit point, et cela lui causa un chagrin sincère.

Ce n'était pas une théologienne : on peut croire que jamais elle ne prit de parti, même secrètement, entre les deux religions. Elle était volontiers raisonneuse, ce qui n'est pas catholique; mais elle fut aussi très mystique, ce qui n'était guère protestant. Dans une des *Nouvelles* qu'elle écrivit, elle montre un prince allant à un rendez-vous d'amour. Le galant, pour y arriver, passe par un monastère, et, au retour, s'arrête dans la chapelle, afin de demander pardon au souverain juge du péché qu'il vient de commettre. — « Néanmoins qu'il menât « la vie que je vous dis, si, était-il prince craignant Dieu. » Montaigne a relevé dans ses *Essais* cette singulière remarque : — Oh bien ! dit-il, ce n'est pas par cette preuve seulement qu'on pourrait vérifier que les femmes ne sont guère propres à traiter les matières de théologie.

Brantôme a beaucoup parlé de la reine Marguerite, à laquelle il fut attaché par un service de Cour, dans sa jeunesse; il conte à ce sujet la plus curieuse histoire. Il la devait bien connaitre, puisque le héros en était, avec la Reine, « le capitaine Bourdeille », son frère.

Ce gentilhomme avait été tendrement aimé par une dame de la cour de Marguerite, laquelle était morte depuis quelques mois. La reine de Navarre se gardait bien, quant à elle, de ces aventures du sentiment, et, cependant, ne laissait point que d'être choquée, lorsqu'elle voyait traiter légèrement des choses si sensibles. L'amour, elle se le défendait et le regardait comme défendu; mais elle l'aurait pris au sérieux, si elle l'avait voulu prendre. Il lui parut que ce « capitaine Bourdeille » s'était consolé trop vite et trop aisément de la perte de sa maîtresse. Un jour qu'il l'était venu voir en son château de Pau, elle lui fit le meilleur accueil, et comme ils étaient dans les jardins, elle l'emmena doucement vers l'église enclavée dans la demeure royale. C'est là que la dame avait été ensevelie; la dalle qui recouvrait ses restes ne portait pas encore d'inscription; en sorte que le capitaine les foula du pied sans s'en douter.

« Mon cousin, lui dit la Reine, ne sentez-vous donc rien mouvoir sous vous?

— Non, Madame.

— Songez-y bien!

— J'y ai bien songé, mais je ne sens rien mouvoir, car je marche sur une pierre bien ferme.

— Donc, je vous advise, dit la Reine, que vous êtes sur la tombe et le corps de la pauvre Mademoiselle de La Roche, qui est ici dessous enterrée, que vous avez tant aimée; et puisque les âmes ont du sentiment après notre mort, il ne faut pas douter que cette honnête créature, morte de frais, ne se soit émue, aussitôt que vous avez été sur elle; et si vous ne l'avez senti, à cause de l'épaisseur de la tombe, ne faut douter qu'elle ne se soit

CAUTERETS

ressentie, elle; et d'autant que c'est un pieux office d'avoir souvenance des trépassés, et de ceux que l'on a aimés, je vous prie de lui donner un *Pater noster*, un *Ave Maria* et un *De Profundis*, et de l'arroser d'eau bénite; et vous acquerrez le nom de très fidèle amant et de bon chrétien. »

L'*Ave Maria* et cette eau bénite démentent dans la princesse toute « huguenoterie », comme on disait alors. Elle priait, elle sentait en catholique, et pensait en protestante. Nous nous servons, pour nous mieux faire entendre, de ce mot alors inconnu. Cette âme vive et cet esprit ouvert ne cédaient qu'aux impressions et à la curiosité. Ce mélange qui était en elle, on le trouve sans cesse autour d'elle. Il est à peu près certain que Calvin passa du temps à la cour de Nérac, avant de se rendre à Genève, où il établit son empire; mais, à Nérac, on voyait aussi Marot. Il est vrai que le poète entretenait avec les Luthériens des liaisons publiques qui le firent même jeter au Châtelet; il adressa une belle épitre à François Ier, qui le fit relaxer à l'instant.

Marot avait commis un autre crime que de donner dans les nouveautés : il composait des épigrammes contre les favorites. Diane de Poitiers sentit que ces flèches légères étaient aiguës et tranchantes. Le poète dut s'exiler, d'abord à Nérac. A côté de lui, voici, à Nérac et aussi à Pau, le bonhomme Lefebvre d'Étaples. Tout à fait Luthérien, ce savant professeur de l'Université de Paris. Il avait même écrit un livre pour démontrer que Marie-Madeleine, Madeleine la pécheresse, et Marie sœur de Lazare, étaient trois personnes différentes, tandis qu'à Rome les docteurs soutenaient que c'était la même. Ce bonhomme Lefebvre était bien plus qu'octogénaire; cependant on le traqua. La reine de Navarre demanda qu'on permit au vieillard de s'exiler près d'elle, ce qui fut accordé. Il mourut à cent un ans.

Voilà donc quelle était cette cour de la « Marguerite des Marguerite » : le plus singulier, le plus pittoresque amalgame de savants, de docteurs persécutés, de poètes aux rimes galantes, quelquefois même effrontées, de gens d'épée aux mœurs téméraires. C'est le tableau du temps : il se répétait à Nérac ; on ne conçoit pas qu'il n'ait pas tenté par ses contrastes et ses vives couleurs un plus grand nombre encore de dramaturges et de romanciers. La plus étonnante de ces contradictions réside ici en Marguerite elle-même. Cette femme vertueuse par goût, par raisonnement, même par tempérament, ne composa-t-elle pas un recueil trop fameux de nouvelles conçues sur le modèle du *Décaméron* de Boccace ?

Le pastiche est même flagrant : cela s'appelle l'*Heptaméron* ; les « Sept Journées », au lieu des « Dix » de Boccace. Encore ce ne fut pas sa faute si elle n'en donna que sept ; elle voulait aller jusqu'à dix, afin de se mettre tout à fait de pair avec le conteur italien ; la mort l'en empêcha. Elle n'acheva point, comme elle en avait eu l'envie et l'intention, le « Décaméron français ». Deux critiques éminents, parmi nous autres modernes, M. Génin et après lui Sainte-Beuve, ont observé que les *Nouvelles* écrites par la reine de Navarre ne sont pas « des péchés de jeunesse » ; elle les écrivit dans un âge très mûr, puisqu'elle y travaillait encore à sa dernière heure, et qu'elle mourut à cinquante-huit ans. Voici ce que dit à ce sujet le plus illustre des deux, Sainte-Beuve :

« La reine de Navarre suppose, dans son Prologue, que plu-
« sieurs personnes de condition, tant de France que d'Espagne,
« s'étant réunies au mois de septembre aux bains de Cauterets,
« dans les Pyrénées, se séparèrent après quelques semaines ;
« que ceux d'Espagne s'en retournèrent le mieux qu'ils purent
« par les montagnes, mais que les Français furent empêchés dans
« leur chemin par la crue des eaux qu'avaient causée de grandes
« pluies. Un certain nombre de ces voyageurs, hommes ou
« femmes, après diverses aventures plutôt extraordinaires
« qu'agréables, se retrouvent réunies de nouveau à l'abbaye de

« Notre-Dame-de-Serrance, et là, comme la rivière du Gave
« n'était pas guéable, on décide d'établir un pont : « L'abbé,
« dit le conteur, fut bien aise qu'ils faisaient cette dépense, afin
« que le nombre des pèlerins et pèlerines augmentât ; les fournit
« d'ouvriers, mais il n'y mit pas un denier, car son avarice ne
« le permettait. Et pour ce que les ouvriers dirent qu'ils ne
« sauraient avoir fait le pont de dix ou douze jours, la compa-
« gnie, tant d'hommes que de femmes, commença fort à
« s'ennuyer... » Il s'agit donc d'employer ces dix ou douze jours
« à quelque occupation « plaisante et vertueuse », et l'on s'adresse
« pour cela à une dame Oisille, la plus ancienne de la compagnie.
« Cette dame Oisille répond de la manière la plus édifiante :
« Mes enfants, vous me demandez une chose que je trouve
« fort difficile, de vous enseigner un passe-temps qui vous
« puisse délivrer de vos ennuis ; car ayant cherché le remède
« toute ma vie, n'en ai jamais trouvé qu'un, qui est la lecture des
« Saintes Lettres, en laquelle se trouve la vraie et parfaite joie
« de l'esprit, dont procède le repos et la santé du corps ».

« Pourtant cette joyeuse compagnie ne peut s'en tenir abso-
« lument à un si austère régime, et il est convenu qu'on fera
« un partage du temps entre le sacré et le profane. Dès le
« matin, la compagnie se rassemblera dans la chambre de
« Mme Oisille pour assister à sa leçon morale, et de là ira
« entendre la messe ; puis on dinera à *dix* heures ; après quoi,
« s'étant retiré chacun en sa chambre pour ses affaires parti-
« culières, on se réunira sur le pré à midi : « Et s'il vous plait
« que tous les jours, depuis midi jusques à quatre heures, nous
« allions dedans ce beau pré, le long de la rivière du Gave, où les
« arbres sont si feuillés que le soleil ne saurait percer l'ombre ni
« échauffer la fraicheur ; là, assis à nos aises, dira chacun
« quelque histoire qu'il aura vue ou bien ouï dire à quelque
« homme digne de foi ».

« Car il est bien entendu qu'on ne dira que des histoires

« *vraies* et non inventées à plaisir; on se contentera, quand il
« le faudra, de déguiser les noms des pays et des gens. La
« compagnie étant au nombre de dix, tant hommes que femmes,
« et chacun faisant par jour son histoire, il s'ensuivra qu'au
« bout de dix jours on aura achevé la centaine. Chaque après-
« midi, vers la fin de la joyeuse séance, à quatre heures, la
« cloche sonne, qui avertit qu'il est temps d'aller aux vêpres;
« la compagnie s'y rend, non sans avoir fait attendre quelque-
« fois les religieux, qui s'y prêtent de bonne grâce. Ainsi s'écoule
« le temps, sans que personne croie avoir passé la mesure de la
« gaîté permise ni avoir fait un péché. »

Et maintenant, si l'on demande quelle valeur d'art peut avoir cet *Heptaméron*, nous serons bien obligé de répondre qu'il en a peu ou point. Ce n'est pas la pruderie — ou la délicatesse — moderne qui nous dicte ce jugement. Délicatesse à part, il n'y a pas un de ces contes qui soit vraiment un joli morceau. Cependant l'*Heptaméron* est précieux, puisqu'il sert à juger l'état de la société polie en ce brillant seizième siècle; on y voit comme le raffinement et la grossièreté se mariaient ensemble.

On trouve des naïvetés singulières, dans cette licence courante; les plus honnêtes femmes débitent sans rougir les propos les plus délibérés, et ne croient point du tout pour cela cesser d'être honnêtes. Elles ne perdent pas le respect de ceux qui les entourent, pour peu que leurs mœurs n'aillent pas du même train que leur langage. Ce qui manque enfin à cette société si intelligente, si curieuse de toutes les choses de l'esprit, c'est le *décorum*. Ce lustre extérieur va venir, apporté par le siècle suivant; alors il sera poussé jusqu'à la raideur et jusqu'à l'emphase. Ce sera « le style Louis XIV ».

On nous pardonnera de nous être étendu si longuement sur Marguerite de Navarre. La « bonne princesse » est au fond de toutes les légendes de ce pays pyrénéen; elle est même considérée par les habitants de Cauterets comme la fondatrice de leur station thermale, dont la prospérité est éclatante. Ils aiment à se la figurer encore « sur ce beau pré, au long de la rivière du Gave », méditant ou disant ses contes. La « Marguerite des Marguerite » a laissé d'autres écrits, mais c'étaient ceux-là qu'elle aimait par-dessus tout. Elle les composait « même en sa litière », quand elle voyageait à travers son Béarn et son Bigorre ; elle les polissait encore en ce château d'Odos où elle mourut. Odos — ou, comme on disait au XVIe siècle, en langage français — *Ode*, est situé sur un promontoire avancé qui domine la plaine de Tarbes. La « patronne de la Renaissance », en rendant le dernier soupir, le 21 décembre 1545, prononça par trois fois le mot : Jésus !

Dans l'Evangile de Celui qu'elle invoquait, il y a une maxime qui semble avoir été écrite pour elle : « Il sera beaucoup pardonné à ceux qui ont beaucoup aimé ». — Marguerite de Navarre a aimé les persécutés et les faibles. Esprit charmant, léger peut-être, âme généreuse et forte, — Marguerite est l'une des grâces de notre histoire nationale. Elle eut les meilleurs entre tous les dons français.

LES THERMES DE CÉSAR

CAUTERETS AUJOURD'HUI

On peut faire plusieurs reproches à cette pimpante villette de Cauterets. Où sont les choses impeccables en ce monde? Le bassin verdoyant qui s'ouvre entre ce double entassement de monts est trop symétrique. Peut-être serait-il plus exact de dire qu'il a été « symétrisé ». Trop d'allées de peupliers, trop de pentes gazonnées, le tout sur un dessin uniforme. La ville est donc entourée de fraîcheur, mais elle est trop parée. Après cela, il n'est point sûr que beaucoup de baigneurs parisiens qui s'y rendent au mois d'août ne goûtent pas mieux cette grande nature « peignée » qu'ils ne l'aimeraient un peu plus... naturelle.

Les rues de la ville sont également bien alignées. Nous avons dit l'impression bizarre que produisait Cauterets en une autre saison que celle des bains, quand toutes ces belles bâtisses, la plupart assez neuves, sont désertes. Les habitants y errent ordinairement désœuvrés, l'industrie du louage étant la principale et même la seule à peu près qui s'y exerce. Aussi, quand un incident arrive qui dérange si brusquement ces interminables loisirs, il est aisé de juger qu'ils ne se tiennent pas d'aise. Nous y avons vu, certaine nuit de mai, un incendie. Quel tumulte! Le tambour bat, la trompette sonne, toute la ville est debout. Vérification faite, il n'y avait de brûlés qu'un vieux fauteuil et deux rideaux dans une maison à trois étages. Mais quelle aubaine que cette alerte! Comme on s'était amusé!

Les hautes montagnes qui enserrent Cauterets ont également leur pied et une partie de leurs flancs boisés au-dessus de la ville. En ce même voyage de mai, nous avons vu les sapins de Peyraute recouverts d'un léger manteau de givre. Ces cristaux se coloraient des feux du prisme, sous les rayons du matin; une assez forte brise secouait les arbres qui les portaient; c'était comme un arc-en-ciel mouvant au-dessous de la blancheur immobile des neiges aux cimes du mont. Vers le printemps, Cauterets commence d'être visité par ces clartés souriantes; l'hiver, entre ces pics et ces hautes maisons que le resserrement de la vallée a obligé de construire à plusieurs étages, il ne reçoit pas une heure de soleil.

Traversons la place principale, bordée d'hôtels; suivons le large chemin qui mène au pont sur le Gave; devant nos yeux est le Peguère, dont la base est un grand bosquet. Là, s'étend une vaste et superbe pelouse sur la rive gauche du torrent; mais les maussades visages sur la rive droite! Ce sont les façades postérieures des maisons de la ville : de vieux murs, des galeries de bois assez vermoulues, servant de séchoirs aux habitants et portant du linge, — qui revient du lavoir. Sordides pavillons! Une tache dans la parure de la coquette station thermale.

En revanche, au centre de la pelouse, s'élève l'établissement monumental dit des *Œufs*. Vous ne demanderez point d'où lui vient ce nom ; l'odeur qui s'exhale des sources environnantes vous le fera suffisamment connaître. Ces sources des *Œufs* sont chargées d'acide sulfhydrique ; ce sont les plus chaudes, car elles atteignent plus de 55 degrés. L'établissement est aussi le plus vaste : outre de nombreux cabinets de bains, de salles d'hydrothérapie, il contient une piscine de natation. Voilà pour les besoins médicaux. Pour les besoins du plaisir, il y a une salle de bal, une autre de concert et de théâtre. Il est doux de se guérir en s'amusant. Pourtant, les médecins soutiennent que si l'on s'amuse trop, on ne se guérit pas assez. Il est vrai que les médecins.....

Le soleil glisse au faîte de Peyraute et frappe déjà les masses du Caballiros, au-dessus de Peyrenère. Au fond du tableau qu'on a devant soi, la ville se découpe en noir, formant une curieuse tranche d'ombres. Remontez le cours du torrent ; la pelouse se convertit en fraîche prairie ; ce n'est plus du *gazon*, c'est de l'herbe, et cela vaut mieux. De distance en distance s'élèvent de beaux bouquets de hêtres. Si l'on fait courir ses yeux en avant, on aperçoit aux flancs du Peyrenère de bien plus vastes hêtrées ; au deuxième étage, les sapins noirs ; entre ces replis sombres, une clarté qui scintille : c'est une cascade. A vos pieds roule le Gave, tantôt argenté, tantôt de la couleur de l'étain bruni. Voilà « le pré » de la reine Marguerite. Par exemple, ce n'était point de ce côté qu'elle prenait « ces bains de boue » dont parle Brantôme. Pour retrouver ici sa trace, il faut revenir sur nos pas, repasser le pont et visiter les établissements de la rive droite.

D'abord, au pied de Peyraute, les Thermes de César. — Encore une bâtisse monumentale en marbre des Pyrénées, du marbre gris ; — ils sont ouverts toute l'année. Les sources qui les alimentent jaillissent dans le bois, à plus de cent cinquante mètres au-dessus de la ville; un aqueduc les fait descendre : ce n'est pas sans une perte sensible de chaleur.

L'aspect en est celui d'un palais de la Bourse, dans certaines villes de commerce. Quatre colonnes de marbre portent un péristyle où l'on monte par de nombreuses marches. Tant pis pour les impotents ! Puis s'ouvre une salle énorme, bordée d'une double rangée de cabinets. Là, sont les baignoires qui ont l'honneur de recevoir l'eau de César. Une autre source, pourtant, alimente ces thermes, la source des Espagnols. Eh bien! l'Espagne, aussi, n'avait-elle pas des rapports avec César, qui en eut le gouvernement, avant sa conquête des Gaules?

Ce fut même en ce moment qu'il éprouva la méchanceté des créanciers. Les siens le retenaient à Rome : il leur devait trente-cinq millions de sesterces. Crassus se porta sa caution; ces ogres le laissèrent partir. Mais voit-on combien ces Romains en tout « faisaient grand » ! Quel est le Français, — apprenti César ou non, — qui se puisse vanter d'avoir un si superbe chiffre de dettes : dix millions ?

Marguerite de Navarre montait jusqu'au Peyraute ; à la vérité, il ne lui en coûtait rien ; on la transportait en litière jusqu'à la source de César vieux; elle y prenait « ces bains de boue » dont nous avons déjà parlé. En ce temps-là, on ne trouvait pas dans Cauterets, comme à présent, deux à trois cents baignoires de marbre et des piscines — sans parler des appareils à douches. On avait pour se dévêtir et se rhabiller des cabanes, des trous pour s'y plonger et des mains obligeantes pour vous verser de l'eau salutaire sur la tête ou sur les membres, à l'aide d'une cruche.

Aux flancs de Peyraute, où, d'ailleurs, on vous portera en chaise, sont situés les thermes de Pause nouveau et ceux de Pause vieux; — une vieille buvette et une nouvelle construites en marbre noir comme une tombe.

Sur l'emplacement des bains de César, se trouvaient jadis les *cabanes des Pères*, qui donnèrent lieu à des procès dont retentit tout le Bigorre. Ces Pères étaient les Bénédictins d'Argelès, qui prétendaient avoir droit à la possession des lieux, en vertu d'une donation des seigneurs de la comté, qui, déjà, étaient les d'Albret. Or, les gens de Saint-Savin contestaient cette prétention en exhibant un titre bien plus antique, la charte du comte Raymond au Xe siècle. L'affaire s'alluma et s'embrouilla si fort qu'on résolut de la vider par le jugement de Dieu. Les Bénédictins choisirent un de leurs vassaux, les « voisins » de Saint-Savin désignèrent un des leurs. On combattit en champ clos. L'homme des moines d'Argelès demeura vainqueur, et ses patrons gardèrent leurs « cabanes ».

La reine Marguerite n'alla point chez ces « Pères »; en vérité, elle répandait autour d'elle une odeur de « huguenoterie » qui n'eût pas accommodé des Bénédictins. Ses relations avec les religieux, telles qu'on les lit dans l'*Heptaméron*, ne sont peut-être encore qu'un *conte*. On ne sait exactement quelle partie du village elle put habiter avec sa petite cour en voyage, ou — comme on dit de nos jours — « en déplacement ». C'est le dernier style !

Rien de plus probable que l'existence ancienne d'une manière de maison seigneuriale au pied des escarpements boisés du Peguère, sur ces prairies en partie changées en pelouses que couronne aujourd'hui le luxueux établissement des *Œufs !* Le lieu était marqué pour recevoir une résidence quelque peu aristocratique. C'est vers ces pelouses que nous revenons, c'est-à-dire vers « la promenade du Parc ». Il y avait un pont dès 1540, puisque la reine de Navarre devait passer et repasser le Gave pour aller des bains de Peyraute à son cher « pré ». On conçoit qu'elle éprouvât le besoin, au sortir de ces trous bourbeux, de revoir les clartés du torrent et cette belle verdure. On s'asseyait en cercle, et « Madame Oisille » se mettait à conter, à moins que ce ne fût le tour d'une de ses compagnes, Madame *Parlamente* ou la jeune veuve Longarine, ou encore Madame Emarsuitte, qui avait la langue très dorée.

LA RAILLÈRE

Ce fut cette dernière, un jour, qui narra l'histoire — par hasard très morale — d'un homme qui devait être pendu pour avoir voulu occire un prince son seigneur. Mais la femme de ce malheureux s'attacha si bien au capitaine qui le conduisait à la pendaison et pleura si fort, que le cœur manqua à cet homme de guerre ; il en référa au prince, qui consentit à laisser la vie au meurtrier, à la condition qu'on le transporterait dans une ile déserte, avec sa « gente et bonne femme » : ce qui fut fait. Voilà ces deux Robinsons, mâle et femelle, en cette solitude, aux prises avec les bêtes sauvages qui avaient une furieuse envie de goûter à la bête humaine. Encore la rigueur du sort n'était-elle point satisfaite : le mari mourut.

La vaillante femme demeura seule, ayant encore heureusement une arquebuse, de la poudre et des pierres pour se défendre. Enfin, un navire passa sur ces côtes ; les gens qui le montaient aperçurent de la fumée, et secoururent la pauvrette. Ils la menèrent au port de La Rochelle, où son histoire étant connue, toutes les dames lui firent fête comme à une épouse vraiment fidèle.

Tel était ce récit, que la compagnie écouta avec beaucoup de componction ; puis, quand il fut terminé, le « devis » s'alluma.

« A cette heure, mes dames, dist Emarsuitte, ne pouez-vous
« pas dire que je ne loue bien les vertuz que Dieu a mises
« en vous, lesquelles se monstrent plus grandes que le subiect
« est plus infime ? — Mais ne sommes pas marries, dist Oisille,
« quand vous louez les grâces de Nostre Seigneur ; car, à dire
« vray, toute vertu vient de luy ; mais il faut passer condemna-
« tion que aussy favorise l'homme, à l'ouvrage de Dieu que la
« femme, car ne l'vn ne l'autre par son cœur et son vouloir
« ne faict rien que planter, et Dieu seul donne l'accroisse-
« ment. — Si vous avez bien leu l'Escripture, dit Saffredent (le
« mari d'une des dames), sainct Pol dit que Apollo (un disciple
« de saint Paul, et non le dieu mythologique) a planté et qu'il a
« arrousé ; mais il ne parle poinct que les femmes ayent mis les

« mains à l'ouvrage de Dieu. — Vous vouldriez suyvre, dist
« Parlamente, l'opinion des mauvais hommes qui prennent ung
« passiage de l'Escripture pour eux et laissent celluy qui leur
« est contraire. Si vous avez leu sainct Pol iusques au bout,
« vous trouverez qu'il se recommande aux dames qui ont
« beaucoup labouré avecq luy en l'Évangile. — Quoyqu'il ayt,
« dist Longarine, ceste femme est bien digne de louange, tant
« pour l'amour qu'elle a porté à son mary, pour lequel elle a
« hazardé sa vie, que pour la foy qu'elle a eu en Dieu, lequel,
« comme nous le voyons, ne l'a pas habandonnée. — Je croy,
« dist Emarsuitte, quant au premier, il n'y a femme icy qui n'en
« voulust faire autant pour saulver la vie de son mary. — Je
« croy, dist Parlamente, qu'il y a des mariz qui sont si bestes,
« que celles qui vivent avecq eulx ne doibvent poinct trouver
« estrange de vivre avecq leurs semblables. — Emarsuitte ne
« peust se tenir de dire comme prenant le propos pour elle. —
« Mais que les bestes ne me mordent poinct, leur compagnie
« m'est plus plaisante que des hommes qui sont collères et
« insupportables. Mais je suyvrai mon propos que si mon mary
« estoit en tel dangier, je ne l'habandonnerois pour morir. —
« Gardez-vous, dist Nomerside (une autre dame de la troupe),
« de l'aymer tant : trop d'amour trompe et luy et vous, car,
« partout, il y a le moïen ; et par faulte d'estre bien entendu
« souvent engendre hayne par amour. — Il me semble, dist
« Simontault (un autre mari) que vous n'avez point mené ce
« propos si avant, sans le confirmer de quelque exemple.
« Parquoi si vous en sçavez, je vous donne ma place pour le
« dire. — Or doncques, dist Nomerside, selon ma coustume, je
« vous le diray court et joyeulx. »

Là-dessus, Nomerside entame le « devis » d'une dame qui, voyant que son mari ne faisait pas grand compte d'elle, prit des moyens pour se faire aimer, n'y réussit pas, et ainsi « engendra hayne par amour ». Ce nouveau conte n'est pas tout à fait aussi moral que le premier; même, il s'en faut! Aussi ne le redirons-nous point. Nous avons cité tout au long un des entretiens qui suivaient les « devis », pour bien faire connaître l'humeur de cette belle compagnie rassemblée au bord du Gave. On y parlait beaucoup de vertu et de piété, c'était le vieil usage; — souvent de « l'Escripture », c'était la nouveauté : mode huguenote. Les hommes et les femmes s'y faisaient la petite guerre; c'est le ton de ces conversations légères dans tous les temps. Quant aux dissertations sur l'amour, cela sentait déjà les jours musqués et alambiqués qui allaient venir : les *Concetti* de la cour des Valois et de Marie de Médicis, et les amphigouris des *Précieuses*. Cependant on voit qu'autour de la reine de Navarre, il y avait des personnes très sages, sans parler d'elle-même; par exemple, cette Nomerside disant que : « trop d'amour trompe, et que partout il y a le moïen ».

En regagnant la rive droite du Gave, pour suivre Marguerite et sa troupe charmante, nous laissons derrière nous, à l'entrée de la promenade du Parc, l'établissement de Rieumiset, alimenté par la source de ce nom et par celle du Rocher, découvertes il y a vingt ans; nous nous acheminons vers la Raillère.

Le chemin, c'est la gorge, au fond de laquelle le Gave roule d'abord; nous passons au pied d'un escarpement sauvage et nu, puis d'un formidable éboulement. Là encore, des quartiers de roches tout entiers se sont détachés du mont; nous voyons un nouveau *chaos*. Entre les blocs brisés s'ouvrent des anfractuosités profondes qui, en plein été, sont des ornières de neige. De ce champ de désolation et de ruine, l'échappée de vue est admirable; des sapins couvrent les flancs des premiers contreforts du Houmégas; un ruban d'écume se déroule au-dessus de leur tête : c'est le Gave de Lutour qui descend de la vallée supérieure et va mêler ses eaux à celles du grand torrent qui traverse Cauterets. Au-dessus encore, c'est la neige.

Raillère a, dans la langue du pays, une signification menaçante : le mot veut dire *couloir* d'avalanches. Le *chaos* que

LA CASCADE DE LUTOUR

nous avons sous les yeux montre bien que c'est nom justifié. Chaque année, l'avalanche glisse, elle entraîne les blocs jusque dans le torrent. Malgré la précaution qu'on a prise de les fortifier par derrière d'une sorte d'énorme bastion formé de quartiers de roches éboulés, l'avalanche mettra quelque jour en poussière ces thermes dont la richesse est unique, même à Cauterets. Les sources de la Raillère sont les plus abondantes ; leur action est la même à peu près que celle des Eaux-Bonnes, et convient au traitement des maladies de la poitrine et du larynx. On les prend en boisson, en bains, en douches, en gargarismes. Elles servent aussi à d'autres cures pour d'autres maux. Une fausse légende a longtemps voulu que ce fussent celles que prenait Marguerite. Malheureusement la reine de Navarre mourut en 1549, et la source de la Raillère n'a été découverte qu'en 1600.

Nous en sommes bien fâché pour la dignité humaine ; mais il n'y a point que les médecins pour prescrire cette eau vraiment miraculeuse ; il y a aussi les vétérinaires. Elle est également bonne aux chevaux.

Des chaises à porteurs conduisent les baigneurs aux thermes secondaires du Pré, de Manhourat et des Yeux, de Saint-Sauveur, situés à des hauteurs considérables (de 1,130 à 1,220 mètres). Les plus élevés sont ceux dits du Bois ; ce sont aussi les plus éloignés du centre des habitations. Arrêtons-nous à Manhourat. Là, est une buvette qui nous servira de lieu de repos. La cascade qui sort de la vallée de Lutour est devant nos yeux. Nous voyons trembler le pont fait de sapins non équarris qui la traverse ; la chute du torrent est presque verticale ; la nappe d'écume tombe toute droite, comme du haut d'une urne qu'on épancherait. Au fond du ravin sont des scieries abandonnées et muettes. Il n'y a que le bruit, que l'éclat de l'eau ; et de l'autre côté, le Gave de Geret qui accourt, non moins retentissant, non moins furieux. Celui-ci descend des chaînons du Monné. Il va former avec celui de Lutour le Gave de Cauterets, qui, se réunissant, à Pierrefitte, à ceux de Gavarnie, de Héas, de Barèges, vont former le Gave de Pau ou le Grand Gave, la grosse artère des Pyrénées.

MAHOURAT ET LE GAVE DE GÉRET

LE PONT D'ESPAGNE ET LE LAC DE GAUBE.

A chaque pas ou à peu près que vous ferez en vous approchant de la frontière espagnole, vous trouverez des douaniers. Les frondeurs de Cauterets soutiennent que l'entretien de ces hommes est une dépense inutile, les passages étant partout inaccessibles. Jusque sur les cimes des Pyrénées, la France est le pays du monde le plus facile à gouverner et le plus difficile à faire taire.

Toutefois, il paraît qu'on rencontre des contrebandiers dans les sentiers du Vignemale, dont les trois pics dominent le lac de Gaube ; seulement, ils ne passent qu'où les douaniers ne sont pas ; et ceux-ci, — comme les carabiniers de l'opérette, — arrivent toujours trop tard. Ce ne sont point nos affaires. Ces douaniers des montagnes n'ont pas le même grand air de vigueur apaisée que leurs camarades qui remplissent là-bas l'office de vigies immobiles sur la côte de l'Océan. Leur service est bien plus dangereux et plus pénible ; ils ont à craindre l'avalanche au printemps, l'été les fondrières de neige, et le coup de feu qui part d'un massif de roches, car les contrebandiers ressemblent beaucoup aux braconniers ; ceux-ci finissent toujours par tuer le gendarme.

L'excursion au pont d'Espagne, puis au lac de Gaube, se fait à présent par une route à mulets passant au travers des hautes sapinières. Elle est neuve, et l'on n'avait autrefois de chemin que l'étranglement d'une sorte de gorge artificielle formée par l'éboulement de toute cette partie des monts. Le sentier fuyait entre ces débris gigantesques, quelquefois embarrassé d'inextricables halliers, croissant sur les îlots de terre végétale entrainée avec les roches ; et l'on rencontrait de redoutables glissements ; alors il fallait bien vite s'accrocher d'une main aux arbustes, en s'arc-boutant de l'autre sur son bâton.

Maintenant la route neuve conduit assez promptement à la cascade de Ceriset ou Cerisey, que domine le pic aigu de Peyrelance. Le nom de cette montagne indique sa forme ; c'est bien celle d'une lance ; mais il n'y a plus de Titans pour la manier. La cascade est à deux étages ; les abords du premier sont parés d'une richesse extraordinaire de végétation : d'énormes fougères, des rhododendrons, des gentianes odorantes, à fleurs bleues, des viornes à fleurs blanches, et au-dessus le feuillage délié des sorbiers. Ce frais tableau veut donc surtout être vu à la fin du printemps. Pour considérer de près l'étage inférieur de la chute d'eau, on descend à travers des sapins. Chemin faisant, on reçoit une terrible poussière d'écume.

Le Gave, apaisé après le premier obstacle qu'il vient de rencontrer, se heurte tout à coup à deux blocs de rochers,

CASCADE DU PONT D'ESPAGNE

s'ameute contre ce barrage, et bondit à plus de cent mètres de profondeur.

Si, du point où l'on est placé dans le ravin, on lève les yeux, on aperçoit un superbe encadrement de monts.

Nous sommes sur le Gave, — on dit, dans le pays, le Val de Jéret, — ou Géret, — car l'orthographe des noms est ici variable comme le temps.

Il ne faudra point vous étonner de ces caprices des nuées. Le ciel est pur, puis des vapeurs arrivent, une heure ou deux elles se balancent, coiffant les cimes, rasant la tête des sapins; la brise souffle; elles se dispersent comme des flocons de laine blanche. Si ce ne sont point que des brumes passagères, si c'est l'orage, vous sentirez bien ses approches. L'air est de plomb.

Bien que respirant avec peine, marchez et gagnez un abri. On n'a pas idée, si on ne les a pas essuyés et entendus, de ces fracas et de ces déluges. Et ce n'est pas tout : les abris sont rares, le fond des gorges est le meilleur. — Mais aujourd'hui, sur la rive du Géret, tout est calme, sauf le torrent lui-même.

D'autres cascades animent le chemin. Une légende s'est attachée à celle du Pas-de-l'Ours.

Il y avait une fois un chien très entêté et un ours très arrogant; le chien était de haute taille, — une bête de force, — comme tous ses pareils des Pyrénées. Ces deux seigneurs à quatre pattes eurent, un jour, la même idée, celle d'aller contempler le ressaut du Gave, à un endroit qui devait garder le souvenir et prendre son nom de cette double fantaisie, — car ils se rencontrèrent. Le chemin est étroit et tremblant; les simples bipèdes, — c'est-à-dire les hommes, — ne le suivent point sans essuyer quelquefois une petite sueur froide : l'abîme au-dessous est profond. Monseigneur l'ours, qui arrivait du côté du nord, prit une de ces attitudes de maître à danser qui sont la coquetterie de sa légère espèce, et invita Monsieur le chien, qui venait du sud, à retourner en arrière pour lui faire place.

Le molosse répondit en lui montrant les dents. A l'instant « ils s'empoignèrent »; et tous deux roulèrent ensemble. Voilà où l'orgueil mène les bêtes ! — Le ressaut de Géret s'est appelé le Pas-de-l'Ours, depuis ce temps-là. — Il n'y a guère plus de cinq cents ans.

Remontant toujours le Géret — ou le Marcadau — vous trouverez la cascade de Beausset. La forêt à l'entour du Gave devient plus épaisse; ce sont des hêtrées alternant avec les sapinières. Un bruit sourd, puis croissant, un roulement, puis des éclats de tonnerre vous avertissent que le pont d'Espagne est proche. On dit aussi « le Saut du pont ».

Ne craignez pas la fatigue, car elle aura sa récompense. Et puis vous trouverez une auberge. Par exemple, ne soyez pas surpris d'y payer un ragoût d'izard le même prix que vous paieriez un quartier de chevreuil au Café Anglais. Ceux qui viennent ici ne sont pas très rares; cependant on juge qu'ils le sont assez pour acquitter le tribut de ceux qui n'y viennent pas. L'aubergiste a fait son compte; c'est ainsi que l'industrie se mêle à la nature.

A parler exactement, le « Saut du pont » c'est la chute d'eau. Le Gave, qui descend du lac de Gaube par une gorge de sapins, noire comme une avenue du palais de la Nuit, vient se mêler à celui de Géret — ou de Marcadau. C'est même une terrible mêlée. Pour la bien voir, il faut gravir une rampe presque verticale jusqu'à un promontoire qui domine le confluent sur lequel se balance ce fameux pont d'Espagne, formé de trois sapins jetés d'un bord à l'autre. Cependant, on assure que les muletiers espagnols y passent avec leurs mulets. Ces bêtes, n'ayant point d'âme à rendre à Dieu, ne se soucient guère du moment où se fera cette opération de la mort, — chanceuse pour l'homme !

LE LAC DE GAUDE

Quant au muletier, il se drape dans sa cape semée de paillettes, chante sous son oripeau et n'y pense pas.

Le pont d'Espagne est situé à une altitude de plus de quatre mille cinq cents pieds. La cascade a deux étages, comme celle de Cerisey, et chacune des deux nappes tombe d'une hauteur de près de cent mètres. Le torrent qui vient du lac de Gaube a déjà glissé sur une rapide et énorme pente ; le lac lui-même est à une hauteur de près de dix-huit cents mètres et s'ouvre entre trois pics : au premier plan Labassa, Meya et Gaube ; au second plan, c'est le Vignemale, la plus haute montagne des Pyrénées françaises, dont la pointe supérieure, la *pique longue*, atteint 3,300 mètres.

Le Vignemale porte un glacier ruiné, sillonné de crevasses presque sans fond, qui glisse sans cesse, et déjà est descendu à deux mille mètres, bien au-dessous de la région des neiges persistantes, sous l'air sec des Pyrénées. Ce Vignemale, qui pourrait bien un jour s'écrouler tout entier sur les chaînons inférieurs, porte un nom de fâcheux présage : la mauvaise route, *Via mala*, Vignemale.

Pour arriver du pont d'Espagne au lac de Gaube, on suit la rive droite du Gave qui s'échappe du haut bassin. A mi-chemin, parmi des genévriers et des pins rouges, s'ouvre un petit bassin inférieur : c'est le lac de Hahuts. Bientôt la végétation cesse, la bise souffle sur les roches arides ; c'est la désolation des hauts plateaux qui commence ; — puis le miroir bleu sans vagues, plus qu'immobile, — d'une rigidité sinistre, — apparaît entre des parois entièrement nues. L'eau qui descend du glacier de Vignemale conserve toujours la température de la glace. Elle en a aussi la couleur. Sur ce large flot, encore une fois, pas une ride : c'est vraiment une mer morte.

On rencontre une nouvelle auberge au bord du lac de Gaube. Tout près est un monument de marbre rappelant la mort de deux jeunes mariés imprudents qui trouvèrent la mort dans ces eaux sans fond. Voici comment M. Achille Jubinal, dans ses *Impressions de voyage* aux Hautes-Pyrénées, raconte cette tragédie qui remonte à 1840 :

— « Messieurs, dit le guide, en route !

« Tandis que nous reprenions nos harnais, nous vîmes s'a-
« vancer plusieurs personnes. C'étaient deux étrangers (un
« jeune Anglais et sa femme), accompagnés de quatre porteurs
« et d'un guide. Nous leur souhaitâmes la bienvenue et nous
« partimes.

« A peine étions-nous au tiers du lac, en le tournant par
« la gauche, que nous aperçûmes le jeune homme dans la
« barque, se promenant sur les ondes et ramant avec habi-
« leté. Au bout de quelques minutes, il regagna la terre, et
« engagea sa femme à visiter avec lui cette espèce de mer.
« Plusieurs de nous remarquèrent que, par une sorte de pres-
« sentiment, la jeune personne refusait ; mais enfin, cédant
« aux instances de son mari, elle consentit à le suivre et
« monta dans la nacelle.

« Tout alla bien d'abord, car le jeune homme paraissait
« habile marin, et guidait avec adresse la frêle embarcation.
« Il s'amusait même à lui donner un mouvement d'oscillation
« qui effrayait sa jeune épouse, et il riait de ses terreurs ;
« ou bien, posant son pied sur chaque bord, il ramait dans
« cette position critique. Tout à coup, parvenu à peu près au
« milieu du lac, il s'arrêta et voulut essayer de sonder ; mais,
« comptant toucher la terre avec le bout de sa rame, il se
« baissa trop précipitamment. Le poids de sa tête et le manque
« d'obstacle déterminèrent la chute de son corps ; il tomba
« dans les ondes et disparut.

« C'est au plus si ceux qui le regardaient virent quelques
« sillons se tracer momentanément sur cette flaque d'eau. Le
« lac engloutit sa victime et reprit son calme de mort.

« Cependant, la jeune femme qui, au premier moment,

« restait sans force et sans voix, l'œil ouvert sur cette eau
« qui se refermait, la jeune femme comprit subitement, en
« recouvrant toutes ses facultés, l'horreur de sa position : elle
« se mit à courir d'un bord à l'autre de la barque, tâchant de
« saisir le moindre mouvement sur les ondes; elle cria, elle
« appela, elle plongea ses bras tout autour de la nacelle,
« espérant sentir quelque chose..... Vain espoir! le gouffre
« gardait sa proie.

LE TOMBEAU SUR LE LAC

« Alors une idée funeste lui traversa la tête comme un éclair;
« elle se redressa, jeta un dernier coup d'œil vers la terre et vers
« le ciel; puis, s'élançant dans le lac, elle disparut à son tour.
« Tout cela se passa rapide comme la pensée, en moins de
« temps que je n'en mets à vous le dire ! — Une chute!... des
« cris, des cris encore; une deuxième chute, et puis plus rien!
« — Qu'on se figure l'émotion des spectateurs de cet horrible
« drame!... Ah! toute ma vie, j'aurai dans mon oreille ces cris
« de femme qui, glissant sur ces flots lisses, nous arrivaient
« rendus plus perçants par la répercussion des ondes, et gla-
« çaient nos fibres sous la chair.
« Trois heures après, le cadavre de cette pauvre femme

« battait la grève. — On ne retrouva celui du mari que vingt-
« deux jours plus tard. »

On leur a élevé ce tombeau.

L'ascension du Vignemale tente souvent les touristes du lac de Gaube. On peut arriver jusqu'à 3,200 mètres d'altitude ; on n'a plus au-dessus de soi que le glacier, les pics encore plus élevés du Mont-Perdu — et le ciel.

Toutes les montagnes plus basses qui forment le pied de ce massif immense, descendent vers le territoire espagnol, et leurs contreforts s'avancent en plein Aragon.

On peut également risquer l'ascension du glacier; alors, il appartient aux guides de bien tenir compte de l'état des crevasses et des chances de la saison.

LE PONT D'ESPAGNE

UNE SCIERIE SUR LE GAVE DE LUTOUR

LA VALLÉE DE LUTOUR

Au point où se joignent les deux Gaves de Marcadau et de Lutour, en amont de la Raillère, franchissons le premier des deux torrents sur le pont de Benquès. Et puisque nous voici revenus à la Raillère, pourquoi ne pas dire que, l'an passé, le bruit se répandit qu'on y avait vu deux ours? — Vérification faite, il se trouva que c'étaient des ours apprivoisés, menés par des montreurs espagnols. Ceux-ci avaient la mine plus redoutable que leurs bêtes.

Un chemin, depuis la Raillère, va remonter la rive droite du Gave de Lutour, que nous traverserons sur un autre pont; nous laissons derrière nous une scierie qui grince.

Ce pont est de bois vermoulu et tremblant, situé au pied d'une cascade furibonde. C'est celle de Pisse-Arros. Nous sommes à pied, nous montons au lac d'Estom ; de là, à celui d'Estom-Soubiran, puis au lac d'Estibaouts, qui s'ouvre à près de 2,500 mètres. Bientôt plus de route cavalière ; il faudrait laisser les chevaux au bord du premier lac, ce qui nous obligerait à suivre au retour le même chemin, pour les reprendre. Il vaut donc mieux aller pédestrement.

Avons-nous les trois qualités qui, selon le proverbe du pays, font le bon montagnard : « ventre de Barèges, tête de Luz, jambes de Cauterets » ?

On verra par la suite de ces récits que les gens de Luz ont vraiment ce qui s'appelle « de la tête » ; toute leur histoire en fait foi. Nous avons éprouvé par nous-même que ceux de Cauterets, dont nous menons un peu la vie depuis quelque temps, ont grand besoin d'avoir des jambes. Quant aux Barégeois, ils ont la réputation d'être les plus sobres des montagnards, dont la sobriété est pourtant merveilleuse. Le Barégeois passe fort bien vingt-quatre heures sans manger ni boire ; il se nourrit de lui-même. Faisons comme lui, ou à peu près, pendant douze à quatorze heures ; cependant, il ne nous est pas interdit de chercher des porteurs de bonne volonté que nous chargerons de quelques vivres.

D'abord, faisons appel aux « jambes de Cauterets ». Il s'agit de remonter un sentier raide et pierreux pour arriver au niveau de la vallée. Il faut se rappeler qu'elle est haute ; elle pourrait aussi bien porter le nom de « vallée supérieure de Cauterets ». Bientôt nous atteignons le premier versant. Nous contournons, à gauche, le pied du Houmégas, à travers un grand bois de sapins, et de distance en distance, nous nous trouvons en regard de belles chutes du torrent. Quelques-unes sont aussi saisissantes que celle qui roule au pied de l'escarpement ; mais elles sont moins célèbres. On sait avec quelle légèreté et quelle injustice la renommée se distribue en ce monde.

Bientôt ces beaux ombrages cessent. La forêt a été victime, depuis quelques années, de la manie des « coupes sombres ». L'administration des forêts, plus tard, sera châtiée parce qu'elle aura trop coupé ! D'ailleurs, la vallée de Lutour n'est pas en butte aux seuls ravages de cette administration mathématique et implacable ; la montagne de toutes parts s'écroule sur elle. — Un accident très singulier ici, c'est même la douceur des pentes du chemin à travers ces éboulis formidables. La sapinière chassée du plateau s'est remise à croître parmi ces blocs brisés, dans les fissures et les ravines, la nature a repris ses droits dans ce chaos ; le feuillage sombre des sapins fait ressortir la vive couleur des rhododendrons pourpres ou écarlates qui grimpent aux rochers.

L'endroit est superbe : à gauche, la fière silhouette d'Ardiden ; à droite, le Houmégas. Au fond, les pics d'Agudes, de Barbe-de-Bouc, de Culaous, de Pébignaou, de Labassa.

Invoquons à présent la « tête de Luz ». Elle est nécessaire pour que les yeux ne se troublent point au bord vertigineux du torrent que nous suivons par un chemin à peine tracé. Ce diable de sentier ou ce sentier du diable décrit des lacets extraordinaires, passant d'une rive à l'autre, franchissant à chaque instant des ponts dont ce n'est point médire que de remarquer combien ils sont moins solides que pittoresques. Parfois le chemin s'élargit, il descend par une pente régulière jusqu'au niveau du torrent, puis se relève aussi brusquement qu'il s'était doucement abaissé. D'autres fois, de nouveaux éboulements le viennent barrer, et en même temps obstruent le Gave. Dans ce dernier cas, nous avons, du moins, le plaisir de contempler un ressaut du torrent. Nouvelle cascade.

C'est la partie la plus magnifique de la vallée. Nous arrivons au pied d'un barrage colossal. C'est la digue naturelle qui retient les eaux du lac d'Estom.

La rive est furieusement sauvage. Nous entrons dans un bois

de sapins. Plutôt le squelette, l'ossuaire d'un bois. Qui pourrait dire l'âge de ces arbres usés, rongés par le temps, déchiquetés par la foudre ? Ces débris s'agitent au milieu de l'énorme masse de granit. Le lac s'écoule par une fissure étroite avec des grondements sourds.

Il faut escalader le massif. A nous les jambes de Cauterets et la tête de Luz, ensemble! Ce n'est pas trop de leur combinaison.

Le lac d'Estom nous apparaît après cette ascension. Il est moins grand que le lac de Gaube, il est encore plus glacé. Aussi ne nourrit-il point de poissons ; ses eaux découragent la truite elle-même, qui se plait pourtant dans la neige fondue. Il n'en est pas moins environné de beaux pâturages, que les pasteurs espagnols habitent avec leurs troupeaux pendant les deux mois du grand été.

De ses bords vous apercevez au nord la vallée entière de Cauterets. Elle court à vos pieds toute droite ; vous la suivrez donc aisément dans son tracé riant ou sévère. Des trois autres côtés, presque point de premiers plans. Le fond du tableau saillit en avant, formé par les massifs du Cambasque, de Peyrenègre, de Peguère.

Voulez-vous continuer cette route aérienne ? Vous contournerez alors le lac vers l'ouest. Si la terre tremble, ne faites point comme elle. Ce sont des torrents souterrains qui roulent. Les bassins lacustres granitiques des Pyrénées offrent souvent de ces rumeurs effrayantes pour ceux qui n'en connaissent pas la cause. Vous laissez à droite un ravin pierreux, vous remontez au col ou « Hourquette » d'Arraillé. La pyramide neigeuse de Labassa s'élève, perpendiculaire au-dessus de nos têtes. Il faut traverser des éboulements de neige jusqu'au torrent, et recommencer l'ascension par une échelle ; — le sentier ne mérite pas d'autre nom. « L'échelle » conduit au plateau supérieur. Cette marche pénible, dont nous avons à peine décrit les vicissitudes souvent périlleuses, n'aura pas duré moins d'une grande heure, quand vous arriverez au plateau

LA VALLÉE DE LUTOUR

supérieur, au bord du lac d'Estom-Soubiran. Vous vous serez alors élevé justement à 2,326 mètres.

Ce premier lac n'a de remarquable que son altitude, qui pourtant est dépassée par ses trois voisins. Voilà la merveille de ce lieu sauvage et perdu : c'est ce quadruple étage de lacs. Au-dessus d'Estom-Soubiran, Estibaouts à 2,360 mètres, puis un autre à 2,460, puis le *lac glacé* à 2,500. Ce dernier porte presque éternellement sa croûte de glace ; le moins élevé des quatre et le seul qui ait une superficie considérable (11 à 12 hectares), Estibaouts garde la neige sur ses bords jusqu'à la fin du mois de juillet.

Au-dessus du « lac glacé », montez encore, montez toujours. Vous gagnerez le col d'Estom-Soubiran ; là, vous recevrez une magnifique récompense après tant de peines. Vos yeux se heurteront aux pics du Vignemale, au glacier d'Ossoue, et plongeront sur la vallée qui porte le même nom. Lorsque vous serez rassasié de cette vue grandiose, vous redescendrez à Cauterets, en quatre heures, par le lac d'Estom.

De ce dernier point, au lieu de monter aux lacs supérieurs, vous pouvez également gagner le lac de Gaube, en escaladant l'Arraillé. De l'autre côté, vous descendriez alors aux *Oulettes de Vignemale*, et vous joindriez le sentier qui conduit à la vallée de Gaube. Ascension de trois heures.

L'ascension !

C'est la passion, c'est la gloire, c'est la fatalité du touriste. Vous êtes redescendus à Cauterets sans encombre, vos yeux s'élèvent vers des cimes presque toujours coiffées de vapeurs, à l'ouest de la ville : c'est le Monné. Ces nuées vous attirent et vous poursuivent. Le soir, au coucher du soleil, vous traversez le pont du Gave, suivant la société élégante qui s'en va lentement en cadence à la promenade du Mamelon-Vert. L'heure est bien choisie, car la route offre peu d'ombrages ; mais elle est bordée de villas ; il y en a de princières. Au reste, la vue est belle sur la gorge de Cauterets. La promenade traverse encore un Gave, celui de Cambasque ; à son extrémité, un sentier court, dans des prés qu'arrose un autre Gave, celui de Catarabe. Vous marchez encore, vous atteignez un point d'où vous découvrez le val de Géret et les escarpements de la vallée de Lutour ; mais vous apercevrez aussi et toujours ce Monné, avec sa tête ordinairement grise qui se colore aux derniers feux du soleil. C'est une obsession ; il vaut mieux s'en délivrer franchement une bonne fois. Allons au Monné.

Nous sortons de Cauterets. Le chemin est raide. Nous traversons la gorge du Cambascou ou Cambasque, et le Gave que nous connaissons déjà. Il descend du lac d'Illéou. Nous gravissons les pentes boisées de Peguère ; au sommet de ces halliers montagneux, nous retrouvons le Gave ; nous abordons le mont de Guidante, marchant à travers les rhododendrons et les genévriers. Nous voici aux cabanes de Cinquet. Cauterets nous apparaît sous sa véritable physionomie, entre les monts énormes qui l'enserrent. Au demeurant, nous l'avons déjà dit, Cauterets est un entonnoir.

C'est sur ce plateau qu'on déjeune. On a le loisir, tout en procédant à cette indispensable réfection, d'examiner les flancs escarpés que l'on gravira dans un moment. Le Monné, par un heureux hasard, a secoué sa couronne de brume ; nous l'apercevons nu et comme ossifié ; ce redoutable front chauve contraste heureusement avec les cimes voisines, presque toutes vertes.

Le déjeuner est terminé. Les chevaux vont demeurer aux cabanes. Jambes de Cauterets, en avant ! Toute trace de verdure a bientôt disparu ; il faut cheminer péniblement entre les roches. Une série de plateaux forment les échelons de la montagne, et pour arriver de l'un à l'autre, nous allons avoir à suivre d'étroites arêtes, puis à traverser un *chaos*. Des masses énormes sont tombées du faite : ce sont les roches de l'*Arraill* — ou de l'arrachement. Quelque émotion nous saisira, si nous venons à penser que ces débris énormes pourraient s'aviser tout à coup de se remettre en route et de continuer leur descente jusqu'au pied du mont. Ecartons ces suppositions maussades.

A ce point de la montée, nous revoyons la neige. Elle ne séjourne pas en une étendue compacte ; ce ne sont dans les larges interstices des roches que des flaques deci, delà ; mais le guide nous apprend à nous en méfier ; — car c'est ici un avis important : ne nous aventurons pas à l'ascension du Monné sans guide. Cette observation doit s'appliquer aux excursions précédentes.

Cependant ce Monné sourcilleux est un mont bénin, après tout. Sous ces flaques blanches, il n'y a point de crevasses. Seulement le touriste, qui sent la neige craquer et céder sous ses pieds, est pris de peur. Il croit qu'une gueule béante va s'ouvrir. Le guide est bon à le rassurer contre un sentiment bien naturel. — Remarquez que ces fondrières, au demeurant innocentes, sont généralement bordées de rhododendrons ou d'héliotropes sauvages ; mais on sait trop bien qu'il y a quelquefois des pièges sous les fleurs.

La dernière plate-forme du chemin est située à deux cents mètres environ de la cime. L'arête à suivre en montant devient plus étroite encore. Ne regardons pas au-dessous : c'est l'abime, et le vertige est prompt. Cramponnons-nous plutôt aux parois du rocher, dussions-nous marcher bien moins sur les pieds que sur les mains. L'orgueil ici ne vaut rien ; l'homme n'ayant pas été créé pour grimper le long d'une aiguille, la résignation et l'adresse sont préférables. Un effort ! le dernier ! A nous la « tête de Luz » !

Enfin, nous abordons le sommet. Le pic du Midi de Bagnères est la première merveille qui frappe nos yeux, car il se détache vigoureusement de la forêt de pics qui nous environne. Le Vignemale, au contraire, nous apparait moins distinct que nous ne l'avons vu dans plusieurs de nos excursions : ses pitons se confondent, ce n'est plus qu'une masse. Au loin, bien loin, nous reconnaissons les trois pointes du Mont-Perdu ; plus près, le Néouvielle, avec son énorme dôme de glace ; plus près encore, les vallées de Labat, de Bun et d'Azun ; au-dessous du Caballiros, les plaines du Béarn ; à nos pieds, Cauterets, sa vallée verdoyante au nord ; au sud le lac d'Illéou.

Nous ne conseillerons à personne de reprendre, à la descente, le chemin suivi à la montée ; c'est assez qu'il n'y en ait point d'autre pour glisser du faîte aux premiers plateaux inférieurs. Mieux vaut incliner vers l'ouest, par la gorge du « Lion ». Plusieurs des rochers que nous rencontrons ont, en effet, des contours puissants, bizarres et comme animés ; on peut y voir des lions, comme on voit dans les nuées d'orage des dragons et des chimères. — A partir de cette gorge, des pentes presque douces vont nous ramener au vallon de Catarabe, au-dessus du « Mamelon-Vert ». Nous regagnons Cauterets.

Mais pourquoi ne nous arrêterions-nous point dans les basses hêtrées qui tapissent la gorge du Lion ? Nous pouvons ici coucher sous la tente, et si la nuit est belle, tenter demain une nouvelle ascension. Au soleil levant, nous aurons gagné le plateau d'Esponne. Là se déroulent de belles prairies. Le pâtre nous offrira du lait écumeux sortant des pis de la vache.— Or, sachez que ce pâtre s'appelle Barère. Est-ce un arrière-cousin de Barère de Vieuzac?

Une marche de moins d'une heure va nous ramener aux premiers contreforts du Monné, à l'est. Le pic du Lion se dresse devant nous, portant d'autres pâturages à ses flancs — et presque à son sommet, de petits glaciers d'une coloration singulière : c'est le vert de bouteille. L'ascension devient plus rude à travers de grands espaces herbus, puis des blocs de schiste jusqu'au col de *Contente*. De là, par-dessus les contreforts qui les séparent, on embrasse encore les trois vallées de Labat, de Cauterets et d'Azun.

En une heure désormais nous aurons gagné la base de la croupe du Caballiros. Point de sommet plus aisé à gravir, bien qu'on ne puisse atteindre le vrai faîte. Imaginez une immense pyramide de pierre nue, toute droite au milieu de cette croupe ronde où nous nous arrêtons ! Nous sommes seulement à 2,300 mètres.

Le panorama est supérieur à celui qu'on découvre du Monné. Le Caballiros est comme une sentinelle des monts qui s'avance dans la plaine. Nous apercevons le même horizon de pics, mais nous dominons encore le bassin tout entier d'Argelès. Nous avons des glaciers au-dessus de nos têtes, une mer de verdure à nos pieds.

Un phénomène très étrange et que nous ne nous chargeons point d'expliquer, n'étant pas météorologiste, nous frappe tout à coup. De petites nuées ou plutôt de petits flocons blancs et cotonneux s'élèvent au-dessous de nous, des hêtrées et des sapinières ; ils montent un à un, se joignent, formant de longues bandes qui vont se heurter aux arêtes du mont et y demeurent attachées, flottant comme des voiles aux mâts du navire.

Au-dessus, le ciel est pur.

LA VALLÉE DE CAMBASQUE

DE CAUTERETS A ARRENS

Pendant la « saison », au retour de ces excursions en pays aérien ou en pays sauvage, on retrouve dans Cauterets ce qui s'appelle la « vie élégante ». Au Casino, le soir, on entendra une *Étoile*. Cette année même, ce sera la toute charmante et toute adorable Judic. Elle dira une de ses chansonnettes, après quelque chose de plus grave, l'exécution d'un trio de Mozart, par exemple. Il faut mêler le classique à la fantaisie. Ces mélanges sont le régal de cette « vie élégante », c'est-à-dire d'une manière d'exister qui apparait comme nécessaire, puisqu'elle est la parure des sociétés polies. Elle est donc très brillante ; nous n'oserions ajouter qu'elle soit très commode à ceux qui l'ont adoptée.

Nous disons ceux — et point CELLES, parce que cette réflexion s'applique seulement aux hommes.

Quatre toilettes par jour ne sauraient effrayer de jolies femmes ; la peine de les faire est effacée, à l'instant même où elles sont achevées, par le plaisir de les porter. Un philosophe, M. Taine, a beaucoup voyagé dans la contrée pyrénéenne, et il a retracé les souvenirs de son voyage dans un beau livre. C'est au philosophe et non à nous qu'il eût appartenu de développer une savante étude morale sur l'état psychologique et physiologique de ces cygnes mondains qui ne trouvent de vrai bonheur qu'au soin de lisser leurs ailes.

Il y a d'autres voyageuses plus libres et plus délibérées : d'abord l'Anglaise, portant les jupes serrées de couleurs sombres et le chapeau d'homme sous le grand voile ; et puis les dames indigènes. Celles-ci sont très souvent de jeunes mariées ; les vallées pyrénéennes sont le but ordinaire des voyages de noces, dans la société bourgeoise des villes voisines. Qui nous fera l'énumération des jeunes épousées toulousaines qui ont apporté à Cauterets ou à Bagnères leur félicité toute neuve ?

La première de ces deux stations est la plus particulièrement en honneur dans les couches populaires ; c'est le ton jusque parmi les paysans des basses vallées que de s'y rendre à l'automne ; et il parait qu'on dit volontiers des gens qui n'y manquent point : — C'est une bonne maison, ils vont à Cauterets tous les ans.

Les gens des vallées vont à Cauterets pour y faire acte de propriété (ceux de Saint-Savin), puisque l'endroit est à eux, — et aussi pour faire valoir leur bien. Si l'on pouvait douter de l'efficacité de ces eaux, ils viendraient rendre témoignage. Ils arrivent, quand la belle société est partie, vers la mi-septembre. La route alors est encombrée de grandes charrettes portant des familles entières et des provisions de vivres. On dirait l'émigration d'un peuple nomade ; et, de fait, comme ils ne trouvent pas toujours à se loger, ils couchent sous la tente, c'est-à-dire dans ces charrettes couvertes d'une toile. Quant aux eaux thermales, encore une fois, elles sont à une partie d'entre eux. Ceux de Saint-Savin peuvent boire jusqu'à éclater, et se baigner jusqu'à devenir amphibies, — le tout, sans payer. Les autres obtiennent des rabais prodigieux : le bain, qui a coûté quarante sous au « Parisien », leur coûte quatre sous. D'ailleurs, ils ne dépensent guère. La sobriété béarnaise est proverbiale. Le plus illustre des Béarnais l'observa quelquefois, quand déjà il était roi — mais sans royaume, et ce ne fut pas volontairement ! Lisez dans les Lettres de Henri IV le tableau piquant de la frugalité de ses repas.

Au mois d'août, la plus belle compagnie de France et même d'Europe se rencontre sur la promenade du Parc. Les enseignes que les hôtels se sont données font sonner assez haut la qualité des hôtes.

Hôtels des « Ambassadeurs » et des « Princes »; sans parler de ceux de France, de la Paix, de Paris, de l'Europe, de l'Univers, etc. L'hôtel d'Angleterre, au pied des escarpements boisés de Peguère, est le plus grandement achalandé : appartements confortables, salons somptueux, table soignée, prix relativement modérés, surtout si l'on songe à tant de luxe et de jouissances, quand il faut y songer, — au moment psychologique, c'est-à-dire le moment où l'on règle la note. En cette recherche de l'absolu que poursuit naturellement et inutilement le voyageur, sans cesse combinant l'épargne et sans cesse étrillé, c'est déjà beaucoup que de trouver le relatif.

Vers trois heures de l'après-midi, dans le parc, on aperçoit « tout Paris », avec ses bigarrures et ses mélanges : le grand monde, le monde politique, le monde des affaires; le monde de la galanterie, qu'on ne peut plus guère appeler le demi, depuis qu'il a pignon sur rue et qu'il s'occupe à fonder des fortunes, tout comme le plus entier des vrais mondes. On se croirait à une première représentation dans une salle de spectacle, — les *Variétés*, par exemple, à Paris. Au reste, la comédie est ouverte : il y a des rencontres qui la donnent, — et de la meilleure ! Tel jeune imprudent du bel air est venu en compagnie d'une « belle petite » ; il ne savait point que dès leurs premiers pas à tous deux, ils se heurteraient à la marquise. La grande dame, alors, a de certains sourires !... Le délinquant est assez puni.

Au milieu de ce carnaval d'été, que de charmants et pâles visages, — hélas ! trop charmants sous de grandes parures étalées, car le mal ne recule pas devant les rubans et les guipures. Ceci, c'est le drame. Une autre comédie, c'est l'air d'effarement et de tristesse qui se peint sur les physionomies des gens du nord de la France — ou de l'ouest — le pays de la mer immense ou de la plaine ouverte. Ils ne connaissaient point la montagne et se figuraient de grandes pyramides s'élevant toutes droites au milieu d'un sol plat. L'ordonnance des médecins les a envoyés aux thermes pyrénéens ; ils demeurent stupéfaits devant ces étages d'escarpements gigantesques ; ils étouffent dans cet entonnoir superbe. Nous demandions à un habitant des bords de l'Océan ce qu'il lui semblait de ce beau Cauterets ; c'était un baigneur de N... Il nous répondit avec la tristesse de Fouquet, son devancier dans la finance, enfermé dans Pignerol : Je ne sais pas, Monsieur. C'est peut-être magnifique... Moi, je me sens en prison. — Et l'on vit bien qu'il était sincère, à sa hâte d'en sortir, quand sa « saison » fut terminée. On peut croire qu'il ne recommença qu'à Bordeaux de respirer à l'aise.

Les jeunes mariés de Toulouse, de Nîmes, d'Agen, qui arrivent sans cesse, jettent dans cette société quelquefois un peu gourmée, toujours en peine de « ce qui se fait » (peut-être plus que de ce qui ne se fait pas), et en mal d'étiquette, une note passablement bourgeoise, mais libre et enjouée. De même que, dans le parler, il y a un accent gascon dans le rire. Il nous est arrivé de faire plusieurs excursions en compagnie d'un de ces jeunes couples. Quelle vie exubérante dans ces amoureux! Et la franche gaieté!

L'épousée avait dix-huit ans. Venue de Nîmes, elle aurait dû être brune; elle était blonde par un caprice de la nature, qui gasconne aussi en ce pays-là. On la mit à cheval; elle avouait n'être jamais montée qu'à âne; et sur cette nouvelle monture plus noble, elle avait encore l'air d'être sur l'autre. Elle riait quand son jeune mari la regardait, et riait encore quand il ne la regardait pas, parce qu'elle trouvait entièrement drôle qu'il pût regarder autre chose. Elle riait lorsqu'une branche de sapin lui fouettait le visage. Si nous rencontrions une troupe d'Anglais en excursion comme nous, c'était une nouvelle et folle explosion; rien ne lui paraissait plus comique que ces insulaires qui ne parlent point sans cesse. Elle chantait au fond des gorges, et quand l'écho ne répondait pas, se fâchait tout rouge. Nous croisâmes une autre bande de touristes : c'étaient de jeunes hommes menant avec eux de belles personnes, d'allure très galante. Celle qui chevauchait en avant, très parée, déployant une large ombrelle écarlate, montrait avec une affectation vraiment comique en un lieu si sauvage, de fort petits pieds dans de mignons souliers à hauts talons. Les bas de soie étaient verts, mouchetés de fleurettes roses.

Notre épousée se tordait à la vue de ces fleurettes, et à la pensée que la belle, si elle mettait le pied par terre, ne pourrait faire deux pas sur ces maîtres talons parmi les roches, sans se jeter sur le nez. Elle aurait donné sa bourse, qu'elle agitait en l'air et qui paraissait assez pleine, pour voir ce spectacle piquant. Nous arrivions alors près d'une auberge où nous devions déjeuner. Troisième repas de cette sorte depuis la veille, le dixième depuis le commencement de l'excursion. Les garde-manger de la haute montagne sont pauvre-

CAUTERETS — LE CASINO

ment garnis. L'hôtelier, solennellement, présenta la dixième omelette.

Il fallut porter secours à notre petite compagne ; elle étouffait, on dut la faire boire. Ayant repris la liberté de sa respiration, elle disait d'une voix encore inarticulée que, de sa vie, allât-elle jusqu'à cent ans, elle ne pourrait plus jamais voir une omelette sans se pâmer de rire.

Au retour de ces folles parties, la haute société qu'on rejoint à Cauterets a plus de charme. Nous revoyons avec plaisir ces grâces réservées après ce débordement d'humeur naturelle et méridionale. Ici la « vie élégante » poursuit son cours bien plus paisible que celui du Gave qui baigne la promenade du Parc dans tout son éclat. Heureux Cauterets, à qui la vertu curative de ses eaux conserve depuis trois siècles la puissance de la mode ! Jeanne d'Albret y vint, Jeanne la rude, après Marguerite, sa mère ; — il faudrait dix pages pour consigner ici le défilé des princesses, depuis la mère de Henri IV jusqu'à celle de Napoléon III. La Reine Hortense aima Cauterets ; elle aimait aussi à s'éloigner de ce mari ombrageux, furieux ou chagrin, suivant ses heures, toujours maussade, le roi Louis de Hollande, que nous ont si bien dépeint de récents mémoires.

Elle vint à Cauterets après un deuil cruel, en 1807, ayant récemment perdu ce premier fils que l'empereur Napoléon Ier aimait si fort et qu'il eût désigné sûrement comme héritier de la couronne. Alors, il n'eût point songé au divorce peut-être, il n'aurait pas renvoyé Joséphine de Beauharnais, il n'aurait point donné tête baissée dans les pièges que Metternich lui dressa, en les couvrant d'un mariage avec une fille de Hapsbourg. On est effrayé de penser que la tournure des plus grands événements de ce monde peut être changée par la vie ou la mort d'un enfant. La Reine Hortense, très affaiblie par le coup qu'elle venait de recevoir, retrouva la santé dans les montagnes. On était en juillet, le mois des orages apaisés ; la princesse fut grande excursionniste. Nous n'avons point parlé, dans notre passage rapide à travers la vallée d'Azun, d'un voyage qu'elle fit à Arrens — de peur d'interrompre le beau tableau que nous avions alors à tracer.

Voici le chemin qu'elle suivit :

Aux Granges ou cabanes de Cambasque, que l'on atteint en s'élevant par des lacets infinis, mais sur des pentes assez douces aux flancs du mont Peguère, on rencontre un nouveau Gave. C'est celui de Paladère. Les escarpements deviennent bientôt plus rudes; mais ils ne perdent point leur robe de gazon; on chemine presque sans interruption par le haut pays vert jusqu'à Arrens. Deux lacs miroitent sous les yeux du touriste, le lac d'Illéou et le lac Noir. La vue s'étend sur le val de Cambasque au levant, et se perd aux cimes du Monné. Plus près, court une chaîne très abrupte, presque partout verticale, et qui par cela même paraît gigantesque : c'est ce qu'on nomme dans les villages le « mur d'Ardiden ». On est alors à près de deux mille mètres.

La descente se fait sur des pâturages qui semblent assez vastes pour nourrir les troupeaux de tout un peuple. Et vraiment, dans les Pyrénées, c'est le coin des « éleveurs »; c'est aussi leur paradis, du moins en ce monde, car ils font fortune. Ces prairies de montagne, traversées par le torrent de Garremblanc, nourrissent la race bovine de Lourdes, renommée pour la qualité de sa chair et celle de son lait. On y rencontre aussi d'énormes troupeaux de moutons noirs.

On arrive aux « cabanes d'Arriousec », et l'on descend encore vers l'ouest, avec une légère inclinaison pourtant au nord, et cette fois à travers des taillis de hêtres. Le lac d'Estaing s'ouvre au milieu de cette ceinture de bois ; il n'en a pas moins près de treize cents mètres d'altitude, et ses rives sont encore des prairies. Aimez-vous la truite exquise ? Il n'y en a point dans toutes les Pyrénées qui ait la chair plus fine que celle de ce petit miroir d'argent étincelant dans son cadre vert.

Descendez, descendez toujours en glissant sur la rive orientale du lac; vous voici dans le val de Labat de Bun. Ce « Labat » est encore un Gave bordé de nouvelles hêtrées. Un pont vous fera passer de la rive gauche à la rive droite, au petit village de Vielletta. Alors, il faudra légèrement remonter, et vous trouverez le col ou « port », suivant le langage reçu. C'est le col de Bordère, entre le pic du Midi d'Arrens et le pic de Habourat. De là vous glisserez en suivant les bords d'un ruisseau tributaire du Gave orageux d'Azun, et vous joindrez Arrens, sur ce Gave même, en amont de la chapelle de Poey-la-Houn.

C'est toujours chose fâcheuse, dans un ouvrage comme celui-ci, tout d'information pittoresque et d'agrément (si l'auteur a pu le rencontrer), que de toucher aux mauvais ressouvenirs. Nous avons déjà parlé de cette chapelle de Poey-la-Houn. Ce sanctuaire brillant avait été profané pendant la Révolution, comme beaucoup d'autres. Dans l'état de dégradation où il se trouvait, il servait, pendant le premier Empire, de campement à une compagnie de soldats qui gardaient la frontière. Il faut songer qu'en 1807 Napoléon n'avait pas encore, à l'imitation de Louis XIV, « supprimé » une deuxième fois les Pyrénées. La nièce et belle-fille du conquérant, venant d'Arrens, résolut de faire rendre la chapelle au culte. Ajoutons qu'elle y fut sollicitée par une tradition dont l'authenticité ne paraît jamais avoir été bien établie, et que nous n'avons pas même racontée. La discrétion est de mise surtout dans les choses religieuses. Suivant cette légende que la Reine de Hollande adopta, l'ancienne réputation de ce lieu saint aurait été due, comme celle des grottes de Lourdes, à une apparition céleste.

Cette cérémonie de la restitution au culte eut lieu le 5 mai 1808. La princesse avait commandé qu'on lui en envoyât une relation, et en avait confié le soin à un prêtre de la vallée d'Azun, probablement attaché à l'église paroissiale d'Arrens. La lettre que cet ecclésiastique lui écrivit a été conservée; elle est curieuse, parce qu'elle éclaire l'histoire intime de l'auguste personne à qui elle est adressée; elle fait connaitre que le roi Louis avait rejoint sa femme dans les Pyrénées. « Ce jour, dit le prêtre, qui « devait être pour nous un jour de deuil, en nous rappelant le « souvenir d'un prince destiné à devenir le successeur du grand « Napoléon (le premier fils de la Reine était mort le 5 mai de « l'année précédente), ce jour est devenu tout de joie et de réjouis- « sance par la naissance d'un nouveau prince, conçu dans nos « montagnes... »

Ce « nouveau prince » devait être Napoléon III.

La Reine Hortense se retrouve encore au point de départ d'une autre route pittoresque et superbe, celle qui conduit de Cauterets à Saint-Sauveur.

LE PONT D'ARRENS

PAUSE VIEUX ET CÉSAR

DE CAUTERETS A SAINT-SAUVEUR

On se met en chemin doucement, comme s'il s'agissait d'une simple ascension à l'établissement thermal de Pause-Vieux. On peut même jusque-là, suivant l'usage, se faire porter en chaise. De Pause-Vieux, on monte encore par des sinuosités qui trompent l'impatience, à travers des prés et de petits bouquets de bois, jusqu'à la Grange de la Reine Hortense. Le lieu n'est qu'une masure, mais décorée d'un patronage historique. L'histoire s'envole, le patronage est loin, la masure reste. Elle n'offre aucun intérêt par elle-même, bien qu'une inscription placée pendant le second Empire fasse connaître que la Reine de Hollande y fit un repas avec les personnes de sa suite. Si le repas fut bon, les convives le surent apparemment; mais ils ont emporté la gloire du cuisinier dans leur tombe. Le choix de ce pittoresque réfectoire était d'ailleurs excellent; il y eut de quoi se repaître au moins les yeux. Du rocher qui porte la « grange », on aperçoit Cauterets; on a devant soi à gauche le Cambasque et le Monné; à droite, la gorge de Pierrefitte, avec une admirable échappée de vue sur la vallée d'Argelès jusqu'à Lourdes; plus loin, Tarbes et la plaine qui l'environne.

A peu de distance, une grande ombre se berce : c'est une forêt de sapins. Elle occupe le centre du plateau du Lisey, nouvelle région de pâturages. Encore de superbes troupeaux. Regardons les pasteurs. Ces bergers ont la vive tournure et le relief antique du Béarn, sous leur cape dont le modèle remonte à deux mille ans. Savez-vous que saint Paulin, évêque et poète qui vivait au IVe siècle, écrivant à Ausone, poète et personnage consulaire gouverneur des Gaules, se moqua fort de ce vêtement rustique? Il eut tort; ce fut certainement un saint prélat, mais ce ne fut pas un homme de goût. Il aurait pu estimer la cape sans mépriser la toge.

Qu'ils sont beaux ces pâturages des montagnes ! L'admirable tapis d'herbe courte et puissante ! Et quelle perspective au fond du tableau que ce mont apparaissant par l'échancrure d'un autre plus proche, — le Monné, à travers un écartement des blocs du Cambasque !

On franchit les derniers sapins, on est au col de Riou, à près de deux mille mètres.

Là, une auberge est ouverte. On a élevé jadis des autels à la prudence, à la sagesse, à toutes les vertus, et l'on a eu raison ; — jamais à la propreté, et l'on a eu tort.

La propreté règne à l'auberge du col de Riou. Saluons cette divinité bienfaisante. Il y a des vivres qui renforcent l'omelette sans l'épargner; il y a des vins, et particulièrement de ce jurançon qu'on boit en songeant qu'on aurait pu le donner à

Henri IV en guise de lait. Ce gaillard d'enfant-roi était de force à supporter ce breuvage de feu. Mais Jeanne la rude, sa mère, peinait avec délices pour ce fils qui devait, dans sa pensée, se tailler un vrai royaume de la montagne — car elle ne pouvait encore envisager pour lui la première couronne du monde, celle de France. Jeanne la rude donnait son lait.

Elle n'était pas « huguenote » alors. Tout le Bigorre et le Béarn répétèrent le cantique qu'elle avait chanté pendant les douleurs de l'enfantement. Il est resté dans toutes les mémoires béarnaises. En ce temps-là, il y avait à l'extrémité du pont jeté à Pau sur le Gave, et précisément à la tête du chemin qui mène à Jurançon, un oratoire dédié à la Vierge ; les femmes y venaient prier et se vouer pour obtenir un heureux accouchement. La Reine, Jeanne avait fait ce pèlerinage, et tout en souffrant pour mettre au monde le petit-fils du fier Amanieu d'Albret et du grand saint Louis, elle disait :

> *Noustè damo deü cap deü poun*
> *Adyutaz me à dà questo horo*
> *Pregatz aü Diü deü Ceü*
> *Que m'bouillo bié de luira leü*
> *D'a maynat que m'hassiè lou doun*
> *Tout diü q'aù haùt deùs monts l'implora !*
> *Nou te damo deù cap poun*
> *Adyutaz mé a d'acquesto horo.*

« Notre-Dame du bout du pont, secourez-moi à cette heure.
« Priez le Dieu du ciel qu'il veuille bien venir me délivrer promp-
« tement. D'un garçon qu'il me fasse le don ! Tout jusqu'au haut
« des monts l'implore. Notre-Dame du bout du pont, secourez-
« moi à cette heure. »

On nous pardonnera d'avoir cité cette anecdote en l'honneur du Roi vaillant et à l'occasion du roi des vins béarnais.

A l'auberge du col de Riou, on mange des mets décemment accommodés, et l'on boit des vins réparateurs et flatteurs, le tout à des prix honnêtes. On a l'estomac et le palais satisfaits, la bourse n'en est qu'ébréchée, et par-dessus le marché, on goûte encore le plaisir des yeux. Vue superbe sur la vallée tourmentée de Cauterets et sur la riante vallée de Luz. Là-bas, des peupliers se mirent au bord d'un torrent apaisé, et des moulins sont assis sur des ruisseaux qui vont s'y perdre; des troupeaux paissent dans les prairies. — Et nous aussi, nous ferons bientôt notre partie dans cette idylle. *Et ego in Arcadiâ!*

Sur notre gauche, se dresse le pic du Viscos; du même côté, un peu en avant, une étrange pyramide de schiste, isolée du massif, le Pène-Nère, qui n'a guère plus de deux mille mètres. Entre les deux, la cime ronde du Maillaroub.

Aux pieds du Pène-Nère se couche le misérable village de Gruzt. Le tableau qui encadre cette pauvreté est pourtant d'une grande richesse et d'une admirable fraicheur. Des pics déchirés dominent le paysage, mais au premier plan, pas un mont chauve. Tous ces rudes fronts de pierre portent une coiffure coquette de pâturages ou de bois. Le village de Sazos, que nous allons rencontrer, est un nid de pierre dans la verdure.

Un nid singulièrement découpé et déchiqueté. Continuez-vous d'aimer le pittoresque? En voici. Des rues qui ressemblent au lit d'un torrent, des ruelles verticales à faire peur! Ajoutons qu'à Sazos, la route s'arrête et fait place à de mauvais chemins de piétons. On peut bien s'aventurer aussi à cheval, mais il faut prendre garde à ne point passer par-dessus le col de sa monture, — ce qui est toujours une manière chanceuse et désagréable de la quitter. Sazos, d'ailleurs, mérite qu'on s'y arrête, ne fût-ce que pour examiner son église romane.

Les archéologues du pays qui ont décrit les monuments religieux de Béarn et de Bigorre, ont omis celui-ci, on ne sait pourquoi. Il n'en faut peut-être accuser que la richesse de la matière dans les Pyrénées, où les belles et curieuses églises abondent. Celle-ci est formée d'une nef, avec une abside centrale et deux plus petites, de dessin arrondi, voûtées en cul-

PORTE DE L'ÉGLISE DE SAZOS

de-four. A l'extérieur de celle du milieu, s'appuie un curieux contrefort, qui s'élargit brusquement à deux mètres environ du sol, et contient une petite croisée dans sa partie supérieure.

Un porche au-devant de la façade supporte un petit clocher à campanile. A l'intérieur, les voûtes manquent à la nef. Leurs amortissements soutiennent une série de tribunes en bois de l'époque de la Renaissance, recouvertes d'anciennes peintures plus qu'à demi effacées. Au-dessus du portail, un buffet d'orgues qui rappelle celui de Saint-Savin.

Ce portail est le plus riche que nous ayons encore trouvé dans cette partie des Pyrénées. Admirons trois saillies d'archivoltes soutenues par trois belles colonnes engagées, à chapiteaux et tailloirs richement sculptés. Le tympan sur le linteau est décoré des figures du Christ et des Evangélistes. Le Christ en robe flottante est assis sur un trône, comme dans l'église de Luz et celle de Sère, que nous rencontrerons dans un prochain voyage.

Au-devant, nous l'avons déjà dit, le porche, — de proportions assez vastes, où l'on descend par dix marches. De chaque côté de la porte, deux escaliers conduisant aux galeries intérieures. — Restons hors de l'église. Dans l'épaisseur du mur de droite, voyez-vous ce tombeau en arc ogival ? Il porte une inscription illisible. — Peut-être, si l'on fouillait sous les dalles, trouverait-on beaucoup de sépultures qui fourniraient de meilleures indications sur leur nature et sur leur âge. — Ces vallées, qui se toucheraient sans les hautes murailles qui les séparent, ont une histoire parallèle et différente : Saint-Savin, pays d'abbés ; Barèges, sol libre, constitution fédérative; Luz, terre des Templiers.

Il est vrai que les Templiers furent dispersés. Luz eut ses franchises comme Barèges, et il n'y eut plus en regard que les deux *républiques* de Barèges et de Saint-Savin, — ici municipale, là tout ecclésiastique. Le système féodal du Lavedan ne dépassait point l'entrée des deux vallées supérieures, vassales des comtes, mais vassales singulièrement libres. Le seigneur, cependant, pouvait élever ses forteresses, car il était chargé de la défense générale du pays ; encore fallait-il que ce fût en des lieux désignés d'un commun accord. D'ailleurs, il avait juré, en recevant le serment des Barégeois, « de ne point enfreindre leurs fors », et il devait leur fournir des cautions. En revanche, s'il se trouvait enfermé dans de si fâcheuses contraintes, sa « Dame » recevait des honneurs extraordinaires, et jouissait du plus doux des privilèges, celui de la clémence et de la grâce. Il suffisait qu'un criminel, en fuyant, eût pu passer près d'elle et toucher sa robe ; quelque méfait qu'il eût commis, il obtenait alors un sauf-conduit et le chemin libre par la montagne, à la condition d'en sortir. L'histoire n'a pas eu besoin d'ajouter que la plupart de ceux qui eurent ainsi la vie sauve pour avoir effleuré seulement la « cotte » suzeraine justifièrent le dicton que l'on connaît. On les envoyait se faire pendre ailleurs, ils ne manquèrent point à cette destinée. La corde les attendait dans la plaine.

Quittons maintenant Sazos. Du point où nous sommes arrivés, nous voyons dans la vallée basse les deux Gaves de Gavarnie et de Bastan se chercher, se poursuivre en mille détours parmi les grands ombrages et les vergers. Nous rejoignons la route qui suit des rampes presque insensibles et s'engage, à gauche, sur les déclinaisons de la montagne. Les deux Gaves, enfin, se sont réunis. Nous dominons toute la vallée de Luz et celle du Bastan. Dans le Gave qui porte le dernier de ces deux noms, comment reconnaître le torrent redoutable qui dévaste le pays de Barèges pendant les hivers ? Il coule à présent, sage, apaisé, parmi cette verdure grasse. Cette vue est d'une douceur et d'une sérénité surprenantes.

C'est le soir, au soleil tombant, qu'on la goûte le mieux. Si l'heure ne s'envolait pas, amenant décidément la nuit sur son aile maladroite, on ne se lasserait point de contempler ces grands jeux de lumière. Les yeux s'arrêtent d'abord sur l'énorme pic de Bergons ; à la droite du géant, se déploie la route de

Gavarnie, bordée de crevasses noires, de montagnes sauvages, de forêts de sapins qui s'éclairent ou s'obscurcissent tour à tour, suivant les ombres que leur portent les pics d'Ardiden, de Noubasséoube et d'Aubiste.

Ardiden est le point culminant de la masse granitique qui sépare la vallée de Lutour de celle de Luz.

Parfois une nuée d'or monte aux flancs des monts; puis un rayon du couchant la perce, et la vapeur se dissipe. Il y a dans l'air des fluidités qu'aucun pinceau ne pourrait rendre, et des oppositions de couleur qu'achève le fond éclatant du tableau : les masses du Coumélie et du Pimené étincelantes de neige.

LA VALLÉE DE BARÈGES

LE PONT DE VILLELONGUE

LA GORGE DE LUZ

La gorge de Luz est placée entre la vallée de Luz et celle d'Argelès, comme un enfer entre deux paradis.

Nous avons décidément épuisé Cauterets comme centre d'excursion, nous sommes redescendus à Pierrefitte. La gorge de Luz suit une ligne exactement parallèle à celle de Cauterets ; elle en est séparée d'abord par un chaînon secondaire, puis par les bases du Viscos ; ce défilé n'a pas moins de deux lieues. Le passage en est bien plus effrayant que celui de la gorge de Cauterets, mais l'ascension est moins rude, puisque Luz n'est situé qu'à une altitude de 739 mètres.

En quittant Pierrefitte, nous traversons d'abord le Gave

de Cauterets sur un beau pont de pierre, entre Soulom et Nestalas.

ÉGLISE DE SOULOM

Une église nous attire par sa simplicité vraiment primitive. Elle a la forme d'un grand fournil. Le clocher, qui n'est qu'une élévation du mur de façade, est surmonté d'une galerie couverte, présentant une garniture de mâchicoulis et une rangée de créneaux. Ces vieux murs sont faits de moellons. Un cimetière environne l'église ; les sépultures y ont le même cachet primitif et ancien : de simples pierres plates, de larges dalles d'ardoise dans l'herbe. — Tout ce côté de la bourgade est d'une rusticité antique.

La route, un peu plus loin, traverse le Gave de Gavarnie sur un autre pont de pierre, à l'extrémité du village si pittoresque de Villelongue, que nous laissons à gauche. Nous voici au sein de la gorge.

Le grand maître, en ce siècle, du paysage par la plume, Georges Sand a écrit : « C'est ici la partie la plus austère des Pyrénées ; tout y prend un aspect formidable ». Cette appréciation a été relevée, consignée dans tous les guides. Elle est sans doute excellente. Toutefois le second qualificatif nous parait le mieux approprié. « Formidable » est plus vrai que « austère ». La nature a rassemblé toutes ses menaces contre l'homme dans ces Thermopyles pyrénéens ; et l'homme y a répondu en la défiant et la violant. La route que nous suivons a été ouverte par la poudre ; on a fait sauter des blocs entiers pour ouvrir le chemin.

Il y a pourtant encore des instants où l'on se demande s'il est bien ouvert ; on croit voir, à distance, les roches se croiser et s'apprêter à barrer le passage. Un écrivain qui aime les grandes figures a dit en décrivant ces lieux sinistres : « Les montagnes s'avancent et viennent vous regarder face à face ».

C'est hardi jusqu'à la licence poétique, mais c'est vrai. Les assises des monts se touchent et interceptent le cours du Gave, qui bondit avec fracas contre ces barrages.

Nous cheminons alors entre les soubassements du Soulom et ceux du Néré, dont nous apercevons directement, au-dessus de notre tête, en ligne verticale, la cime ébréchée. Tout à coup le lit du torrent s'enfonce à une énorme profondeur au-dessous de la route neuve. Parfois, nous reconnaissons et nous touchons le tracé de la route ancienne, construite au siècle dernier, et que vient traverser le vieux pont d'Arsimpré, à deux étages ; — l'inférieur de pierre, l'autre de bois. Jusquelà nous avons rencontré des aspects violents et sauvages qui rappellent ceux de la route de Pierrefitte à Cauterets, avec plus de grandeur et plus de tumulte ; mais voici que les montagnes se resserrent. Les roches étaient nues le plus souvent; elles se couvrent d'une sapinière épaisse, et bientôt si serrée qu'elle intercepte la lumière. Ces blocs tiennent suspendue au-dessus de nous cette sombre ramure. Les sapins vont se détacher de la roche, si ce n'est point la roche ellemême qui se fend et s'écroule! Le Gave maintenant roule à six cents pieds au-dessous du chemin, au fond d'une fissure noire ; on a cessé de le voir, mais il se fait entendre: c'est un mugissement diabolique, un charivari formé de tous les hurlements de l'enfer. Nous repensons à la description de Georges Sand. Ici tout est « formidable ».

La crevasse noire prend fin. Les bases du Viscos descendent à notre droite jusqu'au fond du torrent, dont le lit s'est relevé. Sur ces pentes encore très inclinées, que dominent des escarpements bien plus abrupts, nous découvrons le petit village de Viscos, qui a l'honneur d'avoir donné son nom au pic superbe dont l'ombre le domine. Le soleil pénètre à peine encore dans la gorge, et cependant la végétation y prend soudain une richesse extraordinaire. Elle est aussi bien plus légère que dans la première partie du défilé; la forêt moins dense, moins étouffante, monte aux flancs du massif jusqu'aux sommets ; le bord du Gave est tapissé de buissons ; la montagne s'ouvre, et de profondes ravines fuient toutes verdoyantes, toutes parées d'une verdure tendre qui tranche sur la couleur des pins.

Puis la muraille se resserre encore. Le nouveau torrent descend du pic de Leviste: c'est le Pia, que la route traverse sur un pont. A une hauteur assez considérable, entre les plis de la feuillée, nous apercevons une vieille arche suspendue entre deux roches isolées, deux géants de pierre gardant

LE PONT D'ARSIMPRÉ

l'entrée de la vallée supérieure d'où le Pia descend pour se mêler au Gave. Le Pia s'appelle encore le Labat d'Enfer. Nous le disions bien qu'il y avait en tout ceci quelque chose qui devait venir de chez Satan!

M. Achille Jubinal conte qu'il a vu (en 1840) certaine grotte dans le défilé, devant laquelle aucun habitant du pays ne passait sans se signer, parce qu'elle avait été habitée par des démons.

Cette légende s'est évanouie ; on ne montre plus la grotte maudite.

Un nouveau pont se présente ; celui-ci franchit le Gave. C'est le pont de la Hiladère. Un obélisque s'élève, portant une inscription en l'honneur de la Reine Hortense. Nous verrons à Saint-Sauveur une autre colonne dédiée à la duchesse de Berry. — C'est ici le coin des princesses.

Au-dessous du pont de la Hiladère, sur une grosse roche isolée, est assis le petit village de Chèze. On ne le découvre que lorsqu'on l'a déjà beaucoup dépassé. La pointe de son clocher monte entre les sapins et les roches. Un clocher relativement assez neuf, car Chèze fut emporté par une avalanche en 1601, et plus de cent personnes périrent. Cet accident n'empêcha point les survivants de reconstruire leurs maisons justement à la même place. L'expérience ne sert jamais de rien aux hommes, qu'ils soient du désert ou qu'ils viennent des villes, qu'ils soient de la montagne ou qu'ils soient de la plaine. Il n'y a de corrigés dans toutes les Pyrénées que les Barégeois ; ceux-ci avaient aussi vraiment essuyé des catastrophes trop fréquentes. Pendant longtemps ils n'ont plus construit que des maisons en bois, qu'ils démontaient à l'automne, remontaient au printemps, et qui reparaissaient alors, repeintes à neuf, toutes brillantes de fraîcheur, comme les perce-neige.

A partir de la Hiladère, la route cesse de monter et suit à peu près le niveau du Gave à travers une petite vallée qui est comme l'entrée du bassin de Luz. Ici, nous retrouvons Sazos à droite, à gauche Saligos. Nouveau caprice du Gave ou de la puissance naturelle ou diabolique qui lui a fait son lit. Le voilà presque disparaissant encore dans une étroite fissure. Saligos, pittoresquement perché sur une roche, regarde le gouffre d'en haut. Encore un pont un peu plus loin. Vous ne le franchirez point si vous vous rendez à Saint-Sauveur ; mais nous allons à Luz et nous le passons pour entrer dans une belle avenue de peupliers qui conduit à la petite ville et n'a pas une longueur de moins de quatre kilomètres.

Les deux villages de Sère et d'Esquièze-Sère se présentent entourés de bouquets d'arbres. Sère et Esquièze — ou Esquiezo — ne forment à eux deux qu'une seule commune; mais la première des deux bourgades a été la « capitale » de la « République »

L'ÉGLISE DE SÈRE

de Barèges. Cette splendeur éteinte ne date pas d'hier : c'était avant l'an mil. Cinq siècles plus tard, Sère devint le siège d'un archiprêtré; et son église romane, d'un achèvement très rare, paraît indiquer que là fut longtemps placé le centre religieux de la vallée.

L'église de Sère peut être considérée comme un type primitif. Elle est précédée d'un porche. Ses trois nefs étroites voûtées en berceau et ses trois absides offrent aux archéologues le plan régulier des premières basiliques romanes. Celle-ci est éclairée au sud par une rose, et des trois autres côtés par d'étroites fenêtres qui sont plutôt des meurtrières. La porte principale est décorée de sculptures grossières qui présentent un vif intérêt. Nous revoyons encore le Christ docteur entouré des quatre évangélistes. Voici l'Agneau pascal nimbé et chargé de la croix. Les mauvais plaisants ont l'habitude de faire observer que ce n'est guère un agneau ; ce serait plutôt un loup maigre. Voilà un oiseau à gros bec qui porte également la croix et représente certainement le Saint-Esprit. Deux autres oiseaux symboliques sont placés au-dessus de l'agneau et de la colombe. C'est l'aigle de saint Jean deux fois répété, à moins que l'artiste n'ait voulu figurer un phénix. Le ciseau dans des mains inhabiles trahissait quelquefois la pensée du sculpteur, et souvent sa foi même. La parfaite incorrection de tous ces ornements fait la curiosité de ce spécimen antique.

On a trouvé un grand nombre de sépultures autour du sanctuaire. Les abords de l'église s'étaient considérablement exhaussés ; on s'est aperçu que cette surélévation était due précisément à cette quantité d'inhumations séculaires. En déblayant et après avoir rejeté la première couche de débris funèbres, on en a relevé une seconde, formée de tombes bien plus anciennes. N'est-ce pas la démonstration évidente de l'existence d'un centre de population considérable ? L'importance de l'église est une autre confirmation de la tradition locale. Sère précéda Luz. Ce premier chef-lieu de la vallée occupait d'ailleurs un lieu très favorable à la défense. Cependant on ne voit aucune trace de fortifications superposées à l'église, comme en beaucoup d'autres lieux. Mais regardez au loin. Au-dessus du petit bourg d'Esquièze, voici la ruine du château de Sainte-Marie, dont nous avons déjà parlé. Ce donjon cylindrique porte le cachet des Anglais qui l'ont réédifié. Avant la domination anglaise, il y avait là certainement un vieux fort que bâtirent peut-être les Sarrazins, que reprirent et gardèrent les habitants de la vallée de Barèges, et qui les protégea. Ce fut alors la clef de la « République » communale.

Le pont qu'on a franchi en avant de Sère pour entrer sur le territoire de Luz est de marbre. Arrêtons-nous un moment et considérons le tableau.

PORCHE DE L'ÉGLISE DE SÈRE

Luz est situé au fond d'un bassin curieusement plat, présentant la forme d'un triangle allongé dont les deux grands côtés sont formés par les assises du Nerè à droite, d'Ardiden à gauche, le petit côté par le Bergons. L'angle aigu se prolonge vers Barèges. Au fond, à droite, entre le Bergons et l'Ardiden s'ouvre la gorge de Gavarnie. Le Gave de ce nom en descend, baignant des roches qui portent Saint-Sauveur accroché à leurs flancs. A gauche, c'est la vallée de Bastan ou de Barèges. Le Bastan roule ses eaux, en plein Luz, au beau milieu de la ville, et son lit à sec ferait une rue.

Luz montre d'abord sa vieille église de Templiers, crénelée de sa base à son faite. Jamais on ne vit aspect si belliqueux à une maison du Seigneur. Plus loin, l'hôtel de ville, également construit par ces fameux chevaliers à l'habit blanc et à la croix rouge. Maintenant Luz est entouré de sa ceinture verte, heureuse livrée de la paix moderne; c'est vraiment un Eden assis entre les monts.

LE FORT DE SAINTE-MARIE

Sur un petit contrefort du Neré, isolé du massif de la montagne, est le joli château de Sainte-Marie; car, en dépit de sa chemise de muraille et de ses deux donjons, l'un cylindrique, l'autre carré, la ruine a ce caractère. On la trouve *jolie*, ce qui n'empêche point de reconnaître que l'édifice a été redoutable. Et d'abord il était placé sur ce pic qui paraît inabordable, si l'on songe au peu de moyens que possédait alors l'art des sièges. Depuis, ces moyens se sont assez prodigieusement accrus et multipliés. C'est une chose tout à fait significative que les progrès de la civilisation pendant cinq cents ans aient été surtout marqués par cette multiplication des engins de guerre. Plus l'homme est éclairé, mieux il tue son semblable, et cependant, moins il a lui-même le mépris de la vie. Arrangez cela !

On sait que Sainte-Marie fut relevé et en grande partie par les Anglais, dans la deuxième moitié du xiv° siècle. Son enceinte murée est au demeurant très étroite, et c'est bien ici le campement d'un chef de guerre; point la résidence d'un seigneur. Au nord, s'élève la tour quadrangulaire; au sud, la tour ronde. La première est percée de meurtrières et de grandes ouvertures formant des créneaux couverts au sommet. Maintenant elle porte un toit déshonorant et sert de grange. La tour cylindrique a été préservée d'un pareil outrage ; elle est d'une exécution remarquable, si hardie, si élancée, qu'elle semble prolonger en aiguille la pointe du rocher qui la porte. Elle avait une poterne s'ouvrant sur le parapet du rempart. Un chemin couvert se dirigeait vers l'est ; mais on n'en retrouve que de faibles traces.

En 1404, la forteresse fut enlevée aux Anglais. Ce n'était plus le temps du Prince Noir. L'Anglais ne possédait plus en France que quelques villes ou lambeaux de provinces, et s'occupait à se déchirer chez lui par la guerre civile ; mais partout, dans le Bigorre et le Béarn plus qu'ailleurs, il avait laissé derrière lui des routiers et des capitaines d'aventure, qui tenaient les postes fortifiés, et, naturellement, vivaient de rapines à l'entour. Jean de Bourbon, qui devait plus tard demeurer prisonnier à Azincourt, dans la deuxième guerre dite des Anglais, et qui commandait en Béarn et Bigorre pour le roi Charles VI « le Fol », rassembla les seigneurs et chevaliers. Cette noble cohorte s'était entendue avec le chef de la milice barégeoise. Il s'appelait Auger Laffitte ; il était de Luz. Ce fut ce Guillaume Tell des Pyrénées qui emporta cette pointe hérissée, cette roche inaccessible, et qui délivra son pays des routiers anglais. —

Presqu'au même instant, et comme en cadence, le *Castelnau d'Azun* fut emporté par les Azunois. Ces Bigorrans ont toujours été de braves gens.

Laissons le château de Sainte-Marie. Tournons nos regards vers le Bergons, dont un contrefort également isolé supporte l'ermitage de Saint-Pierre, justement en face de Saint-Sauveur. La chapelle a changé de patron; au lieu d'un nom d'apôtre, on lui a donné un nom de bataille, et maintenant c'est la « chapelle de Solférino ». En avant, on a placé une pyramide avec cette inscription : « A la mémoire du R. P. Ambroise de Lombez, mort en odeur de sainteté à l'ermitage de Saint-Pierre, en 1778 ». Sur le socle, une autre inscription : « Érigé par les ordres de S. M. Napoléon III, en 1861 ». Le R. P. Ambroise de Lombez fut tout simplement le dernier d'une longue succession d'ermites qui habitèrent là, entre la terre et le ciel. Quant au nom de « Solférino » appliqué à un lieu saint, l'explique qui pourra, suivant les règles du bon sens et de la conformité des choses!

Il paraît qu'avant cette réédification qui fut une édification, les troupeaux paissaient sous la voûte rompue de la chapelle primitive, dont les fondations ont servi pour asseoir la nouvelle construction romane, — copie fidèle de l'ancienne. Ne disputons point sur cette « fidélité ». Ce qui nous paraît le plus attrayant dans l'oratoire neuf, c'est la vue qu'on en découvre.

De là, vous embrassez à vol d'oiseau toute la vallée. Imaginez un bocage dans un cadre démesuré; et pourtant quelle harmonie dans ce cadre et ce tableau! Les trois Gaves qui viennent se réunir dans la plaine de Luz y entretiennent une perpétuelle fraîcheur. L'irrigation en ce pays est une science et un art. Pas un chemin qui n'ait ses deux ruisseaux courant vers les prairies, pas une pente qui ne possède de beaux lacets d'eau limpide qui la fertilise. Aussi, la verdure y est d'une opulence extraordinaire; les arbres, surtout les peupliers, y attei-

LE BERGONS

gnent des proportions colossales. Les plus beaux sont ceux qui bordent la route conduisant de Luz à Saint-Sauveur.

De tous côtés, de charmants villages sont campés sur la montagne. A droite, la gorge sombre de Pierrefitte terminant la vallée, et le massif de Viscos qui la domine ; il n'y a guère dans toutes les Pyrénées d'aspects plus variés que ceux de ce beau mont. A gauche, le versant sur lequel s'étagent Saint-Sauveur et ses maisons blanches plongeant sur la gorge de Gavarnie.

Le pont Napoléon, qui traverse le Gave, parait ici d'une légèreté surprenante, à cheval au-dessus de la crevasse noire au fond de laquelle on entend mugir le torrent.

Ce beau pont peut servir de but à une promenade, depuis Luz — promenade d'une heure environ — charmante et sans fatigue.

LA GORGE DE PIERREFITTE

LE GAVE DANS LA PLAINE DE LUZ

LUZ

Il y avait jadis au village de Sazos une famille de géants; le dernier de la lignée vivait encore en 1750 ; il avait sept pieds. Il disait à ceux qui l'admiraient, non sans quelque mélange de crainte bien naturelle : « Si vous aviez vu les premiers de mon nom ! J'aurais l'air d'une petite fille, si je marchais aux côtés de mes anciens ! ». — Les deux fameux exploits accomplis par les montagnards des Sept-Vallées, c'est-à-dire la prise du château de Sainte-Marie et du Castelnau d'Azun, engendrèrent beaucoup de ces légendes. Il semblait que des géants, seuls, eussent pu emporter ces deux nids d'aigle.

Les gens d'Arrens et d'Arras, de Barèges et de Luz, conservèrent le goût de la guerre. Nous avons dit que l'église de Luz était une citadelle.

Elle est entourée de murailles percées de meurtrières ; la voûte, le toit, le vaisseau même sont fortifiés. En 1740, la tour qui domine la porte latérale du sanctuaire, au nord, servait encore d'arsenal ou en faisait figure. Toute la vallée était persuadée qu'on y tenait des munitions en réserve. Au demeurant, on n'y trouvait, sans doute comme aujourd'hui, dans la galerie couverte et crénelée qui lui sert de ceinture, que plusieurs gros fusils de rempart, armes défensives du XVIe siècle, depuis longtemps abandonnées au XVIIIe, — à côté d'un ramas bizarre de fers de lance et de vieilles épées, d'étriers et de lanternes destinées à éclairer les rondes de nuit. La « tour du nord » vivait sur sa réputation guerrière et sur ses airs de bataille.

Luz, à cette heure, n'a plus de géants, plus de grands ni de petits Guillaume Tell. On n'y rencontre qu'une population vive et riante, industrieuse et facile, l'une des plus aimables des Pyrénées.

La culture et l'élevage des troupeaux lui donnent l'aisance ; elle recherche volontiers les occasions de fêtes, et les trouve jusque dans les funérailles. La coutume du « repas des morts » est encore en vigueur à Luz : on s'y rend après la cérémonie, comme on s'était rendu d'abord à l'église, marchant sur deux files, les femmes enveloppées du capulet noir. Nous y avons vu, au printemps, la procession des Rogations. Deux files encore ; mais les femmes alors portent le capulet blanc, qui leur donne l'allure sculpturale, pour peu qu'elles soient le moindrement bien tournées.

Les rues sont assez étroites et pavées de cailloux blancs ; les eaux y roulent de toutes parts : le Gave d'abord, au beau milieu du bourg, puis des ruisseaux qui le joignent. En sorte que ces ruisseaux ont l'air de former ces rues, dont le Gave serait la principale. La couleur blanche de ces cailloux, la limpidité des eaux, les clartés verticales du soleil, qui a des manières tout à fait locales de tomber à pic sur ces maisons grises, inondent de lumière la jolie villette. Elle n'y perd rien de sa fraîcheur entretenue par tant de flots qui chantent et descendent vers la plaine, — laquelle était certainement un lac formé par le Gave, avant que ce furieux n'eût imaginé de se tailler un chemin en plein roc, et d'ouvrir la gorge de Pierrefitte. Il y a beaux jours de cela! C'est plus vieux que la race des géants.

Or, il faut que vous sachiez que le premier magistrat de la « République » de Luz — ou de Barèges — portait, là, tout simplement le titre de « premier consul ». On ne connait jamais bien le fond des choses : c'est peut-être ce précédent qui suggéra, en 1799, au général Bonaparte, l'idée de choisir cette dénomination, toute neuve, dans la grande histoire. Il y avait deux consuls à Rome, et il y en eut toujours un premier, parce que, toutes les fois que deux hommes exercent la même fonction, le plus opiniâtre ou le plus entreprenant réduit toujours à rien son collègue; mais, enfin, l'honneur du titre ne fut jamais donné à celui qui avait les réalités de la possession. Le premier des premiers consuls en France fut le magistrat « suprême » de Luz.

Il avait, — de concert, pourtant, avec les autres consuls, que l'on appellerait tout simplement, à cette heure, des conseillers municipaux, — le droit de justice au criminel, le droit de conclure des traités avec certaines vallées espagnoles. Au demeurant, c'était un homme qui en pouvait faire pendre d'autres. Quel prestige!

Luz, avant d'être indépendant, appartint aux Templiers. Ces fameux soldats de la Croix, qui avaient, d'ailleurs, assez cruellement profané leur emblème, avaient à Bordères, dans la vallée de la *Neste de Louron*, entre Bagnères-de-Luchon et Ba-

LUZ — L'ÉGLISE

gnères-de-Bigorre, une commanderie puissante. On a retenu le nom du commandeur qui fut jeté, le 13 octobre 1307, avec tous ses frères de Bigorre, dans la prison du sénéchal d'Auch; il s'appelait Bernard de Montagut. On se rappellera que tous les Templiers de France furent saisis le même jour, sur l'ordre

LE CHEMIN DE RONDE DE L'ÉGLISE

du roi Philippe le Bel, après un complot lentement mûri et tenu dans un secret extraordinaire. C'est le plus beau « coup de filet » dont parle l'histoire. Ce roi Philippe était un maître exécuteur. Un maître pillard aussi, puisqu'il s'enrichit de tant de magnifiques dépouilles.

On peut soupçonner pourtant que les historiens ont quelque

peu arrangé et paré cette affaire, et que le brigandage dont les Templiers devaient être les victimes, n'eut pas cette merveilleuse simultanéité. Ce qui est certain, c'est que les Templiers de Bigorre furent enlevés, torturés, brûlés, et surtout dépouillés, comme tous leurs frères de France.

Les chevaliers du Temple édifièrent cette basilique. Tout y fait reconnaître le second âge de l'ère romane, qui fut l'époque aussi du plein épanouissement de leur puissance. La voûte à plein cintre de la nef, l'abside en cul-de-four, rappellent, avec des dimensions moins étroites, le dessin de l'église de Soulom. La porte principale, au fond de la nef, présente de grandes analogies avec celle de l'église de Saint-Savin. Le tympan, ici, reproduit encore le Christ en robe flottante, assis sur un siège d'honneur, couronné du nimbe crucifère, les doigts de la main droite levés pour bénir, la main gauche tenant le livre sacré. La figure divine se trouve enfermée dans une auréole, avec les attributs des Évangélistes. Des inscriptions sont incrustées dans la muraille et sur les bases des colonnes du portail. M. Cénac-Moncaut en a déchiffré plusieurs, dont l'une donne le nom de l'architecte du monument. Artiste local, puisqu'il se qualifie « habitant du bourg »; — talent de terroir au service des Templiers, apparemment.

Tous ces détails sont fort remarquables ; mais on les néglige promptement et malgré tout, pour revenir à l'ensemble. Le caractère militaire de l'édifice fait oublier tout le reste. On n'a d'yeux que pour ces deux tours, pour cette galerie voûtée et pour ces créneaux, pour cette enceinte de murailles parfaitement régulière, formant un quadrilatère allongé, dont les quatre angles sont encore des ouvrages de défense. L'église se rapproche de la muraille de l'ouest, et s'éloigne au contraire de celle de l'est. M. Cénac-Moncaut suppose que les Templiers voulurent réserver la plus grande étendue possible à l'orient du chevet (placé entre les deux tours), afin de pouvoir être ensevelis autour de cette partie vénérée de l'édifice vers laquelle se tournait le prêtre officiant en élevant l'hostie. On retrouve encore en diverses parties du sanctuaire leurs armes et le mystérieux emblème de l'Ordre, tout inspiré par les magies et le mysticisme de l'Orient : « Alpha et Omega ; *Principium et Finis* ». — Quant à leurs sépultures, on n'en découvre plus de traces. Elles ont été dispersées.

En revanche, sous le porche voûté qui conduit de la tour du nord au sanctuaire, étudiez cette arcade en plein cintre. Elle

TOMBEAU D'ENFANT A L'ÉGLISE DE LUZ

contient le tombeau d'un enfant. Il est creusé dans un bloc de marbre gris noir et porte une inscription que voici :

 † AQIAHS....
 AT. FILLA. DE : NARAMO. DE...
 BAREIA. E. DE. MADANNA. NAHERA. M.CC
 XXXVI ANO. ET. MORI. EN LA DARERA.
 SETMANA. D'ABRIL. SILEN. GILE DE SERE.
  LO FE

« *Ici est* (les noms sont effacés) ... *fille de Naramo de Barèges et de madame Nahera. née le 10 juin 1237..... et morte en la dernière semaine d'avril suivant..... Gille de Sere l'à fait.* »

Qu'était-ce que ce Naramo assez riche, assez puissant pour faire élever en une belle église une si opulente sépulture à une enfant de dix mois ? — Le « premier consul » peut-être de la vallée, le premier des vassaux des chevaliers du Temple, mais vassal singulièrement orgueilleux et libre.

Au premier étage de la tour, on montre une collection d'objets anciens de toute sorte, un petit musée pyrénéen : des armes qui auraient été trouvées au fort de Sainte-Marie, arbalètes, dagues, fragments d'épées; des mors de chevaux. Quelques débris de vases antiques, quelques fragments gallo-romains. Les objets religieux offrent plus d'intérêt; un Christ en bois, surtout, en état très satisfaisant de conservation, — et une délicieuse burette de verre irisé, d'une finesse remarquable de forme et de matière. Nous en donnons le dessin.

Une autre curiosité que renferme encore l'église de Luz, c'est la porte des Cagots. Nous retrouvons cette race maudite. C'est une porte basse, naturellement. Tout cagot était réputé « ladre et infect », et l'on peut croire que les Templiers, tout pleins du souvenir des lèpres orientales, étaient pour ces malheureux des maîtres impitoyables. Cependant, ils avaient fait eux-mêmes vœu d'humilité et de pauvreté.

Le cimetière actuel environne l'édifice, auquel jadis il servait de fossé. Ceux qu'on y conduit pour y goûter le dernier sommeil n'ont plus d'histoire. Le temps des grandeurs est passé pour Luz, celui des richesses commence à peine. Un grand projet s'agite dont la réalisation ferait descendre dans l'aimable et pittoresque petite ville les eaux de Barèges, résidence maussade et triste.

A cette heure, les habitants de Luz ont déjà leurs cultures, leurs irrigations savantes, leurs prairies fécondes; ils ont aussi leurs troupeaux. Cette dernière source de richesse est plus particulièrement dévolue aux habitants des treize villages qui entourent « la capitale », qu'à cette « bourgeoise » capitale elle-même ; car on ne peut s'en dédire, le Luz héroïque, le Luz des Templiers et des milices communales du moyen âge, s'est un peu embourgeoisé dans les temps modernes. Ce n'est plus le centre orthodoxe et belliqueux qui tint ferme contre les Albigeois, contre les Hugue-

BURETTE DU TRÉSOR DE L'ÉGLISE

nots, et, dans l'intervalle, se reprit aux Anglais. Les quatre gros fusils de rempart qui se rouillent depuis trois siècles sur leurs chandeliers tournants, dans la galerie crénelée de l'église, ont un peu l'air de se moquer du présent, s'ils rendent témoignage du passé.

Dans ces villages, vers la fin de mai, quand la neige a glissé des montagnes, et que les hauts plateaux sont verts, les troupeaux sortent des étables où ils ont été nourris d'herbes sèches pendant la froidure. Chaque propriétaire marque ses brebis et son bélier en rouge ; les pâtres qui conduisent l'armée quadrupède apparaissent en habits de fête, suivis de leurs chiens ; le prêtre bénit ceux qui vont entreprendre le long voyage de quatre mois, et toute la paroisse les accompagne pendant une partie du chemin. Le but, c'est, là-haut, les pâturages aériens, que dominent seulement les glaciers et les pics. Pâtres et troupeaux vont y demeurer jusqu'à la fin de septembre. Ils redescendront aux premières neiges.

BÉNITIER DU XVIe SIÈCLE

LUZ ET LA VALLÉE DU BASTAN

DE LUZ A SAINT-SAUVEUR

C'est toujours la « route du Paradis » qui va de Luz à Saint-Sauveur ; elle se sépare de celle de Barèges, qui monte là-bas sans cesse sur la rive gauche du Bastan. Le point d'intersection est en face d'un élégant chalet qui porte une enseigne : « Hôtel de l'Univers ». Saint-Sauveur est un des lieux les plus coquets de France et la plus jolie des stations thermales. Tout y est riant et pimpant, les maisons, les jardins, les bocages.

Cette belle route qui s'ouvre devant nous longe le pied du Bergons et traverse la vallée sur une longueur de sept à huit cents mètres ; elle est bordée de peupliers gigantesques. Nous marchons lentement entre ces hautes pyramides vertes et mouvantes; de grands troupeaux de mules paissent en liberté dans les prairies. On apercevrait Saint-Sauveur sans une légère inclinaison que fait le chemin en contournant la roche sur laquelle est bâti l'ermitage de Saint-Pierre (ou chapelle de Solférino); mais on est si peu pressé d'arriver qu'on verrait le but avec regret. Une fraîcheur délicieuse monte de ces prés.

De toutes parts, c'est le bruissement de l'eau. Le petit Gave le Lizé — on dit aussi la Lise — descend du Maoucapera, et vient couper la route avant d'aller rejoindre le grand torrent de Gavarnie; des ruisseaux courent dans tous les sens au travers de la plaine, que sillonnent aussi d'innombrables petits canaux d'irrigation. De là cette végétation qui a tant de puissance et de charme. Toutes les essences d'arbre y croissent, principalement celles qui aiment à baigner leurs pieds dans l'eau et leur tête dans l'air libre et ensoleillé. Les teintes de la verdure y varient à l'infini, depuis la nuance tendre du platane jusqu'à la sombre couleur des aulnes; les peupliers dominent tout ce rideau chatoyant, aux plis étendus; par-dessus leurs cimes, s'étagent les grandes croupes vertes de la montagne. Au-dessus encore, apparaissent les flancs déchirés de l'Ardiden.

Ravissante promenade d'après-midi; la fraîcheur en est le principal attrait, quand le soleil brille; mais on ne connaitra pas cette belle route, si on ne l'a point suivie le soir. Encore faut-il que la lune soit de la partie, et il ne suffit point qu'elle soit nouvelle. C'est la pleine lune qui est ici nécessaire. Mais quoi! il arrive que le touriste ne puisse l'attendre. Sans doute; eh bien! il peut achever de visiter la vallée, il peut se rendre à Barèges, à Gavarnie, et revenir sur ses pas.

« La reine des nuits », comme disaient nos pères, est une grande magicienne. Elle change ou agrandit les aspects, dans ce coin vert où nous sommes; ce qui était joli sous les rayons caressants du couchant, apparait tout à coup saisissant et sublime sous les grandes clartés lunaires. Le disque lumineux monte derrière les masses de l'Ardiden. La silhouette ébréchée de la montagne commence de se détacher sur le fond qui s'éclaire; puis ces énormes déchirures se bordent d'une frange d'argent; l'astre bientôt a dépassé les crêtes et vient illuminer successivement toutes les aspérités des pentes. La lumière glisse sur la vallée. Les bouquets d'arbres n'étaient encore que de grands blocs noirs; leurs feuillages se découpent; les peupliers, le front baigné, bercent sur le chemin, où déjà l'ombre grisonne, leur quenouille immense encore sombre.

Tout ce tableau va changer de minute en minute, toujours s'animant de plus en plus. C'est un paysage vivant et mobile. Le cadre est dans toute sa beauté, quand, de l'autre côté, vers Luz, la lune descend sur les tours de Sainte-Marie. Là, plus d'oppositions violentes, plus d'ombres crues et noires; de grandes formes pâles, au contraire, vagues, indéfinissables, un ruissellement de lumière tranquille et sereine. Et sur le fond qui fuit, ces deux donjons à la fière allure qui se détachent.

Il y a longtemps, bien longtemps, avant les Anglais, avant les Templiers, une forteresse déjà s'élevait sur ces rochers qui, depuis, ont pris le nom de la Vierge, et un méchant compagnon de guerre s'était emparé de la tour. Il n'y avait qu'une tour alors; mais aussi une haute chemise de murs. Le maudit qui s'y était logé défiait les hommes et bravait Dieu; il ne craignait au monde que ceux du château de Lourdes, là-bas, à l'entrée des vallées; mais il s'était soumis au comte de Bigorre, qui y tenait sa cour de justice; il allait lui rendre hommage tous les ans, et lui offrait un épervier vivant, qui était bien son image. D'où venait-il? Personne ne le savait. Un jour, il avait pris possession de ce nid de pierres abandonné depuis que les gens des montagnes en avaient chassé les Sarrasins; il menait avec lui trente cavaliers et trente archers. Son nom même, on ne le connaissait pas. On disait qu'il pouvait bien être frère de ces chiens de païens qu'il remplaçait dans la tour; on ne l'appelait que le Cagot.

A Saint-Savin, dans la vallée des Moines, il y a de belles filles. Le Cagot descendait de sa pointe de rochers la nuit, avec ses trente malandrins, tandis que les trente archers demeuraient pour garder le fort. Les malandrins portaient la lance et la selle sur leurs épaules; ils rassemblaient leurs chevaux, qui paissaient dans la plaine verte, au bord des Gaves, les harnachaient prestement et s'en allaient d'un train d'enfer vers la terre d'abbé. Sur leur passage, ils prenaient tout, le blé dans les granges, le vin dans les celliers, les bêtes dans les étables; car ils étaient suivis d'un grand chariot qui portait leur butin.

Surtout ils aimaient les belles filles de Saint-Savin et les Argelésiennes au capulet rouge. Il n'y en avait pas parmi celles-ci de plus accorte et de plus fière que Martine d'Arcizans-Devant, la fiancée de Miguel le pâtre. Un jour, le seigneur cagot la vit. Elle avait de grandes tresses noires qui flottaient sur ses épaules et des yeux bleus comme le ciel d'hiver, quand la neige qui couvre les monts la rend plus sombre. Elle était grande, légère et forte.

Le seigneur cagot résolut de la surprendre et de la ravir en sa tour. Et cela fut fait par une nuit du mois de mai, quand Martine d'Arcizans-Devant, sans songer à mal, était à sa fenêtre, et son fiancé Miguel au pied de la croisée, tous deux écoutant le rossignol qui chantait dans les grands châtaigniers aux flancs du mont. Les malandrins entrèrent dans la pauvre maison, et comme Miguel voulait défendre son unique amour, ils se jetèrent sur lui à dix et le lièrent à un arbre. Les gens d'Arcizans entendaient ses cris et ceux de Martine, ils n'osèrent remuer en leur logis; mais quand la bande des damnés fut loin, ils allèrent quérir les soldats du châtelain d'Ourout qui gardait Argelès; et le châtelain se mit à leur tête. Ce fut une belle chevauchée.

Pourtant il ne put joindre le Cagot et les siens. Quand il arriva devant la tour de Luz, ils y étaient déjà renfermés, et les archers firent pleuvoir les traits du haut des murs. Plus tard, dans la suite des temps, de simples montagnards escaladèrent ces rochers; mais les seigneurs sont des cavaliers, point des grimpeurs. Celui d'Ourout se signa, car il croyait avoir affaire au diable, et commanda de tourner bride. Martine d'Arcizans resta là-haut, bien bouclée.

On l'avait mise en la tour carrée, l'aire sarrasine. La fenêtre de sa chambre était tout juste assez large pour lui permettre de s'y glisser, si, dans son chagrin, elle avait voulu se jeter en bas : encore il y avait deux barreaux de fer. Et puis Martine était bonne chrétienne, et n'eut point l'idée de sauver son corps aux dépens de son âme. Elle se sentait la force et le courage d'un homme, et le soir, en jouant avec Miguel, elle lui avait pris son couteau, et l'avait mis par badinage dans la manche de sa robe. Les maudits ne l'avaient point senti sous le capulet, en l'emportant. Martine d'Arcizans se mit à le tâter en riant d'un mauvais rire. — Qu'il vienne, le Cagot ! disait-elle.

Puis elle se mit à genoux; mais ce ne fut pas au grand saint Martin, son patron, qu'elle adressa sa prière. Il lui semblait qu'en un pareil moment, ce n'était pas un saint qui pouvait la secourir, puisque tous les saints ont été des hommes. Elle pria la Vierge sainte, protectrice des bonnes filles dont le cœur est sage et dont le corps est pur, et se releva bien fortifiée, toujours tâtant son couteau dans sa manche. — Qu'il vienne ! disait-elle encore, qu'il vienne, le valet de Satan !

Le Cagot vint; il avait mis une grande robe flottante pour s'embellir. La robe était toute brodée de pierres précieuses et d'or. Les pierres, il avait dû, bien sûr, les dérober sur la châsse de quelque saint, dans une église pillée. Il était noir comme l'enfer, et il avait les mains toutes velues comme les pattes d'un ours des monts. Il dit à Martine toutes sortes de choses flatteuses, et il avait la voix emmiellée ; pourtant elle croyait entendre un loup parler d'amour.

Le méchant qui se déguisait lui fit de belles promesses. Voulait-elle de l'or? Elle savait bien qu'il en avait. Celui du grand abbé de Saint-Savin d'abord, car il avait osé, le mois passé, s'en aller piller la maison du censier, jusque sous le mur fortifié de l'église. Comme il voyait que toutes ses flatteries et tous ses présents ne serviraient de rien, il fit mieux, le seigneur Cagot : il offrit à la belle fille de l'épouser, en noces légitimes, dans une chapelle. Ainsi, elle aurait été dame cagote.

Elle ne disait rien ; mais ses lèvres rouges, toutes froncées et entr'ouvertes, laissaient voir des dents blanches serrées, et de ses beaux yeux elle le regarda si noir, qu'il recula. Il s'apercevait bien aussi qu'elle tourmentait d'une de ses mains quelque chose de caché dans sa manche. L'orgueilleuse était peut-être bien armée. Il désirait assez le savoir, et il ne chercha plus à adoucir la fille, car il ne faut point se fier aux soumissions qui sont des feintes. Il se souvenait du sort d'Holopherne, le seigneur Cagot, et il s'en alla.

Le lendemain, à l'heure de midi, le seigneur, à sa dînée, dévorait surtout sa rage. La table en fer à cheval était mise en une grande salle voûtée, sous la tour, qui ne recevait un peu de jour que par les ouvertures percées dans le roc ; si bien que des torches y brillaient encore quand le soleil était dans son plein. Toute la bande cagote était assise là, sauf ceux qui gardaient les murailles ; le seigneur tout seul, sur un siège de pierre, au haut bout de la table. Il buvait le vin de la plaine de Pau, non point dans une coupe, mais dans un calice d'or, — encore une dépouille d'église.

Il buvait à grands coups, le sacrilège, et le rouge montait à sa face noire. Soudain, il se dressa, il commanda deux hommes pour aller fouiller et désarmer la captive.

CHATEAU DE SAINTE-MARIE

Martine d'Arcizans les entendit monter par l'étroit escalier à limaçon et devint toute pâle. Mais elle entendit, au même instant, une flèche qui partait en sifflant du faîte de la tour, et bientôt après, dans la vallée, une voix qui chantait : c'était la voix de Miguel. Il était vivant, il avait osé s'aventurer jusqu'au pied du donjon ; c'était lui que l'archer avait visé. Il chantait pour faire voir à Martine qu'il avait su se garder du trait et qu'il était là. Elle joignit les mains, le courage lui était revenu.

Aussi, elle attendit de pied ferme les deux soldats qui entraient. Sous son capulet rouge, elle serrait, tout prêt, son couteau. Le premier s'avança, les bras étendus pour la saisir, car il n'avait jamais appris à craindre les femmes. Le couteau vola, et s'enfonça dans sa gorge maudite. Il était si grand et si fort, qu'en tombant, il fit rouler en bas son compagnon qui venait derrière. Martine d'Arcizans bondit comme une vraie fille des montagnes.

Et avant que le vivant ne se fût relevé, elle avait fait un autre mort.

Les soldats avaient laissé la porte ouverte toute grande ; mais qu'aurait-elle gagné à s'enfuir ? Au bas des degrés, elle aurait trouvé le seigneur et les cinquante-huit loups à deux pieds qui lui restaient. Martine d'Arcizans traîna le premier mort hors de la chambre, et le poussa du pied ; du second, elle fit de même. Les deux corps glissèrent, tournoyant dans l'escalier, battant le mur. Alors, de la serrure extérieure, elle mit au dedans l'énorme clef et s'enferma. Son couteau gisait sur la dalle, dans le sang répandu, et, tandis qu'elle joignait encore les mains pour remercier Dieu et la Vierge qui avaient soutenu la vigueur de son bras, le cœur lui manquait.

Cependant elle était bien délivrée et fière comme Judith.

En ce moment, elle entendit du côté de la fenêtre un éclat de rire saccadé, perçant, puis un grand bruit de ferrailles qui tombaient. Elle se retourna ; les deux barreaux de fer gisaient sur la dalle sanglante, qu'ils avaient brisée ; — et sur le rebord de la croisée, il y avait une étrange figure debout.

Habit de seigneur. Un cercle d'or au front ; mais jamais on ne vit d'or si rouge ; on aurait dit aussi bien un diadème de feu. Par-dessus, les cheveux, noirs comme de la suie, se hérissaient en deux pointes qui étaient plutôt deux cornes. Le visiteur, qu'on ne pouvait méconnaître, avait un justaucorps écarlate, des chausses de même couleur, et à sa ceinture, enrichie d'escarboucles, une longue épée dont la poignée d'or rouge, comme le bandeau de son front, au lieu d'avoir la forme d'une croix, représentait un serpent enroulé. — Holà! dit-il, je n'ai pas besoin de me nommer peut-être, la belle. Je viens pour t'offrir mon aide, s'il te plait de sauver la gloire de ton corps.

— Merci, dit-elle.

Il avait beau être le diable, il ne devina point la moquerie dans cette réponse.

— Sans moi, reprit-il, tu appartiendras au Cagot, mon méchant serviteur. Il n'y a que moi qui puisse te délivrer.

Martine d'Arcizans secoua la tête, tout en le regardant en face ; elle ne tremblait pas. Elle faisait même une réflexion singulière : — c'est que le diable, quand il le veut, n'est point laid.

Monseigneur Satan avait de grands yeux qui brillaient comme deux fournaises, et bien qu'il eût la lèvre noire, et méchamment retroussée, il montrait des dents superbes. Sa voix ne paraissait point rude ; elle était plutôt caressante. Martine d'Arcizans comprenait bien que le maudit par-dessus tous les maudits eût pu séduire de pauvres créatures qui n'avaient point de défense.

Mais elle en avait, la brave fille ! — Oui dà, dit-elle, Monsieur Satan, vous parlez de la gloire de mon corps. Il faudrait donc la payer du salut de mon âme ?

— Aimes-tu mieux être souillée que d'être damnée ? Tu n'as donc point de cœur, la fille ! Veux-tu que je t'amène ton ravisseur pieds et poings liés ? Je te donnerai des verges de fer, et tu le frapperas, le vilain, jusqu'à ce qu'il me rende son âme à lui, qui est aussi noire que sa face. Oh ! oh ! ce serait une vengeance délicieuse, cela ! Veux-tu ?

— Je le voudrais bien, car ce serait justice ; mais après ?

— Après, tu vivras dans cette tour dont tu seras devenue la dame. Tous les suppôts de ce faux seigneur qui en a fait son bien et son repaire deviendront les tiens. Ils t'obéiront comme à lui, — comme des chiens à leur maître. Tu seras puissante et tu seras riche. Je ferai couler l'or dans tes doigts. Je ferai ruisseler des perles à ton cou, et tu seras la plus belle de la montagne. Tu appelleras ce beau luron de là-bas, le pâtre que tu aimes, tu le feras seigneur à son tour. Veux-tu?

— Bon, dit-elle ; mais après ? Encore après ?

Elle s'avançait doucement vers la fenêtre ; elle ramassa l'un des barreaux de fer tombés et fit bien voir encore une fois que si sa main était petite, elle était forte. De l'autre main, elle tenait toujours son couteau. Elle appuya le barreau sur la dalle et y appliquant le couteau sanglant en travers, dessina la figure vénérée de la croix. —

Satan poussa un cri de rage et disparut.

L'escalier à limaçon s'emplissait de bruit et de malédictions. Le Cagot montait en tête de ses hommes, qui accouraient pour venger leurs frères. Le faux et méchant seigneur criait qu'il leur livrerait sa captive, si elle refusait de se livrer à lui. Martine d'Arcizans se mit à regarder cette porte qui la défendait encore. Elle était en cœur de chêne, épaisse d'un demi-pied, et la serrure était forte ; mais bientôt ils l'auraient brisée avec leurs masses d'armes.

Ce n'était plus entre la honte en ce monde et la damnation éternelle qu'elle avait à choisir : — Souillée ou tuée, dit-elle... O sainte Vierge, Satan ne mentait donc point quand il disait, tout à l'heure, que, seul, il pouvait me délivrer !

Elle avait encore une ressource : c'était cette étroite croisée, maintenant dépourvue de ses grilles de fer. Elle s'en approcha. En bas, elle vit la roche aux mille pointes aiguës, et frissonna. Les maudits, cependant, commençaient de secouer la porte à grands coups : O sainte Vierge! dit-elle. Non, je ne crois point ce que disait Satan. C'est vous que j'appelle à mon aide.

Martine d'Arcizans n'acheva pas. Une petite nuée descendait au-dessus de sa tête, de ce ciel de mai sans tache; — une petite nuée toute blanche. Elle venait plus rapide qu'un oiseau porté sur ses ailes; elle s'arrêta au ras de la croisée.

Les cagots ébranlaient la porte; encore quelques coups, elle allait voler. Martine d'Arcizans joignit de nouveau les mains. Elle se disait que la Vierge lui envoyait ce nuage blanc pour l'emporter et la sauver, si elle avait la foi...

Ce n'était pas la foi qui lui manquait; mais elle comprenait bien que ce secours ne lui arrivait point pour la remmener sur la terre. La nuée blanche allait suivre le chemin du ciel. Et Miguel était en bas, caché dans les roches; — défiant les flèches de l'archer qui guettait sur la tour.

Pauvre Miguel, elle ne le reverrait donc plus qu'au Paradis!
La porte céda...

Martine d'Arcizans s'était élancée sur le bord de la fenêtre; elle mit hardiment le pied sur le nuage, qui s'éleva vers la plaine bleue, — plus rapide encore qu'il n'avait paru quand il en descendait. Dans les roches, en bas, un cri de douleur se fit entendre. C'était l'adieu de Miguel le pâtre à sa fiancée virginale montant au ciel.

Le seigneur cagot, n'en croyant point ses yeux et vomissant toujours les malédictions, suivait le vol de sa captive sur la nuée. Il avançait imprudemment la tête à l'étroite croisée, le vilain sire. Une pierre siffla. C'était la fronde de Miguel qui désormais bravait l'archer. Le seigneur tomba : la pierre lui avait percé le front. On entendit encore dans l'air un autre bruit, un nouveau rire de Satan qui disait : Celui qui meurt est un damné, il m'appartient; l'autre est maintenant un homicide, il est à moi.

Mais Satan se trompait. On ne revit plus Miguel dans la vallée, et bientôt après, au faîte du mamelon de Saint-Pierre, s'éleva un ermitage construit de bois et de branches de sapins. Le reclus, c'était le pâtre qui expiait et qui priait.

Voilà quelle est la légende romantique du premier ermite de Saint-Pierre. L'ermitage est à présent remplacé par la « chapelle de Solférino ».

L'ERMITAGE DE SAINT-PIERRE

SAINT-SAUVEUR

LA VIE A SAINT-SAUVEUR

Nous sommes au pied de cet ermitage de Saint-Pierre ; c'est la vraie route de Gavarnie. Inclinons à droite, nous traversons le pont jeté sur le Gave tout exprès pour nous conduire à Saint-Sauveur. C'est une belle arche très élevée, au-dessous de laquelle le torrent coule, subitement radouci. Il n'est point accoutumé à tant d'aise ; à la vérité, il n'en donne guère à ses riverains. S'ils le resserrent ordinairement sous des arches étroites, ils n'ont pourtant pas raison, car il est presque toujours le plus fort. Ici, le voilà tranquille ; mais qu'on ne s'y fie point, il ne vient pas de bon lieu.

Regardez au sud, et vous le verrez sortir d'une gorge noire, formée par de hautes murailles de méchante tournure. Les parois de droite s'élèvent absolument verticales; elles montent à six cents pieds au-dessus du flot.

Nous le franchissons, ce pont superbe. Nous ne sommes plus qu'à cinq ou six minutes de Saint-Sauveur. Ce n'est pas une petite ville ordinaire; c'est un nid, c'est une ruche. Mélange de roches et de maisons neuves, qui semblent y être accrochées plutôt qu'assises, de vieux murs qui portent d'énormes manteaux de lierre, de végétations folles qui grimpent. La nature, la mode, le caprice, l'ingéniosité du propriétaire qui habille sa maison de verdure pour la mieux louer, comme on pare ses filles pour leur trouver des maris, toutes ces influences et toutes ces causes se croisent et se confondent.

L'histoire s'en mêle. Voici une colonne érigée en l'honneur de Madame la duchesse de Berry, et dans le jardin de l'établissement thermal, vous en trouverez une autre en l'honneur de la duchesse d'Angoulême. Ces deux princesses vinrent à Saint-Sauveur. Elles firent mieux, elles accordèrent à la nouvelle station leur tout-puissant patronage. On les a bien mal récompensées, surtout la première. Ce monument à la duchesse de Berry a pourtant coûté dix mille francs; il n'en est pas moins et tout simplement affreux.

Imaginez un cierge de granit, c'est chétif et ridicule; et pourtant, cela fit l'admiration de la belle société d'alors, qui transportait à Saint-Sauveur « le boulevard de Gand ».

Les fantaisies princières tiennent beaucoup de place dans l'histoire de Saint-Sauveur. La ville est bâtie sur la rive gauche du Gave; elle ne se compose guère que d'une simple rue qui la borde sur l'espace de six à sept cents mètres. Autrefois, quand on arrivait à l'extrémité, on se trouvait en face de la route de Gavarnie; on n'en était séparé que par la fissure au fond de laquelle le torrent court. Il parait qu'une puissance de ce monde rêva un pont à cet endroit. Le pont fut jeté, la commune paya, elle paye encore.

Au demeurant, ce pont n'était pas nécessaire, mais il n'était pas inutile ; de plus, il fait bonne figure dans le paysage : — ce qu'on ne peut pas dire de tous les ponts.

Saint-Sauveur est donc une station presque toute neuve. La découverte des sources remonte bien à trois siècles ; car elle est due à un évêque de Tarbes qui fuyait les huguenots vers 1570. Tarbes fut pays d'hérétiques, et tout ce coin de Luz, terre de Ligueurs. Les fusils de rempart qui se rouillent encore dans la galerie fortifiée de l'église de Luz ont été dirigés contre les huguenots. Cet évêque s'appelait Gentieu-Belin d'Amboise. Il paraît qu'il n'était pas moins malade qu'orthodoxe. Les eaux de Saint-Sauveur ont guéri d'abord un dignitaire de l'Église.

Longtemps, elles furent connues et peu suivies. On y venait prendre de ces « bains de boue » que prenait aussi à Cauterets la reine Marguerite, et qui exigeaient des ablutions subséquentes et nécessaires. Il fallait se laver après s'être baigné. Mais la source de Saint-Sauveur reçut, au dernier siècle, un nouveau coup de fortune. Un professeur de droit à Pau, qui avait en vain cherché la guérison à celles de Barèges, essaya de leur voisine et s'en trouva bien. La source de Saint-Sauveur eut donc l'honneur de soulager un jurisconsulte après un prélat.

Cependant elle continua d'être particulièrement utile aux gens d'Église : un abbé y trouva sa guérison vers 1780, et sur la cabane en bois où l'on prenait le bain, il fit écrire cette sentence latine : *Vos haurietis aquas de fontibus Salvatoris.*

Cette inscription a été attribuée faussement à l'évêque Gentieu-Belin.

De son côté, le professeur de droit avait remué ciel et terre pour faire connaître l'obligation qu'il avait à cette eau merveilleuse de Saint-Sauveur. Il obtint, en 1750, de l'Académie de médecine, l'envoi d'une commission chargée d'étudier les propriétés de la source. Les commissaires désignés firent ce beau voyage, et comme ils en étaient contents, leur rapport fut le plus favorable du monde. Saint-Sauveur fut déclaré « source de l'Etat ».

Ce haut témoignage ne lui donna pas encore la prospérité ; au temps de l'abbé, le village comptait tout juste trois maisons.

Vers la fin du premier Empire, quelques baigneurs aventureux s'y hasardèrent : une cause voisine devait faire plus pour le développement de Saint-Sauveur que tous les rapports de toutes les Académies de médecine du monde. Cette cause, c'est la tristesse de Barèges, dont le séjour parait insupportable à ceux qui ont dans les montagnes ce « sentiment de la prison » que nous avons déjà plusieurs fois décrit. Les baigneurs du premier Empire firent la réputation de la station nouvelle ; le patronage des deux princesses de Bourbon en fit la vogue... Il y avait déjà vingt-cinq maisons en 1840.

Et les jolies maisons, avec leurs fenêtres encadrées de marbre brut ! On avait dès lors construit un établissement thermal précédé d'un péristyle grec, où l'on se plongeait dans des baignoires aussi de marbre. Bientôt, on y vit quatre cents étrangers. Il en vient des milliers à présent.

Le charme de Saint-Sauveur, c'est que l'étiquette y sévit bien moins qu'à Cauterets. C'est une « station de campagne ». On trouve à peu près ici la même différence qui existe entre les « petits bains de mer » de la côte normande et Dieppe ou Trouville. Le ton est champêtre. Les connaissances s'y font plus aisément, parce qu'on craint moins « de se mêler » ; la vie est plus libre. Le pays aussi est bien plus riant, les excursions sont à la fois plus belles et plus douces. Le superbe Bergons, qu'on aperçoit de toutes parts, est accessible aux malades et aux femmes, même aux « grands enfants ». L'ascension est possible en chaise, même à cheval.

De l'autre côté, on a les magnificences du cirque de Gavarnie ; — plus loin, au prix d'un peu plus de peine, le cirque de Troumouse. Tout près des « belles horreurs », on est en un lieu charmant, aux aspects variés, sous un ciel ouvert. La saison enfin, à

LE GAVE A SAINT-SAUVEUR

Saint-Sauveur, est plus longue qu'à Cauterets, où il n'y qu'un été.

A Saint-Sauveur, on connait un automne.

Quant à l'efficacité des eaux, elle est incontestable, éclatante. Mais quoi! beaucoup de malades aux habitudes élégantes quittent Paris pour les Pyrénées au mois d'août. Ils reviennent guéris. Est-ce l'efficacité des sources? Une enquête ayant pour objet de savoir s'ils ont sérieusement suivi le traitement serait indiscrète, mais ne serait pas inutile. Est-ce la vertu des eaux qui leur a rendu la légèreté de la digestion, l'élasticité du corps, d'où vient la sérénité de l'esprit? Est-ce le savoir des médecins?

N'est-ce pas plutôt le voyage, la distraction, la pureté de l'air, l'éloignement de ce Paris « ville de boue et de fumée », vieille ville d'ailleurs qui renferme trop de morts et qui abrège les vivants?

Ce n'est pas à dire que les eaux de Saint-Sauveur ne soient excellentes, comme presque toutes les eaux des Pyrénées, plus que d'autre peut-être. La médecine les qualifie « douces et sédatives ». Elles ont de bons effets sur les désordres du système nerveux, que la vie parisienne exagère. Et puis!... Mais quelle délicatesse il faut ici! quelles précautions pour entourer certaine confidence!... Aimez-vous?... Eh! ceux qui ont des enfants les aiment, ceux qui n'en ont point soupirent en regardant les enfants d'autrui.

Eh bien! il paraît que Saint-Sauveur est en puissance d'extirper cette cause de mélancolie des ménages qui en souffrent. Abraham eût pu y envoyer Sarah en « déplacement », s'il avait connu cette propriété de la source pyrénéenne; il n'aurait pas eu à recourir à l'intervention directe de l'Auteur de tous les êtres. A Saint-Sauveur, la cause de mélancolie se peut changer en un effet d'espérance et de joie.

Saint-Sauveur est favorable aussi à la cure des maladies de poitrine. La buvette est remplie de cette sorte de malades intéressants. Pour d'autres maux, la baignoire est meilleure. Cependant la température des bains est assez basse; d'ailleurs, les ressources de tout genre abondent pour les anémiques. Des eaux ferrugineuses, coulant dans Saligos et Viscos, les villages voisins, sont transportées à Saint-Sauveur, — qui est décidément lieu de plaisir et lieu de salut.

« L'établissement » est un palais. Voyez ce bâtiment immense de marbre gris, au large portique formé d'un double rang de colonnes. Faut-il avouer qu'elles sont lourdes?

Le « palais » est situé en contre-bas de la rue ; au lieu d'y monter, il est nécessaire d'y descendre. Vous entrez, ce n'est plus qu'enchantement. L'établissement de Saint-Sauveur a la réputation d'être tout simplement le mieux installé en ce genre qu'il y ait dans les Pyrénées. Nous n'avons aucune envie de lui disputer une réputation si belle, et nous reconnaissons, au contraire, que la grande salle, où se voient deux rangées de baignoires, est superbe. Voilà comment s'est métamorphosée la cabane de bois de l'abbé qui a donné son nom à la station : — *Haurietis aquas de fontibus Salvatoris.* — La buvette s'ouvre par toutes ses croisées sur le merveilleux paysage de Luz.

Le malade boit sans voir les bulles de gaz qui se dégagent à la surface, dans le verre; ses yeux sont ailleurs ; son odorat même ne saisit plus bien cette épouvantable odeur d'œufs gâtés.

C'est dans la « rue du Gave », — la partie basse de cette voie unique en deux étages, dont Saint-Sauveur est formé, — qu'on trouvera l'établissement thermal. La buvette est même située à pic au-dessus du torrent, qui fait au-dessous une fière musique. — Pourtant, des fenêtres, on ne voit pas ce terrible maître chanteur. Les grandes végétations des roches le surplombent et le cachent. Tous ces blocs noirs sont joliment habillés de vert tendre. Le premier étage de la ville longe donc la fissure où roule le flot; le second étage est appuyé à la montagne. Au vrai, c'est une ravine bâtie et civilisée. Le chemin monte, descend, présente le dos d'âne, forme tout à coup des courbes

LE PONT NAPOLÉON

inattendues. Les maisons qui le bordent sont des plus coquettes, et ce mélange d'une architecture ornée, et d'un pittoresque indomptable, est tout ce qu'il y a de plus curieux et de plus gai. L'eau suinte bien un peu des roches auxquelles ces maisons sont adossées ; mais où n'y a-t-il point d'eau, dans Saint-Sauveur et dans Luz?

Là, sont placés les hôtels et les industries qui fournissent les objets nécessaires aux baigneurs oublieux qui ont trop précipitamment bouclé leurs malles. — Puis la petite rue prend fin, mais point les habitations. Cette villette, en vérité, se mêle d'avoir un *square* à la parisienne. Où l'horticomanie va-t-elle se nicher !

Les maisons ne se trouvent plus sur le bord, ni au voisinage du Gave. Elles ont profité, à cet endroit, de la largeur d'un terreplein pour s'adosser à la montagne. En avant, s'étend « le jardin anglais » ; il appartient à l'établissement, d'où l'on y descend par un perron monumental. C'est fort soigné, c'est très bien peigné ; ce n'en est pas moins la plus misérable erreur, au milieu de cette grande nature. Imaginez un coin du parc Monceau entouré de montagnes hautes de neuf mille pieds. Songerez-vous au jardin, si vous regardez les montagnes ? Et si de leurs cimes vos regards s'abaissent sur ces pelouses coupées de frais, et sur ces arbres taillés à chaque saison nouvelle, ne lèverez-vous pas les épaules?

C'est dans ce « jardin anglais » que se dresse la colonne construite en l'honneur de la duchesse d'Angoulême. Celle-ci est de marbre : on en a effacé l'inscription par ordre, après 1830. Il y a fort à parier que l'ordre ne venait point du Roi, mais d'un préfet qui se crut bon courtisan. Il y a toujours de ces fins lourdauds-là autour des nouveaux maîtres. Saint-Sauveur, enfin, a son parc comme Cauterets ; mais, ici, on a beaucoup moins laissé à la nature. De ce « parc », trop bien ratissé donc, un sentier descend en jolis replis tracés dans l'épaisseur de la roche perpendiculaire au-dessus du Gave. Ces méandres vraiment ingénieux vous font passer sous une étonnante variété d'ombrages. On ne voit pas souvent une si grande quantité d'essences d'arbres réunies en un lieu si restreint. Ces lacets ombreux conduisent au bord du torrent, et l'on n'est point fâché de retrouver le flot sauvage. Un pont de bois tout à fait rustique le traverse ; en face, un autre sentier tout semblable grimpe aux rochers, et va joindre la route de Gavarnie. Il y a des curiosités dans la double ravine : voyez ces plaques de marbre appliquées au roc, et placées là par la reconnaissance des malades que les eaux ont guéris.

Si nous vivions encore en des temps mythologiques, on aurait élevé des autels à la nymphe de la source.

Mais à Saint-Sauveur, comme partout, on adore un seul Dieu; on lui a dédié une église neuve. C'est un édifice gothique surmonté d'une flèche assez heureusement dessinée. On peut lui reprocher seulement d'être trop neuf — ce qui est toujours un peu choquant, dans les églises. Après tout, la blancheur de la pierre se marie agréablement à la verdure qui l'environne.

Un monument encore à Saint-Sauveur. A la vérité, celui-ci appartient plutôt à Barèges, car ce sont les Barégeois qui l'ont élevé. Nous voulons parler d'un aigle colossal surmontant une colonne. Ce souvenir en l'honneur de la famille Impériale se trouve à l'extrémité du pont Napoléon, du côté de Gavarnie.

Sur le même rocher que Saint-Sauveur, perpendiculairement au-dessus de la ville, à une hauteur de deux cent cinquante mètres, est situé le petit établissement thermal de la Hontalade, dont la source jaillit à quelques dizaines de mètres seulement de celle des Thermes. On y monte par un chemin qui serpente, délicieusement ombragé d'arbres de toute espèce, et sans perdre un instant la vue des deux vallées de Luz et de Barèges. Cette dernière, surtout, prend de là un développement considérable. L'œil la suit tout entière jusqu'aux escarpements qui cachent

Barèges, dont les montagnes grises et nues sont dominées par l'énorme massif du pic du Midi. Si la pente paraît trop raide, on trouvera des chaises à porteurs.

La Hontalade contient huit baignoires et serait fort recherchée sans l'inconvénient des brouillards qui souvent coiffent les cimes et descendent sur ces jolis bosquets. Le pasteur JOSEPH était de la Hontalade. Il importa les *mérinos* en France ; il avait amassé des économies qui lui permirent d'aller chercher en Espagne des échantillons de la race précieuse, et il les produisit à Paris. Ces moutons à la laine bouclée et aux larges cornes y firent fureur. L'empereur Napoléon Ier acheta les deux plus gros ; on les attela au *char du Roi de Rome* ; l'équipage parcourait, les après-midi, la terrasse des Feuillants, et le « tout Paris » de ce temps-là accourait.

Joseph fit une fortune énorme. Son homonyme le roi d'Espagne lui donna, pour le récompenser, le titre de « berger général de Sa Majesté le roi d'Espagne et des Indes ».

Cette richesse du pâtre de la Hontalade s'en alla comme elle était venue. Il mourut sur la paille.

LE PONT NAPOLÉO

DE LUZ OU SAINT-SAUVEUR A GÈDRES

Il pleut. C'est un accident qui n'est rare en aucun pays d'Europe, sauf en Espagne ; mais il est particulièrement offensant et triste en ce beau pays de lumière et de couleur. Les monts se coiffent de gris, les eaux ont perdu leur transparence, la plaine verte son animation joyeuse.

La nue, enfin, pendant la nuit s'est déchirée. Donc, en route ! Nous allons à la découverte d'une sublimité de la nature qui a le rare honneur d'être consacrée par la mode, sans que la seconde de ces deux puissances gâte rien aux œuvres de la première. Nous suivons le chemin de Gavarnie.

Que nous venions de Luz ou de Saint-Sauveur, il n'importe. Les deux routes se joignent au pont Napoléon. Nous voici dans la gorge étroite creusée par le Gave dans les soubassements du Bergons à gauche, et d'Ardiden à droite. Un guide est ici plus que jamais nécessaire. Les braves gens qui exercent le métier ne sont point rares ; l'hiver, ils sont tailleurs, cordonniers, menuisiers; ils ont le plafond de la boutique, au lieu de l'ombre des pics au-dessus de la tête ; ils poussent l'aiguille ou le rabot, au lieu du bâton ferré.

La gorge où nous entrons est la digne continuation du défilé de Pierrefitte. Imaginez que vous êtes au fond d'un trou, n'apercevant plus le ciel que par le tube d'une lorgnette. Les montagnes ont été mordues, sciées par le travail lent mais sûr du torrent. Au reste, il a la dent capricieuse, car la gorge présente des sinuosités extraordinaires. Le flot coule à des profondeurs souvent invisibles, et, quand le sentier s'élargit un peu, l'impression est saisissante.

Le soleil éclaire les jolies cimes d'Ardiden et du Noubasséoube, laissant dans l'ombre les déclivités du Bergons. Au loin, les massifs de Pimené et de Coumélie s'enlèvent en blanc sur le fond bleu du ciel. Autour de nous, la gorge est noire comme une bouche d'enfer, quand Monseigneur Satan fait chômer ses fourneaux.

Le paysage est vraiment sauvage et grand ; parfois il change et s'égaye. Le torrent a disparu sous la voûte d'un barrage ; il semble qu'on ne doive plus le revoir. Tout à coup il reparaît entre deux parapets de roches ; il traverse un coin de terre végétale qui s'étend en étroite prairie, et glisse, apaisé, dans cette verdure souterraine ; puis il rencontre de nouveau les pointes de la roche et reprend ses bondissements et son éternelle bataille.

Or, c'était en 1789... Si vous pensez que nous allons parler politique, vous avez tort, bien que la date soit perfide.

Donc, en 1789, l'Académie traversa ces rudes et beaux parages, en la personne de deux de ses membres. A la vérité, ce n'étaient point deux des Quarante ; — ils faisaient partie tout simplement de l'Académie des inscriptions et belles-lettres.

MM. Dusaulx et Saint-Amand éprouvèrent le besoin d'ouvrir l'âme des voyageurs futurs aux mêmes impressions qui obsédaient leurs âmes savantes, et composèrent une inscription qui fut gravée sur une plaque scellée aux parois de la montagne :

PASSANT,
CONTEMPLE ICI DU HAUT DE CES MONTS SOURCILLEUX
JUSQU'AU FOND DE L'ABIME
LES PRODIGES DE L'ART ET CEUX DE LA FORTE NATURE
ADOUCIS PAR L'INDUSTRIE HUMAINE.
LE FIER GÉNIE DE CES MONTAGNES
DÉFEND
D'Y TREMBLER DÉSORMAIS.

En langage ordinaire, cela voulait dire que Messieurs de l'Académie admiraient fort cette route pratiquée au-dessus des gouffres ; ils le disaient dans le langage du temps, qui n'était point exempt de pompe. On ne sait guère pourquoi cette innocente « tartine » (style de notre temps à nous) fut effacée en 1793. Peut-être faut-il attribuer cet acte de « vandalisme » bien inutile aux jalousies qu'elle éveilla, car elle était suivie d'une dédicace :

« Hommage rendu à MM. les officiers municipaux de la vallée
« de Barèges (auteurs de la route) par MM. de Saint-Amand et
« Dusaulx, de l'Académie des inscriptions et belles-lettres de
« Paris. »

Le tout a été rétabli en 1852, sur une nouvelle plaque de marbre noir ; et cette restitution aussi inutile que la destruction de 93 a donné lieu à une troisième inscription qui fait connaitre les motifs des restaurateurs :

« Aux frais de quelques habitants de Luz, partisans de la
« conservation des *monuments historiques, à quelque ordre d'i-*
« *dées qu'ils appartiennent.* »

LA GORGE DE GAVARNIE

C'est très réjouissant. Et voilà comment, parmi les plus belles horreurs des Pyrénées, on trouve encore le mot pour rire. Après cet « à quelque ordre d'idées qu'ils appartiennent », — n'appartinssent-ils même à aucun ordre d'idées, — il n'y a plus qu'à tirer l'échelle. Mais halte-là! ce n'est pas le moment. Tout justement nous abordons le « Pas de l'Échelle ». — Que l'Académie nous pardonne cet affreux jeu de mots!

Que Dusaulx et Saint-Amand ne nous soient pas trop sévères!

La vallée s'est resserrée. D'énormes entassements de pierres roulées dénoncent le passage d'un ruisselet à l'air innocent, qui est pourtant un grand traître. C'est le Rioumaou — « mauvais ruisseau ». — Il a des colères soudaines, terribles; son filet d'eau se change en un large torrent, d'une irrésistible force, qui renverse, qui emporte tout sur son passage.

Le *Pas de l'Echelle* était autrefois l'endroit le plus redouté de la gorge, avec ses rochers taillés en gradins qu'il fallait escalader ou descendre; mais quel escalier vertical et surtout vertigineux! Le Gave au-dessous hurle et fait rage dans une tranchée dont on ne découvre pas le fond. Une nouvelle route a été ouverte dans le roc. Le *Pas de l'Echelle* n'en a pas moins laissé des souvenirs et des légendes qui le feront toujours craindre. Des voyageurs et même des guides ont roulé dans le précipice; un curé de Luz a sauvé un de ces malheureux en se faisant descendre dans le gouffre au moyen d'un câble.

Les sceptiques prétendent qu'il n'y retrouva plus un chrétien tout entier; mais il rapporta les morceaux.

Ce défilé sinistre était autrefois aussi gardé par une tour, l'*Escalette* ou la *Porte d'Espagne*. On ne sait à quelle époque elle fut construite; mais, bien que ce ne soit plus aujourd'hui que le vestige d'une ruine, elle aurait été réparée et remise en état de défense au commencement du siècle dernier. Pendant la guerre de la succession d'Espagne en 1708, il arriva qu'une bande de miquelets traversa le val de Broto qui confine à la frontière française, escalada la Brèche de Roland, que nous allons admirer tout à l'heure, et vint piller les trois villages d'Héas, de Gèdres et de Gavarnie. Ces trop hardis compagnons poussèrent même jusqu'à Luz.

Une douzaine de montagnards, dignes d'Auger Laffitte, leur ancêtre, firent si vaillamment le coup de feu, dans le premier défilé au pied du Bergons, qu'ils donnèrent à tous les hommes de la vallée le temps d'accourir. La plus grande partie des miquelets fut tuée; le reste abandonna son butin pour mieux sauter sur les roches et regagner la fameuse brèche. Mais les gens des vallées étaient avertis désormais de se tenir sur leurs gardes; la *Porte d'Espagne* fut restaurée.

A l'extrémité du *Pas de l'Echelle*, une malice des guides vous attend. Ils chantent. Ce sont encore des airs de la montagne, dont le refrain est toujours le même. Ce refrain gouailleur célèbre la beauté des filles de Luz, comparées à celles de Barèges. Il parait peu probable que les Barégeoises l'ignorent et en soient satisfaites. C'est ce dont le chanteur ne se soucie guère; il n'a voulu que vous faire connaitre un écho d'une force et d'un volume extraordinaire, une curiosité locale qui ne lui cause pas un petit orgueil. Les deux montagnes qui surplombent la gorge forment un coude à cet endroit: ce sont deux grandes murailles de granit qui montent lisses et toutes droites à une hauteur de plus de mille pieds. Nous sommes ici sous l'axe primitif, sous le noyau de granit qui soutient les entassements des monts. C'est ce coude noir qui porte l'écho.

La muraille dépassée, les aspects se radoucissent. Chaque sinuosité du chemin va vous amener une surprise. Le Gave coule toujours à droite dans la tranchée; mais les parois verticales, sur les deux bords du chemin, ont fait place à de jolies roches sauvages qui montent, les unes au dos des autres, comme un troupeau de moutons pressés par les chiens. C'est

BARRE-DE-BOUC ET LE PEYRE-ARDONNE

le Peyre-Ardonne. De ces amoncellements s'épanchent de mignonnes cascatelles ; quelques-unes descendent des sommets

LE PONT DE SIA

par étages de nappes écumeuses ; l'eau, partout, roule du haut des blocs déchiquetés de la Barbe-de-Bouc. Dans l'une de ces crevasses, on vous montrera un nid d'aigle abandonné.

Entre les contreforts, des prairies, des hêtrées, de petites sapinières. Un rocher immense nous apparaît perché sur un ramas de roches plus petites. Deux vraies cascades se déploient, *Lassariou* et *Sia*, et sur le ruisseau qui donne naissance à la seconde, tournent quatre petits moulins. Nous voici au village de Sia.

Là, un pont très pittoresque traverse le Gave. Il est même à peu près unique en son genre : on n'a pas vu souvent de pont à trois étages. Le premier, c'est-à-dire le plus bas, serait l'œuvre des Templiers. C'est une arche fort étroite, resserrée entre deux roches qui lui servent de culées, et toute drapée de lierre ; au-dessus, les restes d'un premier pont de bois apparaissent ; et enfin, au-dessus encore, au troisième étage, un autre pont, de bois également, mais porté sur de hautes piles de pierre. La longueur en est relativement considérable. Il faut s'arrêter pour admirer la cascade de Sia, qui se précipite d'une grande hauteur, à travers les éboulements. Les masures du misérable hameau de Sia sont suspendues à la croûte de la montagne, et menacées d'être entraînées avec elle au premier jour.

En avant du triple pont, on a récemment construit un pont neuf de pierre, copie en réduction de celui de Saint-Sauveur, bien plus beau que la vieille arche des Templiers, « au point de vue de l'art », comme disent les Ingénieurs.

On sait ce qu'il faut entendre par ce grand mot « l'art », quand il sort de la bouche de ces fils de la Mathématique. Beau travail que ce pont neuf, mais, ici, choquant et pénible à voir au milieu de cette grande nature. Parmi ces couleurs sombres, le noir des roches, la verdure vigoureuse des sapinières et des tapis d'herbes sur les pentes, il fait une grande tache blanche et crue. Il y aurait un meilleur ouvrier de « l'art » que Messieurs des ponts et chaussées qui l'ont édifié : ce serait un bloc roulant des hauteurs qui l'effondrerait tout net.

Ce n'est pas un souhait que nous formons.

Le torrent en cet endroit est furieux. Pour le mieux voir et porter ses regards plus loin sur la vallée, on peut descendre à la vieille arche.

De combe plus étroite, on n'en saurait guère désirer, car celle-ci est remplie tout entière par le Gave, sauf le ruban de route qui maintenant court aux flancs du Noubasséoube. Un peu plus loin, nouveau resserrement; la gorge n'est plus qu'une fissure. On longe des rochers appelés *Spelungues*, nom qui indique des cavités souterraines dont certaines rumeurs sourdes trahissent, en effet, le voisinage; on arrive à un nouveau pont de bois, et l'on repasse de l'autre côté du Gave. Ce pont s'appelle Desdouroucat, — ce qui veut dire déraciné. Cet accident lui est arrivé, mais point de mémoire d'homme; c'est une légende.

Jusqu'à présent, nous avons contourné la base du Bergons. Le décor sauvage tout à coup va changer. Nous voici dans le bassin de Pragnères. Le hameau de ce nom est assis à gauche, à l'orée de la vallée du Lys, qui va serpentant entre le Bergons et la belle montagne de Barada. En face, sur l'autre bord du Gave, voici Trimbareille, village perché sur de grandes roches boisées que dominent le pic de Buée et les massifs de Litouèze et de Sossa. Par-dessus, les hautes crêtes du Pimené et le pic de Mount-Herran. Le bassin de Pragnères est verdoyant et frais à plaisir. On peut s'imaginer le bassin de Luz en miniature, avec un cadre bien plus étroit et bien plus sévère. Les sapinières ont des nuances tendres, les prairies sont riches en fleurs variées et coupées de bouquets de chênes à feuilles persistantes, très arrosées par des ruisseaux bavards, remplies de troupeaux que gardent des bergerettes à l'allure antique, sous leur capulet. Un coin délicieux pour y bâtir une retraite solitaire, — si l'on a la fantaisie de se faire ermite.

Trimbareille est placé au confluent du Gave de Gavarnie et de celui de Cestrède ou de Buée. Le hameau de Buée se fait voir à la montée. Il est riche, — ou du moins pourrait l'être, — d'une source sulfureuse ; mais elle n'est pas exploitée. De Buée, on peut regagner Cauterets par le col de Culaous, à travers les masses d'Ardiden. On y jouit d'une vue déjà superbe ; mais il vaut mieux monter encore, avant de s'abandonner à cette magie ; on l'aura tout entière au défilé de Sarre de Ben : les cimes de Gavarnie, que la Brèche de Roland et son rocher qui a la forme humaine, celle d'un paladin colossal, font reconnaître ; tout l'amphithéâtre de Marboré avec son manteau de glace. — Cet admirable panorama n'a qu'un moment ; on avance, la muraille de Coumélie se dresse ; adieu la vue du cirque, adieu l'enchantement !

Nous entrons dans Gèdres. Jolie bourgade, moins élevée que ne pourrait le faire croire la longueur du chemin déjà parcouru pour y arriver. Gèdres est au point de jonction des vallées de Cambrelle et d'Héas, avec la vallée que nous suivons, et qui — ne l'oublions pas — est une artère centrale, puisque c'est celle du Gave de Pau. Gèdres est campé moitié au bord de la route, moitié sur les pentes vertes qui le dominent à droite. La route traverse le Gave d'Héas, au milieu du village. On y voit un vieux clocher branlant, déchiqueté, curiosité tout à fait rare. Le pied en est enterré dans le sol du cimetière, dont il garde l'entrée. Point de caractère, point de style, mais quel pittoresque effritement !

Une autre curiosité du genre bouffe. Sur le mur de l'hôtellerie unique, une inscription qui rappelle qu'en 185.. M. le député d'Argelès, accompagné de M. le sous-préfet — et de quelques autres personnes admises à l'honneur d'une si haute compagnie, sont venus en calèche de Saint-Sauveur à Gèdres. C'est en cette journée mémorable que la route neuve a été vraiment inaugurée. La commune par cette inscription en témoigne sa reconnaissance à des voyageurs si distingués.

On remarquera que tout le pays pyrénéen a le cœur très près des lèvres ; on n'y perd jamais une occasion de témoigner de la « reconnaissance ».

L'instituteur de Gèdres a rassemblé de fort belles et riches collections de la flore pyrénéenne. On peut les admirer et en emporter des spécimens, car les amants de la botanique trouveront à acheter des herbiers. La botanique est une science décente et un goût honnête qui convient aux deux sexes; elle a ses amants et ses amantes. Les Anglaises de passage le prouvent tous les jours.

Gèdres a des ombres de grottes, — comme le poète Scarron avait une ombre de carrosse. Ses habitants étant des gens simples et candides, il n'est pas bien sûr que ce soient eux qui aient imaginé de tirer gloire de cette beauté de la nature véritablement imaginaire ; mais tous les poètes — sans parler des « descriptifs » en prose — des Pyrénées ont célébré ces grottes... qui n'existent pas.

Ils les ont placées, ils les ont vues — avec les yeux de la foi — derrière cette hôtellerie même qui porte la plaque commémorative du voyage législatif et sous-préfectoral en calèche. Or, il y a bien là une belle tranchée, au milieu de laquelle descend le Gave d'Héas, parmi de grandes roches tapissées de verdure. Il est même difficile de se figurer rien de plus frais et de plus charmant que ces profondeurs ouvertes entre deux murs de granit. L'eau vive bouillonne, une quantité prodigieuse d'oiseaux chantent dans l'épaisseur des buissons qui forment un dais de chèvrefeuilles, et de clématites aux fleurs très odorantes ; mais n'allez point chercher d'autre voûte ; il n'y en a pas.

Si l'on veut donc que ce soient des grottes à ciel ouvert, nous le voulons bien ; c'est le dictionnaire de l'Académie, gardien de la valeur des mots, qui s'y oppose.

Il n'est pas impossible que de vraies grottes n'aient existé là, au temps jadis ; cela est même à peu près certain. Mais toute la face du pays a changé par l'effet d'un double cataclysme, effroyable drame, dont les deux actes ont été séparés par un intervalle d'environ un siècle et demi. En 1650, après des pluies extraordinaires, le pic des Agudes, qui domine Héas, s'écroula presque tout entier ; le Gave qui descendait vers celui de Pau se trouva brusquement retenu par les débris, toute cette vallée supérieure devint un lac.

En 1788, cent trente-huit ans plus tard, une nouvelle commotion renversa cette digue formidable ; le lac s'écoula dans les vallées inférieures et faillit emporter Gèdres et Luz. Nous reviendrons sur cette tragédie de la nature. C'est la catastrophe de 1788 qui a creusé cette tranchée où coule le Gave d'Héas à présent. Le torrent a pénétré dans les grottes de Gèdres et les a ébranlées apparemment si fort que la voûte en est tombée. Ce n'est désormais que la plus ombreuse et la plus aimable des retraites champêtres, et ce serait offenser gravement les habitants du village que de se refuser à la visiter; mais on n'est point puni d'un acte de complaisance, car la visite a de l'attrait.

Gèdres est donc situé directement au-dessous de la vallée d'Héas, qui glisse dans la croûte ouverte des monts, entre le Barada et le Coumélie. Par cette gorge étroite on peut monter au cirque de Troumouse, bien moins renommé, pourtant aussi beau et beaucoup plus vaste que celui de Gavarnie.

Mais c'est à Gavarnie que nous nous rendons, en continuant la route que nous avons suivie depuis Saint-Sauveur.

GÈDRES

DE GÈDRES A GAVARNIE

Les infinis lacets que la route décrit au-dessus de Gèdres permettent de revoir tout entière la vallée qu'on vient de traverser à la montée. Nous sommes désormais à une grande hauteur au-dessus du torrent, que nous entendons gronder et qui franchit ce passage souterrain. Les roches, cependant, ne le cachent pas toujours ; la voûte est sillonnée de grandes fissures par lesquelles on voit briller l'écume. A droite, une belle nappe d'eau descend de la petite vallée d'Aspé. C'est la cascade d'Arroudet, qui n'a pas un développement de moins de deux cents mètres. Elle est recouverte par endroits d'un rideau de sapins, et de ce côté, les pentes de Saousa, toutes verdoyantes, n'offrent pas moins un aspect agréable; de l'autre côté, tout prend le caractère terrible.

Nous touchons à ce célèbre « chaos » que le langage du pays appelle la *Peyrade*.

Il y a dans les Pyrénées des tableaux bien plus redoutables, il n'y en a pas de si sauvage et de si fantastique. Voici un espace de deux à trois kilomètres qui n'est qu'un champ de ruines, dont l'énormité dépasse tout ce que peut suggérer l'imagination. Plusieurs de ces blocs déchirés mesurent certainement cent mille mètres cubes. L'antiquité, si elle avait connu la Peyrade, y aurait voulu voir l'écroulement du palais des Titans; d'autant que beaucoup de ces roches affectent des formes de constructions élevées par des mains surhumaines ou de monstres fabuleux.

Aucune tradition ne subsiste sur les grandes convulsions qui déchirèrent la chaîne pyrénéenne et firent craquer sa croupe de granit. Les faîtes alors se précipitèrent sur les vallées, entraînant avec eux les masses inférieures. La science observe seulement que l'axe de la chaîne en a été partout déplacé.

Ici, c'est la montagne de Coumélie qui s'est effondrée presque tout entière; ses flancs crevassés n'ont pas achevé de rendre les débris dont ils sont pleins; il n'est point rare encore que de nouveaux rochers roulent vers l'entassement, d'autres glissent au fond de la gorge. Le Gave les heurte, bondit, et passe avec des hurlements furieux, jetant dans l'air de véritables vagues de poussière humide; d'autres fois, il s'est creusé un chemin dans la pierre, il s'engouffre dans ces longs couloirs, dont plusieurs forment des ponts naturels au-dessus de l'eau.

L'aspect général de la Peyrade est bien celui d'une ville colossale en ruines. On voit de longues avenues de monstres

LE CHAOS DE GAVARNIE

rappelant celles qui conduisaient aux grandes cités égyptiennes ; toutes les bêtes prodigieuses de l'Apocalypse, tous les animaux géants des périodes antédiluviennes. Ailleurs, ce sont des *dolmens*, des pierres branlantes, comme dans les anciens pays druidiques, et de prodigieuses pyramides. Des blocs s'appuient l'un à l'autre, s'arc-boutant en haut, s'écartant à leur base, formant des ogives sous lesquelles passerait un troupeau d'éléphants. Plus loin, ce sont des cônes renversés, des quadrilatères aériens, soutenus seulement sur un de leurs angles. Et dans ce tumulte effrayant de l'immobilité, dans cette solitude formidable, pas une trace de végétation, pas un pouce de terre végétale, pas un brin d'herbe. Le sol n'est formé que des lambeaux de ces grands débris.

La pierre nue, la pierre morte.

Une route neuve, qui vient, — commode sans doute pour le voyageur, mais odieuse, mais bête, mais choquante pour l'œil, — déranger ce grand spectacle, suit le bord du torrent.

Elle va, se tordant péniblement au milieu de l'effondrement des monts. Déjà, un des géants qui bordaient l'ancien chemin a disparu : — c'était le rocher qui portait, suivant la légende, l'empreinte du pas de Bayard, le cheval de Roland, qui, lancé du haut de la muraille du Marboré, sauta d'un seul bond d'Espagne en France. Mais vous n'avez peut-être pas lu l'Arioste, qui ne se lit plus guère? Si le poème de l'*Orlando furioso*, par hasard, vous est familier, vous vous rappellerez que ce prodige n'y a pas trouvé place. On a beau être l'Arioste, on ne sait pas tout ; il n'a pas connu ce saut de Bayard qui appartient aux seules traditions pyrénéennes.

Observez que de la crête du Marboré à la Peyrade, il y a quatre lieues à vol d'oiseau.

Nous avons achevé de traverser le *chaos*; la vallée paraît s'élargir. Illusion d'un moment. La voilà de nouveau se resserrant, tapie d'un côté aux flancs du mont d'Aspé.

La gorge est encore toute semée de ruines ; cependant quelques sapins maigres croissent aux creux des rochers. De ci, de là, quelques hameaux. La vie recommence. Au loin, par-dessus le premier étage des cimes, un pic tout brillant de neige. C'est le Vignemale.

La route incline à gauche, pour rejoindre le village de Gavarnie, et tout à coup, comme par enchantement, le cirque entier de Gavarnie apparait aux regards. Pourtant, il faut que le ciel soit clair ; ici les brouillards sont trop fréquents. Aujourd'hui le soleil heureusement se lève, et la vision est prodigieuse.

Un demi-cercle, une enceinte en forme de cuve, que les gens du pays appellent la grande Oule (proprement marmite), un circuit de trois mille mètres, où s'épanchent dix-sept cascades ; d'immenses murailles verticales, des surfaces taillées à pic d'une hauteur de huit cents mètres ; l'amphithéâtre, les gradins, les tours ; au-dessus de tout cela, une couronne éternelle de glaces, — ce qu'il y a de plus colossal dans le colossal, ce qu'il y a de plus formidable dans le sauvage ; ce qu'il y a de plus « fini » dans l'ordre des phénomènes naturels ; ce qu'il y a de plus surprenant dans le merveilleux.

Le village de Gavarnie, d'où l'on a cette perspective magique, est une pauvre bourgade. Elle fut autrefois terre de Templiers. Les chevaliers du Temple s'y étaient établis sous leur figure de prêtres, — point sous celle de soldats. Ils y bâtirent une église et un hôpital, et ne hérissèrent pas leur église de fortifications, comme celle de Luz. En 1307, lorsqu'on saisit tous les membres de l'Ordre dans le Bigorre, ils ne cherchèrent point à passer en Aragon. D'ailleurs, le roi d'Aragon était un peu complice du roi de France, en cette ténébreuse et sanglante affaire, et ne leur aurait fourni qu'une hospitalité suspecte.

On brûlait à Auch le commandeur de Montagut ; les chevaliers de Gavarnie demeurèrent auprès de leurs malades, dans leur hôpital placé sous l'invocation de sainte Madeleine, la grande repentie. Ils avaient déposé l'épée et n'étaient armés que du crucifix, qui ne les sauva point. Les exécuteurs du sénéchal d'Auch arrivèrent en nombre dans la vallée sauvage, et les Templiers furent massacrés jusqu'au dernier.

Il est probable que ces bourreaux d'Auch détruisirent aussi l'hôpital et le temple ; car l'église d'à présent est aussi pauvre que le village. On voit pourtant à Gavarnie un monument *neuf*: c'est un beau pont en pierres blanches. Nous avons lieu d'espérer que ce sera du moins le dernier « travail d'art » que nous rencontrerons. Les ponts et chaussées y ont mis toute leur « âme » ; c'est superbe !

Au demeurant, ces sortes de constructions ont une excuse dans leur utilité. Il paraît que ce pont sert joliment aux commodités d'une grande foire qui se tient à Gavarnie tous les ans. Les Bigorrans y amènent leurs bestiaux, les Espagnols y conduisent leurs mules. Que ces bipèdes vendent bien leurs quadrupèdes, c'est ce que nous leur souhaitons. Ainsi soit-il ! Nous sommes des touristes, nous autres, aucun commerce n'est notre affaire, aucune industrie ne nous intéresse, — celle des hôteliers exceptée. — Que ceux-ci ne nous écorchent pas trop, et nous serons contents.

Ce « beau » pont offre pourtant un attrait. L'endroit est bon pour bien voir les premiers plans du cirque.

D'abord, de grandes roches noires, à demi couvertes d'une végétation qu'on ne s'attendait plus à rencontrer ; elles baignent leur chevelure verte dans les eaux du Gave. Au-dessous, de jolies éminences, une série toujours montante de petits bassins également verdoyants, où de capricieuses maisonnettes sont assises.

Tandis que nous considérons ce tableau, nous entendons un grand bruit de grelots, de sonnettes, de pas cadencés. C'est une troupe d'Espagnols qui vient du val de Broto, menant de fortes mules. Voilà des quadrupèdes bien tournés ! Les hommes sont graves et muets, drapés dans des capes qui sentent moins la guenille que le manteau de Don César de Bazan. Les mules sont chargées de paniers de raisin qu'on porte jusqu'à Tarbes. Il paraît que dans cette métropole du Bigorre, il y a de riches gourmands du jus de la treille ou de la vigne; — car ces grappes veloutées sont des « primeurs ». — Que ces mangeurs de raisins songent à l'aventure du père Noé !

L'auberge de Gavarnie est inscrite dans un pâté de maisons

AUBERGE DE GAVARNIE

qui bordent le Gave. Dans la cour, un spectacle curieux nous attend. On dirait une autre foire.

Là, se presse une troupe bruyante d'ânes, de mulets, de chevaux, tout prêts à faire l'ascension du cirque. C'est la destinée de ces pauvres bêtes, et il n'en est pas de plus uniforme. Toujours monter, toujours descendre. Les ânes se mettent à braire ; on ne peut croire que ce soit d'impatience ou de plaisir.

Tout ce mouvement, toute cette mêlée sont bien pittoresques.

L'empressement des loueurs, en revanche, n'est qu'incommode. Le voyageur n'a pas le loisir de demander une mule; on lui en offre dix, on lui en offre vingt. On le prend, on le tiraille, on l'enlève. Quiconque pèse moins de deux cents kilos est à peu près sûr d'être saisi par quatre bras vigoureux, et hissé avant d'avoir pu se plaindre; il se voit en selle avant d'avoir protesté. Alors il se fait cette réflexion philosophique : Autant cette bête-là qu'une autre !

N'est-ce pas la vraie règle d'une vie sage et apaisée, que de dire sans cesse et à propos de tout : Autant cela qu'autre chose ?

Mais, avant de nous mettre en route, nous voulons déjeuner. Des parfums de cuisine sortent de l'auberge. Nous ne sommes point pareils à ce philosophe antique qui avait trouvé le moyen de réduire à une ombre de satisfaction les besoins de l'humaine nature, et de se repaître sans bourse délier. Il s'en allait aux soupiraux de la cuisine des riches, dans Athènes, et les senteurs qui montaient des fourneaux lui suffisaient. A nous, — il faut une pâture plus effective.

Nous observons que l'hôtelier a bien plus de fierté que les muletiers et les âniers qu'il loge en sa cour; il ne vient pas au-devant des voyageurs, il n'offre pas sa marchandise. Eh bien ! quand la montagne ne marche pas au-devant de vous, allez à la montagne !

Nous entrons. A l'instant, la réserve de cet aubergiste nous est expliquée : le gaillard a quarante convives. Une longue table se dresse, pareille à toutes les tables qui se voient dans tous les hôtels de petite ville ; toutes les nationalités y sont assises. Des familles entières d'Anglais sont venues en poste de Pierrefitte ou de Luz. Le Parisien s'y reconnaît à ces airs d'impertinence indolente qu'il porte en voyage. Les Français du Poitou et de Gascogne y sont en nombre; le Bordelais se fait entendre ; l'Espagnol observe ; ce péninsulaire ne le cède pas à l'insulaire anglais en parfait dédain envers le reste du monde.

Toute cette Babel est en humeur d'ascension. La troupe bigarrée se rend au cirque. Pourquoi ? Beaucoup ne le savent point ; les Anglais sont les mieux informés des raisons qu'ils doivent avoir de se donner tant de peine, sans goûter, d'ailleurs, ombre de plaisir. Ils vont au cirque parce que.... c'est l'usage d'Angleterre, parce que d'autres bataillons d'Anglais les y ont précédés, et que d'autres phalanges britanniques les suivront — enfin — parce qu'on y va.

Ça se fait !

La conversation s'établit. En général, elle naît d'une question posée par un Anglais à un ascensionniste sérieux. Il y en a. On trouve aussi des mystificateurs. Le premier jour où nous eûmes l'honneur, nous Français chétifs, de nous asseoir à cette agape cosmopolite, un de nos compatriotes avait la parole au moment où nous entrâmes. Du premier coup d'œil, nous avions reconnu le comédien X...

Trois ou quatre Parisiens du « tout Paris » étaient là, mais se gardaient bien de rien dire; ils s'amusaient. X... employait des réticences piquantes et déployait des tours de phrases savants pour donner à croire qu'il appartenait à quelque académie. Une famille de Bordeaux se touchait les coudes : — C'est une illustration scientifique qui voyage incognito !

Puisque cela est bien permis aux princes par la naissance, qui même en abusent, pourquoi ne le serait-ce pas aux princes de la science ? X... racontait l'ascension du Mont-Perdu :

— « Mesdames, c'est une montagne qui vaut mieux que sa réputation. Elle n'est pas du tout méchante. De quoi s'agit-il ? de louvoyer entre des débris et des éboulements pour arriver aux glaces. Oui, Mesdames, il faut que le montagnard, le vrai montagnard, louvoie comme le marin. Moi qui vous parle, j'ai enfoncé mon bâton ferré dans ces glaces. Et je marchais le premier derrière le guide. Mes compagnons, — car j'en avais ; qui peut avoir l'idée de s'en aller tout seul goûter ces beaux spectacles ? cela prouve-

LE CIRQUE DE GAVARNIE

rait une mauvaise nature ! — mes compagnons venaient derrière nous, en file, comme des capucins de cartes. Par exemple, nous n'allions pas vite; nous aurions bien fait sept lieues en quinze jours. Mais quel plaisir ! Seulement, voyez-vous, Mesdames, une chose le gâte : il y a toujours des maladroits, des rêveurs, des gens qui regardent le bleu là-haut, et qui feraient bien mieux de regarder à leurs pieds. Tout à coup, nous entendons derrière nous un cri perçant !... Mesdames, ne frémissez pas !... trop d'émotion pourrait nuire à la digestion de l'omelette qui va certainement arriver... Là, je vous le disais bien, l'omelette arrive... »

La servante la posait en ce moment sur la table; il y eut un rire général. On avait oublié le « cri perçant », Mais X... ne voulait pas qu'on l'oubliât.

« — Un cri déchirant, Mesdames, reprit-il. C'était celui qui venait le dernier de la file, qui dégringolait, dégringolait sur la glace... Il parait que cet étourdi est un comédien de Paris... Drôles de gens ! Je vous demande si un homme qui n'a jamais marché que sur les planches peut avoir le pied montagnard... Ce fou avait voulu s'approcher de la muraille qui borde le glacier, afin de diminuer la force de l'inclinaison sous ses pieds; mais ils avaient glissé, ces pieds de comédie !... C'étaient deux pieds gauches !... Imaginez, Mesdames, qu'il y avait à vingt mètres plus bas une grande crevasse toute noire... Déjà nous le voyions entrer dans cette gueule béante. Eh bien !... il s'arrêta tout au bord, contre un rocher... Il y a une Providence pour les comédiens... Seulement, vous comprenez bien qu'il s'était fendu la tête... »

— La Providence avait donc choisi pour lui un autre genre de mort que la chute au fond d'un précipice, dit gravement un monsieur. Elle est la maitresse de ses voies.

— Monsieur ! s'écria le chœur des dames, est-ce qu'il est mort ?

— Lui ! dit le comédien. Oui et non. Il a épousé, l'an passé, une danseuse américaine. Ce n'est pas une meilleure fin.

Là-dessus, le mystificateur se leva, laissant l'auditoire sous le charme. On commenta son récit, tout en prenant de détestable café. — Quelle fin vraiment était meilleure pour un homme : — épouser une danseuse ou tomber dans un gouffre ? — Au point de vue de la moralité, le gouffre a-t-il l'avantage ? — Sans doute, mais il y a le point de vue de l'existence... Ce dernier est sérieux. Dans l'assistance, heureusement, point de danseuse déguisée qui aurait protesté peut-être. C'était assez d'un comédien farceur.

Chacun alla payer sa note. Ici, on ne la trouve ordinairement pas trop salée. L'hôtelier de Gavarnie a la modération de ne pas faire payer l'omelette et le ragoût d'Isard au poids de l'or; ce n'est pas un traiteur équilibriste que ce brave homme. — La dépense réglée, les ascensionnistes et les touristes simples se vont mettre en selle.

L'empressement indiscret des âniers et des muletiers recommence ; l'offre continue d'être supérieure à la demande.

Où, diable, ce pauvre village peut-il loger toute cette cavalerie ? Nous ne voyons autour de nous que de misérables masures. Les habitants ont un aspect maladif. Ce cadre de montagnes noires à quatorze cents mètres en l'air pourrait bien n'être pas le séjour le plus salubre du monde. Ces visages verdâtres et ces yeux mornes regardent passer la caravane — car c'est bien une caravane, une procession de pèlerinage dont le but est l'un des plus beaux temples de la déesse Nature. — Qui nous dira quelle maigre soupe peuvent bien manger ces enfants étiolés qui tiennent d'une main leur écuelle, de l'autre une énorme cuiller de bois au manche très court, percé d'un trou où ils passent leurs doigts ? Chétive misère !

Nous revenons au bord du Gave. La caravane se déploie, tous les yeux se fixent sur quelques jolies amazones. Elles ont une grâce charmante sous leur petit chapeau de voyage, avec le long voile qui flotte sur leurs épaules. Les personnes les plus lourdes et par conséquent les moins agiles, ont pris des ânes, qui expien durement l'honneur de cette confiance. Quelques marcheurs intrépides vont à pied.

Le torrent coule au milieu de la vallée. Il faut gravir de petites crêtes qui séparent les bassins disposés en étages; quelques-uns sont entièrement nivelés par les eaux, et présentent des tapis aussi unis qu'on en peut trouver au fond des plaines. A droite et à gauche, les pics à demi chauves d'Astazou et de Caousillet, dont les dévallements réguliers, aux lignes même très correctes, se réunissent en une belle courbe. Au fond, les contreforts qui masquent les bases et l'ouverture du cirque, et qu'il va falloir escalader.

De ce point, l'aspect est nécessairement moins saisissant que de l'auberge de Gavarnie. Les cimes se sont abaissées devant nos yeux, nous ne distinguons presque plus les glaciers. En revanche, voici un autre attrait et d'autres beautés plus prochaines. Si l'expression ne paraissait pas risquée, nous dirions que nous sommes ici dans l'intimité de la montagne. Nous cheminons au pied de ces murs énormes que nous franchirons tout à l'heure. De tous côtés s'épanchent de ravissantes cascades. Toutes descendent d'une série d'excavations ou de crevasses profondes, et cette ligne étrange de gueules noires vomissant ces flots argentés court jusqu'à la vaste ouverture d'où va s'échapper la cascade principale. On dirait les rayons convergents d'un grand cercle de fraîcheur et de lumière.

Ce sont ces crevasses qui donnent naissance, chaque année, à ce phénomène célèbre qu'on appelle « les ponts de neige ». Au demeurant, ce n'est ici qu'une convention que nous n'avons aucune raison pour combatre. Les « ponts de neige » sont entrés dans le train de l'admiration générale; qu'ils y restent.

On sait comment ils se forment: en hiver, les neiges s'accumulent, les petits torrents continuent de couler, emportés par la force de leurs eaux, ils chassent ces neiges devant eux, ou, quand ils les trouvent trop épaisses, se creusent un passage sous la voûte blanche, que chaque froidure nouvelle durcit et rend plus solide. Ces « ponts de neige » subsistent jusqu'au cœur de l'été et souvent même ne s'effondrent pas ; l'arche s'affermit encore quand viennent les gelées ; quelques-uns sont ainsi vieux de vingt, peut-être de cent hivers.

Il n'est point de curiosités plus à la mode : — ce qui prouve encore une fois que la mode se nourrit de peu de chose. La plupart des touristes s'en iraient navrés au fond du cœur, s'ils n'avaient pas vu de ponts de neige. Le seul intéressant, le seul qui frappe d'une émotion sérieuse le voyageur indépendant des opinions préconçues et des enthousiasmes de commande, est celui que dans un instant nous verrons suspendu au-dessus de la grande cascade, au centre même du cirque.

Cette immense calotte de glace, longue de plus de six cents pieds, large de plus de cent, qui ne se fondra jamais, quelle que soit l'ardeur des étés, qu'un cataclysme soudain, quelque commotion souterraine, pourrait seule renverser, reçoit la cascade qui tombe d'une hauteur de près de trois cents mètres ; le flot passe sous son énorme voûte.

Mais revenons en arrière, souvenons-nous que nous n'avons pas encore abordé l'amphithéâtre magique. Nous ne sommes arrivés qu'à la Prade de Saint-Jean, le dernier des petits bassins étagés sur la route. Le Gave apaisé, presque silencieux, se divise en une quantité de filets cristallins qui arrosent ce plateau vert ; puis un escarpement se dresse : c'est la dernière fortification naturelle en avant du cirque, dont le dessin va nous apparaître dans son ensemble.

Qu'on imagine les quatre cinquièmes d'une prodigieuse circonférence dont l'ouverture serait fermée par une sorte de digue ; — la digue elle-même est percée d'une coupure profonde. Ce sont les eaux du Gave qui l'ont ouverte. Nous touchons au couronnement de nos peines ; là, au seuil des lieux enchantés, est assise une auberge, un campement de repos. On y peut trouver les deux repas réglementaires des êtres civilisés et le coucher même; la maison a quelques lits. On y jouit déjà de la vue presque entière de l'enceinte creusée aux flancs du Marboré; l'auberge est au pied de ce roi des monts.

Ces bases sombres portent une chevelure de petits sapins qui se déroule jusqu'aux chainons du Pimené qu'on voit à droite. A gauche, c'est le pic de Mourgat, que contourne le chemin conduisant au pont de Gavarnie; au fond, le Pouy-Aspée et le pic de Bareilles défendent l'accès de la haute vallée d'Ossoue.

Le fond de la vallée où nous sommes est frais et verdoyant; les Gaves réunis y serpentent, murmurant doucement comme des eaux honnêtes et sages. Mais n'allez point vous y fier; autant de petits furieux qui dissimulent!

L'ÉGLISE DE GAVARNIE

L'AUBERGE DE LA CASCADE

LES ASPECTS DE GAVARNIE

Nous planterons là, si vous le voulez, notre caravane. Ami lecteur, restons seuls ensemble, nous en aurons les allures plus libres. Nous touchons au seuil de l'enceinte de Gavarnie. Supposons que nous ayons suivi un autre chemin pour arriver toujours au même but, — c'est-à-dire à la contemplation des merveilles. Nous les avons vues déjà, — bien qu'imparfaitement — du fond des vallées. La fantaisie aurait pu nous venir de les voir de *niveau*, dominant ces vallées, ces cirques, ces amphithéâtres. C'est un conseil que nous donne le plus intrépide des explorateurs pyrénéens d'autrefois, le savant Ramond.

Depuis, Ramond a été dépassé par le comte Russel. Pas un pic, pas un glacier, pas un gave, qui ne soit connu de ce dernier.

Pour bien considérer de *niveau* es cirques — car il y en

a deux à voir du même point, Gavarnie et Troumouse, le mieux est de gravir le Pimené. Petit mont en comparaison des géants de cette région : le Marboré (3,300 mètres), l'Epaule du Marboré (3,200), les Tours (3,000), le Taillon (3,150), et par-dessus tout cela, le Mont-Perdu (3,400). — Ce dernier est situé en terre espagnole. Le Pimené ou Pic-Mené n'a guère que 2,800 mètres. Nous l'atteindrons en gravissant les flancs ruinés du Coumélie, depuis Gèdres, précisément par le côté d'où s'est précipité le vaste écroulement qui forme le chaos.

Dans les dépressions formées par l'affaissement du pic, nous trouverons un lac tout à fait sinistre. Une herbe courte et grise tapisse les pentes ; çà et là, le tapis est déchiré par des pointes de rochers. Pas un arbre.

Les pentes qui nous font face à présent sont celles du Pimené (au sud). L'escarpement, bientôt, devient fort raide ; mais ce n'est que de la peine à supporter ; aucun danger à courir. Il n'est guère de pic si bénin ; et quel observatoire! A droite, nous apercevons tout le développement du Vignemale, avec ses glaciers éblouissants ; le Mont-Perdu à l'arrière-plan, malgré sa hauteur orgueilleuse, est caché par l'Astazou, qu'il domine pourtant de 400 mètres : nous ne voyons que sa couronne de neige ; mais nous embrassons les tours de Marboré, la Brèche de Roland ; à nos pieds, nous avons le cirque de Gavarnie d'un côté, de l'autre, à gauche, le cirque de Troumouse et la vallée d'Héas ; derrière nous, — et il ne nous est pas interdit de nous retourner, au contraire, — Néouvielle, le Bergons, le pic radieux du Midi, toutes les chaines du Bigorre, la grande vallée d'Argelès ; nous distinguons même la plaine de Tarbes.

Cette ascension, si nous nous sommes déterminés à la faire, ne nous aura pas été inutile. Il faut bien qu'on sache que deux aspects seulement donnent une sensation exacte de la grandeur du cirque de Gavarnie : *la vue par en haut, la vue par en bas*. Sur le chemin que nous avons précédemment suivi, certaines personnes impatientes ont des instants de découragement. La fatigue n'y est pas étrangère, car il est interminable ; elle n'est pas immédiatement récompensée.

Remarquez bien que notre caravane est loin devant nous et que nous sommes toujours seuls. Mettons même que nous ne l'ayons jamais suivie. Nous avons quitté Gavarnie de bon matin, sous un brouillard assez épais ; on va voir que ce n'est pas une mauvaise condition pour les surprises du voyage. Le guide nous assure que ces plis maussades se déchireront avant midi. Ils se balancent encore assez lourdement dans l'air, quand nous atteignons, enfin, l'entrée du cirque. Nous n'avons pas éprouvé, grâce à ce brouillard, l'impression que nous aurions ressentie par un temps clair. Alors, nous aurions vu ce terme du voyage s'éloigner sans cesse devant nous, au lieu que nous y sommes arrivés, légèrement rompus, mais sans nous en douter, et sans l'humeur que cause aux personnes du caractère le plus paisible cette fuite incessante du but qu'elles veulent atteindre. Observez aussi que nous sommes à pied ; c'est le meilleur.

Nous avons bien mérité un peu de repos, et nous cherchons une pierre pour nous y asseoir ; le guide nous enseigne une roche historique ; elle porte une inscription : — Marie-Thérèse, duchesse d'Angoulême, 1828 !

La plus malheureuse, la plus tragique de toutes les personnes royales modernes est venue là. Nous le savions ; et notre premier mouvement serait de dire à peu près comme l'agneau de la fable : Qu'est-ce que cela nous fait ? En quoi ces tragédies nous touchent-elles, puisque nous n'étions pas né ?

Mais, puisqu'enfin nous rencontrons à chaque pas l'histoire contemporaine dans cette vieille *Pyrène*, cette antique montagne du feu, relevons le trait que cette inscription nous donne.

Plus loin, au-dessus du cirque, sur le versant des murailles, dont l'ouverture forme la fameuse Brèche de Roland, on lisait très distinctement encore, il y a quelques années, une autre inscription qui maintenant s'efface et qui est assez différente. Celle-ci est gravée sur la roche : « Marie-Caroline de Naples, duchesse de Berry, duchesse de Reggio, marquis de Podénas, comte de Mesnard, comte de Mailly, marquis de Verdaille, comte de Serrant, chevalier de la Rouzière. 29 août 1828 ».

Même date; mais dans le « libellé », comme diraient les gens de loi, quelle diversité de nuances !

Marie-Thérèse, duchesse d'Angoulême, l'ancienne captive du Temple, est solitaire. Elle va tristement, à travers ces montagnes, comme elle allait dans les jardins de Saint-Cloud, tout entière à ses souvenirs, se refusant à toute illusion, déchirée par des ressentiments que sa piété combat, remplie de la vieille tradition royale, qui n'autorisait point les façons légères et les mélanges, — point les familiarités modernes. Sans doute, elle n'était pas seule dans cette visite au cirque de Gavarnie; mais ceux qui la suivaient en consignèrent le souvenir *tout seul*; aucun n'aurait osé graver son nom près du sien.

Marie-Caroline de Naples, c'est la mode royale toute neuve d'alors : une princesse jeune, vive, aventureuse; — elle devait bien le montrer quatre ans plus tard. — Le modèle des élégances, l'arbitre de la vie mondaine. Elle marche entourée d'une suite nombreuse, un peu bigarrée, quoique de bel air et vivant avec « Madame » sur le pied d'une égalité déférente, mais d'égalité enfin; — c'est un mélange de l'ancienne cour, de noblesse militaire impériale, et de personnes nouvelles.

Et quel sujet de réflexions que la situation brillante de tout ce beau monde de 1828, et des changements, désormais prochains, qui attendaient toutes ces destinées!

Revenons sur notre pierre.

Le brouillard décidément se disperse, il s'élève en longs flocons qui vont coiffer encore les sommets; une vapeur diffuse se berce au plus haut des airs, comme un grand tamis flottant, que déjà percent les rayons du soleil; les gradins de l'amphithéâtre commencent de se dégager à nos yeux. Voilà ce que nous avons appelé la vue d'en bas !

Le demi-cercle se déroule sur son axe immense ; les cascades, dont nous entendions le bruit toujours assourdissant, se déploient ; le fond du bassin, dont la hauteur moyenne est de seize cents mètres environ, nous montre ses fondrières et ses ponts de neige.

Si nous sommes à la fin du printemps, le bord de ces amas de neige se colore de longues écharpes bleues, et l'on a quelque peine d'abord à reconnaître la nature de ces plis mouvants, — car ils ondulent au souffle d'un vent assez fort : ce sont de grands lits de pervenches.

La brume, cependant, est presque entièrement dissipée ; nous mesurons désormais la courbe du cirque et ces étages de degrés qui semblent, à cause de leur régularité extraordinaire, avoir été taillés par la main des hommes. La grande muraille verticale du fond se dresse toute noire ; les plus hauts gradins se distinguent à peine, et l'on dirait des escaliers d'ombre, succédant aux escaliers de pierre.

Au-dessus de tout, la neige ; et là, de nouveaux étages dominant ces blancheurs aériennes : la Brèche de Roland, la grande tour du Marboré, le Casque, le Cylindre. Autant de géants couronnés de glaciers.

Mais, si vous faites votre premier voyage des Pyrénées, vous ne serez point fâchés, tout remplis que vous êtes de ces grands noms et du retentissement littéraire de tant de merveilles accumulées, — vous ne serez pas fâchés, avant de les aborder, de les mieux connaître. — Qu'est-ce, par exemple, que la Brèche de Roland ? Qu'est-ce que le Marboré ?

Le Marboré est une crête immense, d'où plusieurs pics se détachent ; c'est le couronnement de l'une des deux chaînes parallèles qui courent entre les deux mers, inclinant à l'ouest vers l'une, à l'est vers l'autre, et se rencontrant en un point central que la science orographique a fixé au val d'Aran. « Ce bassin est un véritable remous terrestre, autour duquel les mon-

LA CASCADE

tagnes se dressent comme d'énormes vagues: c'est le centre des Pyrénées. »

Le Marboré est la muraille qui sépare véritablement la France de l'Espagne, et dans l'épaisseur de laquelle le cirque de Gavarnie est creusé. Comme une prodigieuse citadelle de frontière, il a ses *tours*, ainsi nommées, parce qu'en effet les jeux de la nature imitent encore ici les ouvrages humains. Et ces tours semblent le faîte de l'immense édifice, dont le cirque formerait le premier étage.

Quant à la Brèche de Roland, vous en connaissez l'histoire fabuleuse. Roland le paladin l'ouvrit d'un coup de son épée magique Durandal. Au demeurant, c'est une gorge située à des hauteurs où ces passages, d'ordinaire, ne se rencontrent plus; une coupure profonde entre deux murailles lisses qui se prolongent sur un espace d'un kilomètre et demi. Au delà, glissent les versants espagnols, et, dans les beaux jours, on aperçoit au-dessous de la Brèche les collines aux contours bleuâtres qui bordent le cours de l'Ebre.

Peut-être cette digression n'était-elle pas absolument nécessaire; nous pensons qu'elle sera, du moins, utile, et puis la voilà faite. Lorsqu'on est assis dans le cirque de Gavarnie, on y éprouve à un degré insupportable l'obsession de ces montagnes qui l'environnent; il vaut donc mieux en délivrer le voyageur par un premier aperçu général, et il n'est pas toujours en la possession des guides de le pouvoir donner clairement. Restent les guides imprimés; il y en a d'exacts et de sûrs, mais ils sont arides.

Le second prestige qui vous enveloppe dans le cirque, c'est celui des eaux. Nous avons déjà décrit ces filets qui, descendant par milliers de toutes les assises, forment les *dix-sept* cascades, et la plus importante, la reine de toutes les cascades, celle, enfin, de Gavarnie. C'est la plus haute du monde, puisque sa hauteur est exactement de 422 mètres. Vous pouvez imaginer trois fois l'élévation des tours de Notre-Dame de Paris. On n'a reconnu sa source qu'en 1847, à 2,350 mètres d'altitude environ dans le glacier du Marboré. La prodigieuse masse d'eau se déroule à l'angle gauche du cirque.

Au printemps, elle est énorme; elle arrive, formée de toutes les neiges des terrasses supérieures du mont qui fondent, et sa force ébranle tout sur son passage. L'été, cette nappe superbe encore, quoique diminuée de la plus grande partie de son volume, se divise en deux parties, dès la moitié de sa course. Elle rencontre des pointes de rochers qui la brisent; au pied de la chute, on n'en embrasse plus le déploiement que sur cent cinquante mètres environ, et, pourtant, elle parait encore tomber de la nue. La résistance de l'air en réduit les bords en vapeurs; le vent les transforme en pluie et gonfle comme une immense voile cette poussière humide. Si le soleil vient à la frapper, elle se colore de tous les feux du prisme; c'est une colonne lumineuse aux reflets changeants, tantôt pourpre, tantôt azurée, d'autres fois seulement phosphorescente, à la manière des vagues de l'Océan, pendant les nuits d'orage. Autant d'aspects magiques. Un irrésistible désir nait bientôt de suivre d'en haut la cascade dans son vol. Il faut pour cela monter au premier gradin, à l'endroit qu'on appelle les Sarradets.

Grimpons donc; nous allons, seulement, reconnaitre que l'ascension n'est ni commode ni sûre. Les hautes parois de la muraille que nous avons à escalader offrent bien une corniche qui monte hérissée d'aspérités, où l'on peut poser la main d'abord, le pied après. Le guide vous dira que rien n'est à craindre, si ce n'est d'être surpris par un éboulement dont il y a peu d'exemples. Là, vraiment, il suffit qu'il y en ait, le nombre n'y fait rien.

Dans ces enfoncements noircis par l'eau, très obscurs et fort glissants, passent des bouffées d'air glacial. La curiosité qui nous y a conduits sera promptement satisfaite. Mais, puisque nous avons commencé cette nouvelle ascension, pourquoi ne pas la poursuivre? Nous allons toucher ce flot colossal qui roule. Au-dessus de nos têtes, nous voyons une pente herbeuse; nous nous apercevons que nous avons atteint alors le premier des gradins de l'amphithéâtre; cette verdure est son tapis. Encore une chose que nous ne soupçonnions point d'en bas, ne découvrant que la roche nue. Ce degré s'élargit en étroite plate-forme sous nos pieds; puis la pente recommence à s'élever, l'escalier à monter. Ce beau lieu s'appelle les Sarradets; nous l'avons déjà dit. En langue du pays, *Ets Sarradets*, ce qui signifie belle vue.

La cascade apparaît ici dans son développement supérieur, qui est le plus considérable; on la voit se précipiter des hautes terrasses; en bas, la vue embrasse le cirque; en face, les flancs tourmentés de l'Astazou, le Marboré toujours, — au loin la vallée du Gave de Pau.

Et ce qui, dans le cirque, paraît alors bizarre, inexplicable, c'est que nos yeux ne le voient point rapetissé; nous sommes au-dessus de l'enceinte, nous la retrouvons comme à niveau. Est-ce que ses murailles se seraient hissées d'elles-mêmes, tandis que nous montions?

Nous découvrons aussi beaucoup mieux les étages de gradins; nous mesurons leur largeur énorme; chacun d'eux est comme une région à part dans l'immensité de ce désert.

La brume retombe; il faut redescendre au milieu des nuages. Ascension interrompue.

UN PONT DE NEIGE.

LA BRÈCHE DE ROLAND

Après la funeste journée de Roncevaux, Ganelon le menteur et le félon a trahi son suzerain, le grand empereur Charlemagne : il a vendu Roland et les douze pairs aux Sarrasins ; mais on sait bien que plus tard les fils de Charlemagne l'assaillirent dans son château d'Auvergne, que le traître fut pris et qu'il eut la tête coupée. — Du moins, c'est une des traditions attachées à sa vilaine mémoire ; il y en a plusieurs. Une « chanson de geste », découverte par M. Littré, veut que le grand Empereur lui-même l'ait fait pendre. Il y dut éprouver un certain plaisir.

Vous n'ignorez certainement pas que si les romans du moyen âge sont tous pleins de ce fier Roland, le preux, l'histoire n'en a parlé que pour dire : Roland, « préfet des Marches de Bretagne », périt dans le combat de Roncevaux... — Ce qui prouve, du moins, qu'un Roland exista. Ce n'est peut-être pas celui de la Brèche. Or nous ne voulons pas avoir affaire à un autre.

Roland, prends ton cor d'ivoire ! Cela nous donnera du cœur à la montée. Nous en avons un peu besoin, car elle est rude. Nous avons refait notre chemin par l'escarpement en limaçon sur la corniche qui mène au premier gradin. Ces pointes maudites de la roche se sont plus d'une fois brisées sous nos pieds et les ont toujours un peu meurtris. Nous avons franchi les pentes tapissées d'une herbe qui devient plus maigre, à mesure qu'on s'élève ; nous voici aux étages supérieurs du cirque, parmi les débris et la neige. Examinons ces blocs striés en quelques endroits, polis en d'autres par la glace, comme les granits des rivages de l'Océan le sont par le flot. Après tout, il n'y a qu'une immensité qui puisse être comparée à la mer : c'est la crête des monts et la plaine céleste par-dessus.

Ici, nous touchons aux premières moraines, c'est-à-dire aux roches brisées qui bordent les lits de glace et de neige, et nous suivons cette frange glissante. Vilain couloir, parsemé de crevasses, hérissé de blocs qu'il faut escalader. Quelques guides nous feraient suivre de préférence le chemin sur la neige même. Par l'une ou l'autre voie douloureuse, nous arriverons également et toujours au glacier.

Ce glacier, d'abord, est terriblement escarpé, crevassé de même. Les guides vont la hache en main : ils doivent tailler quelquefois des degrés dans la glace. Nous côtoyons des fissures qui nous paraissent sans fond, et ne trouvons que des arêtes de vingt centimètres de largeur pour y poser le pied. Ce cauchemar de l'abîme qui nous obsède tout éveillés, ne dure pas moins d'une heure ; enfin, voici un plateau de neige. On nous assure que nous y pouvons marcher librement. Donc, au petit bonheur ! — La Brèche nous apparaît. Nous l'aurions sentie si nous ne l'avions pas vue, car une bise assez violente souffle tout à coup, sortant en tourbillon de la gorge. — Qui dirait que c'est là le vent d'Espagne ?

Un fossé, ou, pour parler plus exactement, un trou, une dépression inquiétante dans la glace, a été creusé par la chaleur du soleil entre le roc de la gorge et le bord du glacier; un isard le franchirait d'un bond, si les isards montaient jusque-là ; traversez-le avec précaution.

Eh ! quoi ! nous voilà dans l'entaille même que fit Durandal ! — Grand Dieu ! oui, tout simplement.

L'entaille est prodigieuse, comme la légende et comme le théâtre où on l'a placée. Deux cents mètres de haut, plus de cent d'embrasure ; la pierre est lisse comme un miroir. Si l'on pouvait considérer la brèche d'un gradin inférieur, elle aurait tout à fait l'air d'un créneau des tours du Marboré qui la dominent. On ne comprend que de là ces redoutables assises, ces « terrasses » qui se joignent à une hauteur moyenne de 3,000 mètres, depuis le Vignemale jusqu'au Mont-Perdu : le Marboré en forme le centre. Ce donjon, qui eut la nature pour architecte, couronne le faîte de cette muraille formidable.

L'attrait de la Brèche, c'est la « vue d'Espagne ». A la vérité, elle n'a rien de flatteur aux premiers plans : les cimes nues et calcinées de la chaine s'abaissent assez brusquement en courant vers le sud ; au delà, elles s'arrondissent; ailleurs, elles porteraient des bois ; mais cette aride Espagne est l'avant-poste de l'Afrique. Cependant, derrière la troisième ligne bleuâtre qui marque les coteaux bordant l'Ebre, on peut deviner les basses vallées qui, aux environs de ce fleuve et, plus loin, du Tage et du Guadalquivir, ont des fertilités merveilleuses.

Peut-être descendrons-nous quelque jour avec vous, lecteur, si vous voulez bien nous suivre, sur les versants espagnols ; mais, alors, on dit qu'il faut garder avec quelque soin sa bourse et sa vie. Là, ce n'est plus la mâle et crâne douceur de mœurs qui règnent dans nos populations bigorranes. Braves gens ceux-ci ! ils ont l'honnêteté et le courage !

La contemplation de ces déserts nous lasse promptement ; nous cherchons le détail autour de nous, sur ce haut étage des monts de France. C'est ici qu'est placée l'inscription rappelant l'ascension de la duchesse de Berry. Là est aussi un campement un peu bien rude, mais qui peut servir aux ascensionnistes intrépides, pour y passer la nuit : c'est un abri creusé dans le rocher, derrière un petit mur en pierres sèches, qui le garantit des grands coups de froidure. Naturellement, il ne peut y être question d'y allumer du feu. Par quel moyen y aurait-on amené le combustible à travers le glacier ? Le comte Russel, — dont nous avons déjà parlé, — y a couché souvent. Celui-là est un homme sans peur et sans reproche, — le Bayard de l'ascension.

Maintenant quittons la Brèche. Reprenons notre premier chemin à travers les éboulis. De grandes banquettes de rochers se présentent ; il faut, pour les escalader, moins d'adresse que d'attention. Le danger est petit, si la peine est grande. Le but, c'est un col qui s'ouvre à la descente, entre le *Som-Rouge* et le *Taillon*. La vue sur les Sierras espagnoles en est plus belle, surtout plus variée que de la Brèche. On peut suivre distinctement la course de plusieurs torrents qui descendent du Mont-Perdu et se précipitent vers l'Ebre. Entre les monts espagnols, on voit serpenter de longues coulées qui sont les vallons, et l'on reconnaît vraiment, sur les sommets arrondis de l'Aragon, comme une parure verte.

Au sud, une autre vaste coupure s'ouvre sur l'Espagne : c'est la *fausse Brèche*. Du col du Taillon, nous jouissons encore d'une perspective nouvelle et superbe du cirque, dans sa partie méridionale. Pour y arriver, nous avons allongé notre course d'une heure et demie environ. Si nous avions l'énergie du comte Russel, nous coucherions là-haut, sous les murailles de la Brèche, dans l'abri du rocher ; nous gagnerions au matin par cette *fausse*

Brèche que nous venons d'apercevoir, en suivant le versant espagnol, la belle cime du Taillon.

Si l'on n'a point vu les terrasses gazonnées du mont de Lapahule, la cascade de glace du Gabiétou, la source du Gave de Pau, et la haute plate-forme du Marboré, la visite à cette partie des Pyrénées n'aura pas été complète.

LA BRÈCHE DE ROLAND

Pour ces quatre excursions inégalement laborieuses, le point de départ est toujours le village de Gavarnie, nous n'avons plus besoin de le dire; l'attrait principal est toujours la vue du cirque. Le chemin à mulets conduit de Gavarnie, en longeant le Gave à la montée, jusqu'au hameau de Rivière-Dessus. Un sentier à lacets très curieux succède au chemin; on arrive presque doucement à ces terrasses gazonnées du Lapahule, d'où le cirque apparaît tout entier. Ce sont les roses de la promenade. Le haut vallon de Pouey-

Espée nous conduit à d'autres terrasses; — celles-ci, dix fois plus affreusement sauvages que les premières, ne sont joliment gracieuses. Un chaos les recouvre, formé par l'éboulement du contrefort méridional du Taillon. Au-dessus, un premier champ de neige. Nous sommes arrivés au pied des escarpements du Gabiétou; c'est ici qu'il faut se consulter. L'escalade va se continuer sur d'autres corniches. Êtes-vous accessible au vertige? Oui. Restez en bas.

Pourtant, ce serait dommage, — car, si vous persistez, vous allez vous trouver soudainement en face d'un spectacle unique dans ces montagnes : le débordement d'un glacier. Même, si vous n'avez point le cœur particulièrement fort, vous pâlirez un peu, et votre premier mouvement sera de chercher derrière vous une bonne voie de retraite. Le glacier a tout l'air de se précipiter sur vous. Regardez-le, quand le sang-froid vous sera revenu, et vous ne réussirez point à vous expliquer par quel prodige il se tient en l'air, précisément comme une cascade solide. Aussi l'appelle-t-on la *Cascade de glace*.

Elle sort de la gueule étroite d'un gouffre creusé entre les flancs de deux monts, le Gabiétou et le Taillon. La couche de glace paraît être d'une épaisseur considérable, peut-être de cent mètres, d'une largeur de soixante. La « cascade » se gonfle, se rassemble comme pour s'arracher à cet étroit passage qui l'enserre; ces vagues, d'un bleu sombre, ondulent au soleil qui les colore de cent reflets différents; elles s'élèvent, revêtant des formes étranges : des tours, des colonnes brisées ou renversées, des pyramides aiguës qui tout à coup craquent, se fendent ou se découronnent. De longs grondements, quelquefois des explosions retentissent. Partout, d'énormes crevasses béantes dans la glace nue ou dissimulées sous les lits de neige.

On est émerveillé, mais assez vite rassasié de ce tableau, que ces craquements incessants et ces murmures sinistres gâtent un peu; l'oppression qu'on en éprouve ne diminue point, lorsque, contournant ce flot menaçant, on rase le pied des aiguilles : c'est le seul chemin pourtant à prendre, car le spectacle n'est pas achevé, si l'on n'a vu, plus haut, le réservoir du glacier. Ici, les aspects changent et s'apaisent; nous avons sous les yeux un gisement de glace ordinaire, coupé de crevasses et semé de brisures; mais ce qui est extraordinaire, c'est le cadre. Nous nous trouvons dans un autre cirque supérieur, formé de remparts à pics : c'est la haute muraille qui joint le Taillon au Gabiétou.

Si l'on veut atteindre le col du Gabiétou, il est nécessaire de traverser le glacier, que l'on joint par un pont de neige. L'ascension est pénible et périlleuse. Le mieux est de ne la point tenter. Si pourtant on s'y décide, on embrassera de ce col qui domine le pic (3,330 mètres), un autre superbe panorama aérien et terrestre : la pyramide du Bisouri en terre espagnole, et toujours les Sierras, le Mont-Perdu ; au nord, le Vignemale.

Que nous ayons monté jusqu'au col, ou que nous nous soyons abandonnés à une défaillance assez naturelle, et qu'alors nous ayons bravement... reculé, nous nous retrouvons à Gavarnie le soir. Demain, nous irons aux sources du Gave de Pau. Route trompeuse en ses commencements. Beaucoup de fraîcheur et de verdure. Nous gravissons un sentier qui par des ravines profondes, puis des pentes boisées, conduit aux « Rochers-Blancs »; première étape. Nous ne cessons point d'avoir le cirque sous les yeux; devant nous se dresse un pic inaccessible, une montagne vierge, l'Astazou.

Ces « Rochers-Blancs », la rude arête qui descend du Marboré, séparant le glacier inférieur de l'Astazou — car il a deux glaciers, ce mont orgueilleux — de la source du Gave, plus loin, la brèche Passet, que l'on doit atteindre encore par un pont de neige, tout cela, c'est ce que les guides appellent un « mauvais passage ». Mais, ici, il n'y a point à reculer comme devant le pic de Taillon ; il faut visiter cette source célèbre. Montons.

Nous sommes arrivés à 2,700 mètres du cirque; nous ne voyons plus que la crête; le glacier d'où le Gave descend se trouve à nos pieds, ayant pour digue, du côté de l'Est, la muraille du Marboré. Une digue de 3,200 mètres de hauteur ou à peu près! Cherchez sa pareille!

Le glacier d'où la source roule, grossissant d'étage en étage, s'étend à 2,300 mètres ; — au-dessous, nous revoyons les profondeurs du cirque, à deux mille pieds plus bas ; nous comptons toutes ses terrasses supérieures, et chacune porte un autre glacier. Le tableau est sévère, terrible, admirable. Nous sommes à l'un des deux points d'où l'on reconnaît le mieux l'immensité du cirque; l'autre point est la cime du Marboré.

On peut l'atteindre du « col de la cascade » en franchissant encore le glacier. La hache est souvent nécessaire; d'autres fois, on grimpe sur la roche, on glisse sur la neige, et l'on joint d'abord la base de la Tour. Les guides nous assurent que cette Tour céleste est accessible ; ils ne disent pas des choses moins flatteuses de la cime voisine, que sa forme étrange et guerrière a fait nommer le *Casque*. Un vieux proverbe vulgaire mais sage soutient qu'en bien des cas il « vaut mieux croire que d'aller voir ». Le comte Russel n'a tenu compte du proverbe ; il est allé, et il a vu.

Quant à nous, plus modestes ou plus timides, suivons seulement, vers le sud de la *Tour*, une corniche effrayante, surtout à regarder de loin. Nous longeons la crête du cirque. En bas, nous voyons la cascade qui, de cette prodigieuse hauteur, glisse dans l'espace comme un filet d'eau. Le fond du cirque est à 1,500 mètres au-dessous de nos pieds. Nous traversons encore un glacier, mais uni, lisse à plaisir. C'est même une chose prodigieuse qu'à cette altitude énorme, tous ces jeux de la nature que nous admirons depuis quelques jours dans leurs formidables caprices s'apaisent comme par enchantement. Ainsi le *pic* du Marboré n'est pas un pic; c'est plutôt un immense plateau. On assure qu'il a la largeur du Champ-de-Mars.

A son plus haut point (1,900 mètres au-dessus du cirque), le comte Russel a élevé une pyramide.

Avant lui, pourtant, un autre voyageur était allé plus haut dans les Pyrénées françaises. Le duc de Nemours a fait en 1847 l'ascension du Cylindre du Marboré (3,300 mètres). Le pic n'en a que 3,250.

Mais ce lord d'Angleterre n'a voulu le céder en rien au prince français.

Lord Russel a gravi le *Cylindre* à son tour.

LE CHEMIN DE HÉAS DANS LE CHAOS

DE GÈDRES A TROUMOUSE

Refaisons lestement la route de Gavarnie à Gèdres. Nous allons joindre la vallée d'Héas. D'abord de rudes escarpements au-dessus du village. Arrivés au faîte, nous découvrons déjà toute la vallée, que dominent trois superbes voisins — de hauts seigneurs : le Barada et la montagne du Camplong, le pic du Campbiel, tout rayonnant de glaciers.

Le petit Gave de Campbiel vient mêler ses eaux à celui d'Héas, à une profondeur considérable. Le chemin est ombragé ; il traverse de belles prairies formant une sorte de plate-forme circulaire. Ce caractère se retrouve partout, en cette partie des Pyrénées : c'est le royaume des « cirques ».

Nous longeons les bases du Coumélie, dont la région moyenne porte d'excellents pâturages. Et pourtant, au-dessous de ces grands herbages qui fournissent annuellement deux récoltes opulentes, s'étend le vieux lit primitif au-dessus duquel s'est élevé tout l'édifice pyrénéen. Ce tapis vert court sur un fond de granit.

Tout à coup, la végétation cesse ; — brusque interversion de décor, — ce qu'on appelle au théâtre un changement à vue. Au lieu des plateaux herbeux, après ce vallon tranquille, d'où les yeux, s'ils étaient las de se reposer sur ces riants aspects, pouvaient s'élever jusqu'aux neiges du Mont-Perdu — voici de nouveaux éboulements, — un *chaos*.

Nous voyons l'autre face de celui que nous avons rencontré sur la route de Gèdres à Gavarnie. Une vilaine face. Ce sont encore les écroulements du Coumélie. Aussi les voyageurs inattentifs les ont-ils confondus avec la « Peyrade » gisant là-bas, au-dessus de la cascade d'Arroudet. Mais nous touchons ici un autre élément d'horreur et de ruine. Le Coumélie a bien laissé rouler du haut de ses crêtes ces blocs énormes qui s'entassent, se pressent, se chevauchent jusqu'au bord du Gave. Voilà le tableau qui assombrit singulièrement la droite du chemin. A gauche, c'est une autre épouvante.

Le Camplong tombe en poussière et rejette sans cesse des débris dont le volume, bien moins considérable, témoigne de l'état de décomposition où la montagne est arrivée. Le Gave, ayant légèrement infléchi, traverse cette *avalanche* de roches, de terre et de boue. Et c'est bien une avalanche qu'il faut dire, car l'éboulement en a tous les caractères, et sans cesse continue de glisser. Le flanc de la montagne est tout hérissé de quartiers de schiste branlants. On les voit distinctement se détacher de l'épaisseur de la croûte qui les retient encore, et l'on a naturellement hâte de passer.

A peine a-t-on marché l'espace de cent pas, qui ne se font point vite, au milieu des obstacles barrant la route et mal connus du guide, car souvent ils sont nouveaux, — qu'on entend un bruit sourd, un arrachement ; — puis le fracas augmente : c'est le quartier branlant qui roule.

Le chaos d'Héas a donc sa physionomie particulière, qui n'est pas tout à fait celle de la Peyrade. Il est aussi plus vaste, et c'est à cet endroit que vont commencer les étonnements du voyageur nourri de la tradition et des livres classiques. Il a lu, et on lui a dit que les accidents qui se rencontrent à Gavarnie sont tout ce que les Pyrénées offrent de plus grand et de plus beau ; il va voir dans le pays d'Héas des beautés différentes ; il sera émerveillé d'y trouver aussi plus de grandeur.

Ce passage dangereux s'appelle le Souarrou. Au delà du « chaos d'Héas », le chemin rejoint le bord du Gave, qu'il traverse par le petit pont de bois de la *Gardette*. Nous ne sommes encore qu'à une honnête hauteur, 1,150 mètres environ. Les botanistes s'y pâment d'aise, devant de grandes saxifrages, espèce rare ; mais ils éprouvent la soif de Tantale, car, sur ces rochers glissants, il est presque impossible d'atteindre l'objet de leurs désirs.

Ceux que le démon de la botanique ne tourmente point observent avec plaisir que le flanc du Camplong devient plus solide, et regardent en amont du pont de bois couler une série de jolies chutes d'eau. L'endroit est plein de couleur et de charme. Seulement, les roches ont des tranches vives, sur lesquelles les chevaux se hissent avec des peines infinies ; les mulets ont plus d'adresse. Bientôt l'escarpement s'adoucit ; on atteint un sillon étroit, à peine un vallon, tapissé déjà d'une herbe chétive, et l'on voit s'ouvrir, à droite, la vallée d'Estaubé. C'est plutôt une gorge, décorée de l'agrément de quelque végétation renaissante.

Au-devant de soi, on a la haute chaîne de Troumouse, avec ses crêtes aiguës et ses glaces.

La vallée d'Estaubé, qui peut servir de chemin pour s'en aller tout droit en Espagne, est située entre le Coumélie et le mont Puyboucou, un contrefort du pic des Agudes. Nous apprendrons tout à l'heure les méchantes actions de ce pic-là. Cette vallée fut un lac.

Elle est encore traversée par un Gave qui descend de la haute muraille du mont, — qui a l'aimable fantaisie de ressauter et de s'épandre en cascatelles, entre des hêtrées qui garnissent ses bords, et tout à coup de se diviser en deux chutes d'eau plus importantes autour d'un roc énorme, un îlot coiffé de sapins.

Pousserons-nous aujourd'hui plus loin jusqu'à un nouveau chaos, une deuxième *véritable Peyrade* ? Puisque le débouché du val d'Estaubé est là devant nos yeux, ne céderons-nous pas plutôt à l'envie de connaître le cirque qui s'épanouit au bout de cet étroit rayon ? Pourquoi non ? Ce n'est pas que le sentier qui monte au versant de la montagne ait des attraits. Ce « passet des Glouriettes » est une échelle en spirale. Il monte par les plus méchants lacets du monde ; mais on nous a dit que nous aborderions avant une heure un bassin dont la fraîcheur aérienne est une merveille. La montagne donne soif de la verdure, comme le désert de sable donne la soif de l'eau.

D'ailleurs, on nous avait trompés. Ce n'est pas une heure qu'il faut dépenser pour arriver aux granges de Gargantuan, c'est une demi-heure à peine ; il n'y a pas là seulement un bassin verdoyant, il y a deux étages de bassins. Quant à ces hauts pâturages, ce sont les plus beaux des Pyrénées, et ils ne le cèdent point à ceux des Alpes. De plus, leur altitude est supérieure (16 et 1,800 mètres). Le cadre en est tranquille et superbe. Les massifs du Coumélie et du Pimené qui le forment ne sont point dégradés et présentent de grands contours d'une étonnante fierté de dessin. Le Gave (d'Estaubé) coule sans bruit au milieu de cette solitude.

La pente qu'il faut gravir pour arriver au deuxième bassin est relativement assez douce. Nous abordons le lit supérieur des pâturages. Ici, l'illusion est complète : ce sont les Alpes, ce ne sont plus les Pyrénées. Nous voyons les immenses troupeaux des fromagers alpins, et de distance en distance des « chalets ». Le dernier et le plus élevé, le chalet de Labassa, marque le but de notre route.

Nous le contournons; puis, ayant gravi une sorte de barrage de roches, nous nous trouvons en présence du cirque d'Estaubé.

C'est une petite scène ouverte entre les trois vastes scènes voisines de Gavarnie, d'Héas, de Pinède ou de Bielsa en Espagne. Un voyageur, qui l'a très brièvement décrit, a dit : « Le cirque d'Estaubé a des beautés qui lui sont propres ». Certes, il en a; mais lesquelles? d'abord deux glaciers d'une allure extraordinaire. De la verdure, point; cette parure a été réservée au cirque de Troumouse, que nous verrons bientôt. Ce que l'enceinte d'Estaubé offre de particulier, c'est sa grâce inimaginable, c'est sa couleur particulière, des tons chaudement grisâtres et doucement tristes.

D'ailleurs, rien d'affreux, rien de terrible. Le gradin inférieur porte une terrasse, aux pentes assez vivement inclinées, qu'environnent de grandes murailles, coupées, seulement à droite, d'une double brèche. Les deux ouvertures sont des glaciers, ou, pour mieux dire, le premier est le versant inférieur d'un glacier; l'étage supérieur du premier se confond avec les glaces de l'Astazou, à l'est; l'autre, plus vaste, a mérité franchement le nom « d'échelle de glace ». Il est dominé par un bloc prodigieux, une sorte d'immense pyramide tronquée, qui garde, comme une sentinelle, le sommet de la brèche. Ce dernier a été décoré d'un nom sonore, le *Tuquerouge*.

A gauche, la muraille est bien moins inflexible; de nombreux défilés s'ouvrent, convergeant vers un port ou col célèbre, le Canaou d'Estaubé, l'une des portes principales ouvertes sur l'Espagne, dans le faîte des Pyrénées françaises.

Le cirque d'Estaubé a des crêtes dentelées comme les tours d'une cathédrale gothique; c'est là encore une de ses « beautés ». Ses deux glaciers sont des ornements, suffisamment sauvages pour un cirque en miniature. Reprenons le chemin de celui de Troumouse, où des millions de spectateurs pourraient s'asseoir, si l'on donnait la tragédie dans ce prodigieux Colysée.

Le vrai sentier pour descendre de l'enceinte d'Estaubé est celui qui conduit à Gavarnie; mais nous qui ne suivons pas toujours les routes ordinaires, nous revenons seulement sur nos pas. Nous nous retrouvons assez près de la chapelle d'Héas, au débouché du val d'Estaubé, au seuil de la Peyrade.

Ce terrible chaos n'a point été formé, comme celui de Gavarnie, par le renversement des cimes du Coumélie, mais par la catastrophe du 17 mai 1650, dont nous avons déjà parlé en décrivant les alentours de Gèdres, et qui éventra le pic des Agudes.

En ce temps-là, « toutes les fontaines du grand abime furent rompues, et les écluses des cieux furent ouvertes. Et la pluie tomba sur la terre pendant quarante jours et quarante nuits. »

Dans le pays d'Héas, il ne plut que trois jours, mais on n'avait auparavant jamais vu pareil déluge. Le quatrième jour. la montagne fut entraînée par la force des cataractes célestes, — La moitié du pic se détacha en un seul bloc, qui se brisa en mille énormes débris dans sa chute, et ferma la vallée, où les eaux s'accumulèrent, formant un lac. Nous avons déjà dit que cette date sinistre du 17 mai marquait seulement la première journée du drame; il y eut, cent trente-huit ans après, une deuxième journée.

Le 5 septembre 1788, un orage sans pareil, accompagné d'un nouveau déluge, gonfla le torrent; le lac battit si furieusement cette digue, qu'il la renversa. Nous avons vu les ravages que l'inondation causa dans le canton de Gèdres et de Luz, jusqu'à Pierrefitte, dont les ponts furent emportés. On eut bien de la peine à sauver les baigneurs de Barèges.

La Peyrade, dans le langage du pays, s'appelle l'*Arayé*, c'est-à-dire l'arrachement; mais ce nom est plus particulièrement donné à une roche colossale qui domine tout ce champ de ruines. Ce bloc c'est l'Arayé tout court, ou le « caillou de l'Arayé »,

LA PIERRE DE L'ARAYÉ

auquel s'attache une légende. Une statue de la Vierge descendue du ciel serait venue se poser sur ce gigantesque « caillou », et y serait demeurée jusqu'à ce que des bergers lui eussent construit une chapelle.

Il s'agit ici de la chapelle d'Héas, lieu célèbre de pèlerinage que nous allons visiter. La dévotion à Notre-Dame a toujours été très vive dans ces montagnes, et l'éclat des nouveaux pèlerinages à Lourdes montre bien qu'elle n'a pas diminué dans l'époque moderne.

Le « caillou » miraculeux est encore nommé le *Mail*, dont la signification en patois est exactement « bloc de pierre », et il est probable que la légende a été faussée, la Vierge ayant depuis longtemps, en 1650, sa chapelle vénérée dans le canton. Aussi vaut-il mieux se reporter à un récit plus naïf et que voici : Notre-Dame — ou sa statue — aurait été enlevée de ce sanctuaire par les gens de Luz; mais elle leur échappa, et c'est au retour qu'elle se serait arrêtée sur cette roche pour s'y reposer.

Le « caillou » de l'arrachement faillit, il y a quelque cinquante ans, être « arraché » à son tour de ce désert pierreux. C'était en 1820, après le meurtre du duc de Berry. Quelques illuminés proposèrent de transporter le roc à Paris, pour en faire la base du monument qui serait élevé à l'illustre victime. L'énormité de ce piédestal aurait rappelé l'énormité de l'attentat.

Quant au transport, il ne paraissait pas des plus aisés. Les promoteurs de l'entreprise en tombaient d'accord, et ils disaient : Douze à quinze millions doivent suffire. — C'eût été pour rien ! — Ce projet biscornu s'évanouit, comme s'évanouissent les billevesées.

Quelques savants ont émis une autre opinion sur le « caillou ». A les entendre, sa présence sur ce sol ravagé serait fort antérieure au cataclysme de 1650. Peut-être provenait-il d'un bien plus ancien écroulement du mont. Ils veulent y voir un souvenir druidique ; une école a régné, qui maintenant disparait, et qui, partout, reconnaissait les Druides. Ces savants avaient une petite pointe de poésie au cœur, et les Druidesses leur étaient particulièrement agréables. Ces belles prophétesses passaient dans leurs rêves, avec leurs longs cheveux éployés, couronnés de la branche de chêne, brandissant leur faucille d'or.

Les faiblesses de ces rêveurs érudits se conçoivent bien ! leur opinion, d'ailleurs, n'est point déraisonnable. On rencontre certainement dans les Pyrénées, comme aux bords de l'Océan, sur la côte bretonne, de ces blocs de pierre non travaillés, qui présentaient au culte mystérieux de nos pères des autels dressés par la nature. La vénération du peuple s'y est attachée, et l'on y peut avec quelque vraisemblance trouver l'indice d'une antique superstition, remplacée, à travers les siècles, par les manifestations d'une foi plus épurée. La dévotion n'a point changé de lieu, elle a changé d'objet. Il n'est donc pas impossible que ce caillou de l'arrachement ait été une pierre sacrée. Nous le voulons bien.

Et puis, nous ne le voudrions pas, que...

La vallée d'Héas s'élargit assez brusquement après le chaos. Une jolie esplanade nous apparaît à gauche, toute couverte de brebis paissant, toute arrosée de cascatelles qui vont se perdre dans un bouquet de pins rouges, — un morceau de forêt. Le reste a été enlevé par le débordement de 1788. — Mais ce coin de fertilité est bien étroit. La gorge reprend son aridité, et il n'est point d'aridité si triste, si sordide.

Le sol est couvert de hideux éboulis rongés par l'eau, qui s'égrènent en chapelets de boue. Ce n'est plus de la pierre, ce sont d'énormes éponges que le Gave roule avec lui et déplace en se jouant. Nous suivons son cours, nous longeons le hameau d'Héas; l'aspect change encore, mais n'en devient pas pour cela beaucoup plus riant. Cette eau claire se déshonore en coulant au milieu d'une prairie marécageuse, véritable rareté, d'ailleurs, en cette région. Sans les pics qui nous enserrent, nous pourrions nous croire dans un bas pré du Berry. Encore ces marais, là-bas, portent-ils des saules. Ici, la sincérité nous empêche de dire qu'il n'y ait point d'arbres. Nous en avons compté sept.

C'est tout l'ornement de ce misérable village d'Héas, qu'on pourrait appeler « Héas-Dessus »; il est formé de sa chapelle et de quatre maisons, dont une auberge. On y arrive par un petit pont traversant un Gave maigre, qui descend du ravin de l'Aguila. Nous sommes à 1,500 mètres environ. L'auberge est propre; on y peut déjeuner passablement.

La chapelle, assise au bord du Gave, a la forme d'une croix grecque ; elle est surmontée d'un petit dôme. La construction, suivant toute apparence, n'en remonte pas au delà d'un siècle et demi, mais il est certain que là s'élevait un sanctuaire antérieur. Un acte public et *notarié*, conservé à Luz, établit qu'une chapelle existait en 1415 ; c'est une donation de B. Pène, seigneur de Sère, « à l'hôpital et maison de Notre-Dame d'Héas », d'une mesure de froment chaque année. En revanche, on n'a trouvé aucun document écrit qui pût éclairer sur la cause et l'époque de cette première fondation ; il n'y a que la légende.

Trois bergers conçurent l'idée de bâtir une « maison à Notre-Dame », qui, naturellement, seconda cette œuvre de foi. Trois chèvres venaient chaque jour les nourrir de leur lait, amenant avec elles leurs trois chevreaux. Mais les bergers avaient beau être de pieux compagnons, ce n'en étaient pas moins des hommes ; le sixième péché capital s'alluma dans leurs cœurs.

Ils eurent envie de manger de la chair et complotèrent de tuer et de rôtir un des chevreaux. Les trois chèvres, qui n'étaient point des quadrupèdes ordinaires, puisqu'elles accomplissaient une mission divine, pénétrèrent leur projet et ne revinrent plus. Menacés de mourir de faim, les bergers se virent forcés de redescendre dans la plaine, et leur ouvrage demeura inachevé.

Une autre tradition, bien moins surnaturelle, attribue la construction de la chapelle d'Héas à un prêtre qui appartenait à une famille seigneuriale des environs de Luz. Ce prêtre aurait édifié le monument, qui devint un prieuré. La chapelle aurait eu le prestige du miracle, après l'apparition de deux colombes sur le mont d'Aguila. Or, donc, écoutez ce récit. Les deux colombes, d'une éblouissante blancheur, voletaient ensemble au-dessus du mont. Un jour, elles se séparèrent.

L'une d'elles vint s'abattre sur l'oratoire d'Héas ; l'autre, continuant son vol par-dessus les pics, alla se poser sur le monticule isolé qui domine le village d'Arrens, dans la vallée d'Azun. C'est en ce dernier lieu que fut érigée la chapelle de Notre-Dame de Pouey-la-Houn, que nous connaissons. Peu après, la statue de la Vierge, qui serait l'image actuelle décorant le sanctuaire d'Héas, aurait été trouvée au bord d'une fontaine, toujours par des bergers.

Dès lors, les prodiges se multiplièrent dans la petite église d'Héas, dont la renommée et la puissance firent tomber les gens de Luz en grande jalousie. Un complot se forma ; les plus hardis furent désignés, et partirent de nuit ; il fallait vraiment que la rage ou le désir les possedât pour les déterminer à faire un pareil chemin, à travers le chaos de l'Arayé, au bord des précipices, dans les ténèbres. Ils réussirent dans leur entreprise impie, arrachèrent la statue de son piédestal et l'emportèrent chez eux, dans leur église fortifiée. Mais le lendemain, après la seconde nuit, quand ils y entrèrent, l'image miraculeuse n'y était plus. Nous savons qu'elle était retournée à Héas, et nous l'avons vue s'arrêtant, pour y prendre un peu de repos, sur le caillou de l'Arayé.

En l'an 1638, le prieur d'alors, messire Pierre de la Barrière, établit à Héas une confrérie en l'honneur de la Vierge. Le registre de cette fondation a été conservé ; il renferme les noms des prieurs qui se succédèrent jusqu'en 1792. La confrérie n'a pas été rétablie après la Révolution, mais l'église fut rendue au culte, et les pèlerinages annuels remis en vigueur. Ils se font deux fois chaque année, le 15 août et le 8 septembre. Une foule immense, et très bigarrée, car les baigneurs de Saint-Sauveur et de Barèges se mêlent au peuple des montagnes, et les pèlerins d'Espagne à ceux de Bigorre, se déroule autour de la chapelle, et se rend ensuite au *Mail* ou au « caillou », la roche du miracle. Les dévots accourent par milliers.

L'intérieur du sanctuaire est pittoresque. La voûte est en bois à plein cintre ; au-dessus s'arrondit sa coupole. Les quatre bras de la croix grecque contiennent quatre chapelles. La statue de Notre-Dame est placée dans la principale. Elle est en bois, ornée d'un manteau doré et du capulet rouge de Bigorre. Les plis du manteau sont soutenus par des anges, également de bois doré; une autre statue, beaucoup plus petite, en faïence,

LE VILLAGE D'HÉAS

n'est pas ordinairement exposée dans l'église; on ne la voit que pendant les deux jours de pèlerinage. Enfin, une troisième en marbre blanc, malheureusement assez mutilée, décore la porte extérieure.

Les murs de l'église sont décorés de peintures en grisailles, représentant des plantes, des animaux fantastiques, dont l'exécution est singulièrement naïve.

La chapelle d'Héas est notre première station sur le chemin du cirque de Troumouse. En réalité, il y a deux chemins. L'un se fait à cheval ou à mulet ; l'autre, pédestrement et bien plus que péniblement ; il est même dangereux. Consultez vos aptitudes. Avez-vous le cœur ferme et la tête solide, suivez le second. Sinon, prenez l'autre.

Le vallon d'Héas est dominé par un monolithe prodigieux : dix mille pieds de haut et plus. C'est *la Tour de Lieusaoube* qui garde l'accès de ces régions mystérieuses et colossales. Par exemple, vous chercherez vainement pourquoi ce nom de *Tour* lui a été donné. C'est un cône, — c'est même un « pain de sucre », dont la pointe se prolonge en aiguille. Il se détache de la crête du cirque, et il a été visiblement placé là comme une sentinelle ; derrière lui, la vallée se resserre brusquement. Salut à ce vieux gardien gigantesque de ces nouveaux Thermopyles !

L'étranglement de la vallée cesse ; nous nous trouvons dans une petite *oule* verte, où paissent de nombreux troupeaux de mules en liberté. Nous sommes au pied de deux autres blocs qui semblent détachés de la montagne, les deux *Sœurs de Troumouse*. Il y a eu certainement des légendes attachées à ces deux charmantes aiguilles ; nous les avons en vain recherchées. Toute trace en a disparu.

De grands monts nous entourent de tous côtés : la masse de Troumouse au fond, le pic de Serre-Mourenne, le pic de la Munia, encore mal nommé, car il s'élève, non en pyramide, mais par étages, — gazonnés d'abord, puis couverts de glaciers. La vallée se divise en deux branches, dont l'une marque la vraie route du cirque. Le Gave forme de nombreuses cascades, dans une nouvelle région de prairies, plus haute que la *Combe du Geret*, que nous venons de traverser. Nous atteindrions aisément le but de notre excursion, sans un énorme barrage de granit qui sert de contrefort à la muraille même du cirque, et qu'il faut escalader. Alors nous serons dans l'enceinte.

Embrassons d'abord ce magnifique ensemble. Devant nous se déroule l'immense croissant dont l'écartement est de plus de 8 kilomètres. L'une des extrémités est formée par le Mount-Herran et l'autre par la montagne d'Aguila, muraille formidable, lisse, toute unie, que domine une roche tronquée, la *Tour des Aiguillons*. Au centre de la courbe, le pic de Troumouse, avec ses glaciers crevassés, les déchirures profondes de ses flancs, et ses deux belles aiguilles, ces *Sœurs de Troumouse*, semblables à deux énormes bastions défendant l'entrée de la place.

Un petit lac berce son onde au milieu de cette aire immense. Le fond du cirque est l'ancien lit d'un grand lac, et a gardé la fraîcheur de son origine. Les pentes qui l'environnent sont vertes comme des falaises. Remarquez bien qu'elles n'ont nulle part moins de huit cents mètres d'élévation; l'enceinte elle-même est située à une altitude de 1,800 mètres.

Si nous sommes arrivés par l'autre chemin, — qu'on appelle celui des *Cabanes de Lieusaoube*, nous jouirons d'une vue plus belle et surtout plus complète. Nous ne verrons pas *plus*, mais nous comprendrons *mieux*.

Par cette autre voie qui est encore celle des douleurs et souvent du danger, nous sommes également partis de l'auberge d'Héas. Nous avons traversé le Gave sur un pont de bois, édifice fragile, enchaîné à une énorme roche; suivant de terribles escarpements, nous atteignons une première terrasse, puis une seconde, superbement gazonnées toutes les deux, et toutes deux remplies d'une curieuse quantité de grands aconits dont les fleurs s'ouvrent comme des milliers d'yeux bleus dans le tapis vert; la plus haute seulement est bien plus vaste et bien plus fraîche. Là, encore grand pâturage de mules. Ces bêtes ont des gaietés communicatives.

On s'arrête à les voir galoper sur cette arène herbeuse ; elles ont dans leurs jeux le caractère de leur espèce qui est un mélange : les grands pavanements du cheval et la malice de l'âne. Elles savent bien, quand elles paissent, éviter l'aconit!

Cependant, il faut reprendre notre route, et nous quittons à regret ce plateau vert qui rappelle les herbages de Normandie, où l'herbe ondule par grandes vagues. Seulement, les prés normands n'ont point ce haut cadre rugueux et dentelé, ils n'ont pas ce dôme bleu du ciel; on n'y voit point d'accidents pareils à ces *deux sœurs* dont nous ne nous lassons point de parler et qui décidément ressemblent à deux ouvrages fortifiés commandant une porte de ville. Nous avons épuisé notre étonnement sur ces jeux de la nature imitant les constructions faites par la main des hommes et les écrasant par la comparaison.

Devant nous monte en demi-cercle une longue rampe formée de roches blanchâtres, dessinant de larges banquettes, escalier de géants qui se prolonge à une hauteur de 800 mètres et va rejoindre à droite le pic de la Munia, à gauche le pic de Mount-Herran mouse. Nous sommes arrivés aux cabanes de Lieusaoube, le cirque est sous nos yeux.

D'abord nous ne distinguons rien ; c'est un heurt, un chaos, un fracas étourdissant de pointes, de blocs, de cimes ébréchées, de cassures énormes et de pyramides, une dentelure magique. Peu à peu les regards s'accoutument à cette bataille aérienne de pierres et s'attachent aux murailles mêmes de l'enceinte, conduits par une première envie instinctive de la mesurer.

La seule pensée claire qui se fasse jour dans l'esprit est toujours la même : Tout cela est trop grand pour l'homme.

C'est le suprême de la beauté; mais quelle beauté écrasante ! Les amateurs académiques ou mondains de Gavarnie, ceux qui renoncent malaisément aux conventions établies, ont trouvé la formule de leur jugement sur les deux cirques.—Gavarnie, disent-ils, demeure plus « artistique », mais Troumouse est plus grandiose.

La vérité, c'est que lorsque, assis dans l'enceinte de Troumouse, on se rappelle par la pensée celle de Gavarnie, on ne peut s'empêcher de se dire : Mais auprès de Troumouse, Gavarnie est un « bijou d'étagère ».

Songez d'abord à cette immensité : un circuit de deux lieues ! Songez qu'ouvert à cette profondeur au-dessous de sa crête, — de 8 à 12 cents mètres, — Troumouse, sans cette immensité même, serait un gouffre, et c'est l'une des plus grandes arènes du monde. La population de Londres ne la remplirait pas ; celles de Paris, de Londres et de Pékin réunies trouveraient place sur cet amphithéâtre. Supposez que sur cette scène prodigieuse se joue une grande pièce, l'apothéose de la vérité, par exemple — la vraie, celle qui sera toujours inconnue des quatre-vingt-dix-neuf centièmes de l'univers, et que chacun des grands peuples de la terre, ému d'une curiosité qui, d'ailleurs, ne servirait de rien, — envoie cent mille délégués, — la *salle* paraîtrait encore vide. Certes Gavarnie a des airs de jouet à côté de sa rivale Troumouse.

Quant à être plus « artistique », Gavarnie aurait tort d'y prétendre.

La beauté de Troumouse est bien plus variée, bien plus vivante. Ramon, le grand explorateur des Pyrénées, s'est écrié dans un élan d'admiration : Ici, l'air est libre, et le ciel ouvert. — Nous avons dit aussi que le sol était paré de verdure. Le décor n'est donc point unique, comme à Gavarnie ; nous ne voyons pas à Troumouse les draperies de neige et la clarté des eaux ; seulement, sur le sombre fond des murailles, les plus vives oppositions de couleurs jettent partout un charme inconnu à l'autre cirque, immobile et rigide. De grands troupeaux paissent au fond de l'enceinte, et des bergeries s'y élèvent. C'est la vie.

Le spectacle est sans pareil, au lever du jour surtout, quand le soleil commence de monter au levant. Tout le côté gauche du cirque est dans l'ombre ; les rayons ne frappent encore de l'autre côté que les cimes, puis tout à coup les baignent, et glissent au long de la muraille. A chaque instant, de nouveaux aspects se présentent, et la minute d'après, ils ont changé. Les saillies s'éclairent, les gradins se dessinent. Des reliefs qu'on ne soupçonnait point, des blocs immenses encore perdus dans ces demi-ténèbres se révèlent ; la lumière caresse ces mamelons verdoyants qui sont les vraies assises de l'enceinte. La couleur des roches, — du calcaire gris, — prend des teintes d'argent, les ombres ont une transparence surprenante.

Si le ciel est pur — ce qui est l'ordinaire, dans le grand été, — il a des fluidités qui trahissent les approches méridionales ; c'est déjà du ciel d'Espagne. Aussi, comme les crêtes se découpent franchement ! Les fières silhouettes ! Et sur ce fond vigoureusement enlevé, les belles taches blanches que font les glaciers !

Ce caractère de gaieté dans le colossal, ce sourire dans l'énorme, cette *immensité animée* forment un tableau unique.

Par exemple, tout change quand le ciel se couvre des vapeurs ; toute cette magie s'efface à l'instant où la pluie ruisselle. Ces hautes murailles que le soleil colore de tons chauds et légers, revêtent aussitôt des teintes choquantes ; on les voit noires et luisantes comme de l'ardoise mouillée. Les détails fuient, l'immensité même disparait, ce n'est plus que l'*énormité* : — sensation bien différente. On n'a plus devant les yeux que la vaste enceinte, morne désormais, animée seulement par le jeu des cascades. Encore, en ce moment particulier d'étouffement et d'immobilité qui précède l'orage, quand aucune brise ne gonfle plus ces eaux alertes, elles tombent comme des flaques d'eau le long du roc sombre. Rapidement, les nuées s'amoncèlent, les cimes se coiffent de ce lourd bandeau, les vapeurs descendent grises, sales, hideuses, menaçantes.

L'orage débute ordinairement par une succession de rafales qui conseillent de chercher un abri. Il n'y en a point de meilleur qu'une des cabanes de pasteur qu'on trouve heureusement par-

LES DEUX SŒURS DE TROUMOUSE

tout, au fond du cirque. Elles sont tout simplement creusées dans le sol et recouvertes de grandes dalles de pierre. Cependant, la pluie n'arrive pas encore ; mais le tonnerre gronde, le fracas augmente et bientôt devient si fort qu'on se prend la tête à deux mains, comme pour empêcher qu'elle n'éclate. On se croirait assis au milieu d'une batterie de canons, tirant tous ensemble. Il faut penser que ces hauts glaciers, qui dominent l'amphithéâtre, sont de terribles réservoirs d'électricité !

L'effroyable tumulte redouble encore, les éclairs se succèdent sans intervalle, tout le fond du cirque est en feu, de gigantesques langues de flamme lèchent les murailles noires, une odeur de soufre remplit l'air. C'est une fête infernale. La tourmente, d'ailleurs, est courte, terminée le plus souvent par un prodigieux déchainement des cataractes du ciel. On n'a pas idée de pareils déluges dans les pays de plaine. La catastrophe d'Héas en 1650 est à l'instant expliquée. Puis de nouvelles rafales soufflent, mais d'une direction nouvelle. C'est le vent du nord qui l'a emporté dans la bataille de là-haut, il refoule l'orage vers l'Espagne. Toute cette fureur électrique va se briser aux cimes du Mont-Perdu.

Alors on peut songer à regagner l'auberge d'Héas, les membres moulus, la tête brisée.

Le pâtre qui a donné asile au voyageur ne songe point, lui, à quitter le théâtre de ce drame fulgurant à peine dénoué ; il reste dans sa cabane inondée. C'est un fier compagnon ! Il vit avec son chien. Tout le monde connaît cette belle race de montagne, haute sur pattes, aussi robuste que le Terre-Neuve, presque aussi vite que le lévrier, facile à domestiquer, bien que pourvue d'un joli fonds de férocité native, et qui supporte aisément les plus grands froids des hivers aux dernières altitudes habitées.

Ces chiens des Pyrénées sont de rudes gardiens pour les moutons, et de fidèles amis pour l'homme, qui ne leur ménage point les louanges. Demandez à n'importe quel pâtre de Troumouse si son chien serait de force à combattre un ours, il vous répondra très sincèrement que l'ours passerait le plus mauvais quart d'heure.

L'enceinte de Troumouse nourrit de dix à vingt mille moutons, chaque année. Les bergers vivent là en état de célibat monastique. Dans tous ces pâturages, pas la plus petite trace du sexe aimable qui doit nous donner la joie, à nous autres, fils d'Adam, en partageant nos peines. Sur les prairies de la *Combe du Four*, dans les pâturages qui entourent les cabanes de Lieusaoube, dans le cirque, pas un capulet rouge, pas une femme !

C'est à ces cabanes de Lieusaoube que nous sommes restés tout à l'heure. Nous devons pourtant faire l'escalade du cirque, avant de rentrer à Héas. Il va donc nous falloir gravir ce grand escalier de calcaire blanchâtre qui monte au sommet de la *Munia*. Prenons courage. Notre première halte sera, dans un instant, au col de la Cèdre. Déjà, l'altitude est honnête : 2,650 mètres.

Ici, l'arête à suivre est d'une belle largeur ; elle longe le rebord intérieur du cirque ; la vue est superbe ; nous cheminons, éblouis et sans méfiance. Cette heureuse tranquillité sera courte, les difficultés commencent. On pourrait bien dire l'épreuve. Et si elle ne réussit pas, tant pis pour ceux qui l'auront tentée.

Il ne sera point dit que nous ayons induit le lecteur en tentations qui pourraient le mener à mal. Cette escalade est dangereuse, très dangereuse. Le mieux est de l'éviter.

Point d'autre moyen ici de s'élever, que de s'aider des anfractuosités de la roche ; elles sont glissantes et malicieuses. — Imaginez une crête de cinquante à soixante centimètres de largeur, qui, sur un passage long de neuf ou dix mètres, se rétrécit encore. Quinze centimètres au plus vont nous rester pour poser le pied. A droite, nous plongeons sur le cirque, en ligne exactement verticale, d'une hauteur de plus de 3 000 pieds ; à gauche, sur la vallée, un autre abîme s'ouvre : celui-ci n'a que huit ou neuf cents mètres ; il n'est pas entièrement vertical. De ce côté, on pourrait encore se rattraper, se cramponner dans la chute.

De l'autre, on irait tout droit, comme une pierre lancée d'en haut, avec la rigueur du fil à plomb, au fond du gouffre.

Ce terrible passage franchi, on respire. La crête a repris une largeur de quatre mètres environ ; on a cessé de craindre le vertige ; mais bientôt, à mesure qu'on grimpe vers le pic de Troumouse, les corniches se resserrent encore. Cependant l'imminence du péril est moins pressante, et bientôt on atteindra l'autre pic, celui de la Munia, le terme qu'on ne saurait pourtant bénir du fond du cœur, puisqu'enfin on songe qu'il faudra redescendre (3,150 mètres).

Ne faites pas l'ascension de la Munia. Si pourtant vous l'avez faite, vous serez payés par une vue nouvelle, plus merveilleuse que toutes les autres, sur les versants espagnols. C'est un des plus beaux panoramas des Pyrénées. A droite, vous découvrez les beaux glaciers de Baroude et la vallée de Bielsa ; à gauche, le Mont-Perdu, le Taillon, la Brèche, le Vignemale, l'orgueil des monts français. Plus loin, la crâne silhouette du Balaïtous, et au nord, le Néouvielle et l'Ardiden ; à vos pieds, le cirque de Troumouse, avec ses tapis de verdure et ses étages de glace.

LE CHALET DE L'HÔTEL DE L'UNIVERS

LE PAYS DE BARÈGES

On ne doit pas oublier que Luz est devenu le centre de nos excursions; nous y sommes ramenés sans cesse; un jour de repos serait bon au milieu de ce site tranquille et toujours si doux pour les yeux, après les grandes fatigues supportées dans la région des cirques. Si les beautés que nous venons de voir à Gavarnie et à Troumouse sont « trop grandes pour l'homme », celles-ci, au contraire, sont à point et nous retiendraient; mais une sentence fatale pèse sur le touriste, comme jadis sur le Juif-Errant de la légende; pèlerin volontaire, ou pèlerin malgré soi, il faut aller de l'avant, toujours de l'avant.

La sentence a dit : Marche! marche!

De Luz à Barèges, il n'y a d'ailleurs qu'une enjambée. Un trajet de moins de deux heures.

La route suit le Bastan, le plus rapide de tous les Gaves, sous des peupliers et des frênes, à travers des prés. Derrière nous, bientôt, nous avons laissé le château de Sainte-Marie, une vieille connaissance. Ses deux tours, d'un dessin différent, se découpent en silhouette sur un joli fond de montagnes bleues, dominées par la pointe du Viscos qui, de ce côté, paraît fine comme une aiguille. — Nous cheminons entre les soubassements du Nère, à gauche, — à droite, ceux du Bergons.

De riants hameaux sont assis dans des bocages : d'abord Esterre, puis Viella, au-devant d'un vaste rideau d'arbres disposés de façon à les garantir des avalanches, — car nous sommes dans la région particulièrement soumise à ce fléau, d'ailleurs vigoureusement combattu depuis quelques années. — Après Viella, le village de Serts, puis Betpouey sur un mamelon dont tous les versants sont cultivés avec soin. A droite, s'ouvre un vallon qui descend des premiers chaînons du Néouvielle.

De tous côtés les eaux filtrent des roches, et glissent dans de larges ruisseaux qui serpentent à travers les grandes herbes des pentes, joignent la route et la longent, quelquefois la coupent, et vont se perdre dans le Gave.

Pays très frais, très attachant. Le charme, seulement, est court. Nous approchons de Barèges, la végétation a cessé. Ce n'est pas la faute des habitants, qui poursuivent avec une opiniâtreté extraordinaire des ombres de culture, jusque dans le creux des rochers où se trouve encore un peu de terre végétale. Quand les pluies l'ont entraînée, ils en remettent.

Ils la *repêchent* dans les fondrières, la ramassent dans de grands paniers, qu'ils ont ensuite la patience de hisser à l'aide de cordes, la répandent et la disposent comme ils peuvent, et sèment un peu de blé, qui rend les plus maigres épis qu'on ait peut-être jamais vus. La ténacité de ces pauvres gens ne reçoit pas d'autre récompense.

Après Betpouey, la route devient donc bien plus raide et plus escarpée; des monts chauves la surplombent. A droite Ayré, à gauche le Poury, dont la base est pourtant semée de quelques petits bois de hêtres. Barèges est là. Aimez-vous les aspects désolés? C'est un goût moins rare qu'on ne pense, bien qu'il soit bizarre. Ici tout est réuni pour le satisfaire.

Qu'est-ce que Barèges? Une rue et un hôpital.

La bourgade n'est pas même une commune; ce n'est qu'une dépendance de celle de Betpouey. Cependant, l'antiquité ne manque point aux thermes de ce lieu maussade. Les eaux de Barèges sont connues depuis mille ans et plus. On montre encore les piscines qui servaient pendant le moyen âge.

En 1550, on en construisit une nouvelle. Le président Pierre de Marca, dont nous avons déjà parlé, a vanté l'efficacité des sources au commencement du seizième siècle. Barèges, pourtant, n'était encore fréquenté que par les gens du pays; le premier personnage historique qu'on voit s'y rendre, c'est Louvois. — Après lui, Madame de Maintenon, son ennemie; — à dix ans de distance, tous les deux, le premier en 1667, la seconde en 1677.

Madame de Maintenon accompagnait le jeune duc du Maine, ce fils chétif et mal venu de Louis XIV. Elle était déjà en haute et pleine faveur, puisque le Roi avait publiquement rompu avec Madame de Montespan, depuis la semaine sainte de 1675. La gouvernante avait tout à fait supplanté la maîtresse, dont elle occupait la place; elle avait même les enfants. Elle était marquise, elle avait reçu une grande terre, un titre sonore, — ramassant tout cela avec des airs de discrétion et d'humilité, et disant « qu'elle se sentait capable de ces complaisances pour le Roi ». Bonnes complaisances!

C'est bien la même femme qui, détachée par Louis XIV à la duchesse de La Vallière pour dissuader cette triste abandonnée de se retirer dans un couvent, en 1671, lui conseillait seulement la « dévotion séculière » et lui disait : Pensez que vous voilà toute battante d'or, et que vous serez couverte de bure!

La veuve de Scarron n'aimait point la bure, elle en avait été rassasiée.

Sa fortune — discrète, — car tout en elle fut toujours discret, — avait bien changé depuis le temps où elle se tenait cachée dans une grande maison, au fond d'immenses jardins, à l'extrémité de la rue de Vaugirard, entourée des enfants du Roi et de Madame de Montespan, qui n'étaient pas encore légitimés. Alors on s'enveloppait de mystères, parce qu'on n'avait pas cessé de craindre ce fier marquis de Montespan, le mari le moins résigné qui fût jamais à se laisser prendre sa femme par un Roi. Ce brave homme a donné un grand exemple d'honneur. Mais, en 1673, Louvois avait trouvé le moyen d'envelopper le marquis en une obscure affaire de révolte dans le régiment qu'il commandait, et de le forcer d'abord à s'enfuir en Espagne. Ce fier gentilhomme, qui avait supporté sa pauvreté et affronté l'injustice, fut vaincu par l'exil, « mit les pouces », et consentit à une séparation judiciaire. On ne le redoutait plus. Aussi Madame de Maintenon put-elle amener le jeune duc du Maine à Barèges, au milieu d'un certain appareil, bien que la station thermale fût située à une faible distance des terres des Pardaillan, dont les Montespan descendaient.

L'enfant royal se trouvait presque sur les anciens domaines du mari de sa mère ou de ses ancêtres. Il avait justement sept ans. Contrefait, tourmenté par on ne savait quel vice du sang et de fâcheuses humeurs, ce petit fantôme de prince était déjà colonel-général des Suisses et Grisons, colonel du régiment d'infanterie de Turenne; il allait devenir le plus riche seigneur de France, par l'abandon que la grande Mademoiselle fut contrainte de lui faire pour prix du fol amour que lui inspirait M. de Lauzun, de la principauté de Dombes et du comté d'Eu. — Il faut croire que les eaux de Barèges rétablirent un peu cette vilaine santé qui pouvait abréger une si belle fortune, puisqu'elles lui avaient été ordonnées par le médecin Fagon, dont Saint-Simon a dit : « Excellent médecin, et bon praticien, il savait beaucoup. Point de meilleur physicien que lui. Il aimait la science, l'application, le mérite, la valeur, l'honneur, la vertu... »

Ce Fagon, qui avait des goûts si recommandables, assura la vogue de Barèges.

Beaucoup de personnages de la cour y voulurent aller, après Louvois, Madame de Maintenon et le duc du Maine, son élève. Une fois cet usage établi, il ne cessa plus. On arrivait à dos de mulets. Au siècle suivant, en 1745, on s'occupa d'établir des communications un peu moins primitives; une route fut construite de Tarbes à Barèges, passant par Pierrefitte, et les médecins étant décidément favorables, on y construisit un hôpital militaire, en 1760. C'était pendant la guerre de sept ans, l'une des plus désastreuses que nous ayons faites. Beaucoup de blessés furent envoyés à Barèges.

La sombre et morose station thermale arriva, vers ce temps, à un état de fortune que l'époque moderne ne lui a point rendu. Barèges a continué d'être extrêmement suivi; mais c'est la nécessité qui maintenant y conduit les malades; ce n'est plus le « ton » qui, en 1881, comme en 1770, y envoie les gens bien portants. Il parait que, dans les vingt ou trente années qui précédèrent la Révolution, les dames de l'Opéra y affluaient chaque été. Ne nous demandons point quelles mystérieuses raisons les décidaient à entreprendre un si long voyage. Nous avons une raison suffisamment explicative : le « ton ».

Le ton, qui dans cette gorge étranglée, dans cette rue noire, au bord de ce furieux Bastan, rassemblait alors les « soleils » de la finance et les « étoiles » du ballet. Les fermiers généraux y venaient, et, derrière eux, la phalange moins illustre, mais également bien dorée des traitants. En cette année 1770, on y vit le célèbre cardinal de Rohan, le héros, plus tard, de cette *affaire du collier*, qui fit naître tant de calomnies contre une reine.

On a gardé à Barèges le souvenir des fêtes qu'y donna

LA VALLÉE DU BASTAN

le cardinal galant à la belle compagnie qui s'y trouvait rassemblée : des collations sur une pelouse, en un lieu très ombragé, où les roches forment des sièges naturels, et qui s'appelle « l'héritage à Colas ». Des *nymphes* dansèrent devant les convives : c'étaient les dames de l'Opéra en traitement, qu'on utilisait pour ces magnificences. L'amphytrion avait fait venir un orchestre de Toulouse.

Une nuit d'août, il eut l'idée d'une illumination prodigieuse, et l'on vit tout le pied des monts embrasé de feux.

Aujourd'hui, quel changement ! On ne rencontre plus à Barèges ces grands habits de cour ; il n'y est plus question de feux d'artifice. C'est la ville des malades. Hélas ! on ne saurait se figurer ce qu'on y voit d'éclopés et de béquilles ! Presque tous les villages portent les traces de la souffrance.

Beaucoup de soldats et d'officiers, soignant de vieilles blessures ; beaucoup de prêtres aussi, mais pâles, courbés, d'allures décentes, ainsi qu'il convient à leur robe ; ils ne ressemblent guère au cardinal de Rohan.

Barèges est en proie à deux fléaux périodiques : les avalanches et les inondations. Parlons d'abord des dernières. Le Bastan en quelques heures se gonfle, sort de son lit, emporte tout. En 1826, c'en était fait des villages, si les eaux n'avaient rencontré les restes d'un vieux « travail d'art », aux assises indestructibles, qu'on appelle « la Digue perdue », qui les rompit. On assure que cette digue fut construite par les ordres de Colbert, pendant le séjour du duc du Maine, en 1677. Il n'y en a point de preuves ; mais est-il impossible que le ministre, très mêlé à la vie intime du Roi, puisque Mme Colbert éleva les deux enfants de La Vallière : Mademoiselle de Blois et le comte de Vermandois, — est-il impossible que Colbert ait songé à garantir des aventures d'un déluge ce petit prince, l'enfant, alors presque moribond, d'autres amours déjà mortes ?

Quant aux avalanches, ces terribles visiteuses ont eu longtemps la coutume de glisser sur Barèges, du haut du Pène-Blanque qui le domine au nord, — par cinq ravins. Ces cinq aimables « couloirs » s'appellent le Midaou, le Bayet, Pontis, Sainte-Laure (que vient faire ici le nom d'une sainte et le souvenir d'une aimable créature chantée par un poète?), enfin, le Rieulet ou Rioulet.

Le Pène-Blanque, qu'on nomme aussi le pic de Labas-Blanc, est fait de calcaire blanchâtre ; il a 2,630 mètres : c'est une des arêtes qui bordent la vallée du Bastan. L'avalanche en descendait avec les allures brutales qu'on lui connaît, et suivant de préférence le ravin du Midaon, franchissait le Gave, remontait à travers le village, écrasant, entraînant tout, les murailles, les animaux et les hommes.

Les Barégeois, longtemps, ne trouvèrent point de meilleur remède que de vivre en des maisons de bois, qu'ils démontaient à la fin de septembre, et remontaient vers la fin de mars, ainsi que nous l'avons déjà raconté. — Quant à eux, ils s'en allaient passer l'hiver à Luz.

Dans l'époque moderne, qui est diablement scientifique, les ingénieurs sont venus. Ils ont fait beaucoup de bien ; il ne leur est même jamais arrivé, peut-être, d'en faire davantage. Cet enragé de Midaou, par exemple, versait ses avalanches d'une hauteur de 12 à 13 cents mètres, précisément en face de l'hôpital militaire, heureusement désert en cette saison, — mais qu'il fallait réparer, relever presque entièrement chaque année. Messieurs les ingénieurs ont imaginé de creuser des banquettes de plusieurs mètres de largeur sur les parois de ce Midaou stupide. Ils ne pouvaient empêcher l'avalanche ; on peut croire qu'ils l'ont reconnu, avec surprise et avec dépit ; mais, enfin, ils ne le pouvaient : ils ont ralenti sa course et brisé son effort.

Une énorme quantité de neige demeure désormais sur ces banquettes. Parfois, encore, elle glisse dans le ravin, et de là dans le Gave; mais elle n'est plus épaisse que de quelques centaines de mètres cubes. Auparavant, elle faisait crouler sur Barèges des masses évaluées à cinquante mille mètres cubes, — et même davantage.

Le Rioulet a été combattu par le même moyen. Ce vilain avait des méchancetés égales à celles de son frère, le Midaou.

Au lieu de lancer des neiges, il vomissait des pierres et de la boue. Nous avons raconté comment des quartiers de monts, — ici, ce sont les moraines d'anciens lits de glace — arrivaient à des décompositions menaçantes par l'action des pluies. Ces effets de destruction lente se voient plutôt dans les parties calcaires; le flanc de ce Pène-Blanque, qui tombe en ruine, est pourtant de granit.

D'innombrables chemins d'érosion y sont ouverts, et des fissures énormes, dont le fond est disposé en vastes entonnoirs, se remplissent de ce flot boueux, qui s'élève toujours. Aussi, ne s'est-on point contenté, au Rioulet, de la construction des banquettes; on a pratiqué de larges rigoles qui divisent l'inondation, et ce hideux Rioulet est dompté. — Des travaux sont commencés pour mettre un troisième rebelle et traître, le Pontis, à la raison.

Au sud, les désastres ont toujours été moins à craindre. Une petite forêt de vieux hêtres tapisse le pied du Pène-Poury; ces arbres arrêtent ou amortissent les chutes, quelquefois à leurs dépens, car ils tombent, comme des capucins de carte, en longues files, sous les assauts de l'avalanche, qui, pourtant de ce côté, est presque bénigne. Il faut ajouter que le Rioulet, — c'est-à-dire le ruisseau fils du terrible ravin, et qui porte le nom de ce mauvais père, traverse la hêtrée, et de temps en temps en emporte un autre morceau. L'administration des forêts travaille donc ici de concert avec celle des ponts et chaussées. Cette émulation de deux grands corps ne saurait produire que de beaux effets.

Barèges est au pied de ce bois de hêtres, à travers lequel on a tracé le maigre Eden de ce triste coin de montagne, — ce qu'on appelle la *promenade horizontale*.

LES DERNIÈRES MAISONS DE BARÈGES

Ici, pour les habitants du pays, la vie, l'été, est celle du loueur, du guide ou du chasseur; l'hiver, ils émigrent. A 1,250 mètres d'altitude, à huit cents mètres seulement au-dessous de la limite où toute végétation cesse, dans un couloir d'avalanches, sous d'énormes tombées de neiges qui étendent pour six à sept mois, sur le sol, un linceul d'une épaisseur de douze pieds, la mort vaudrait mieux et serait plus franche !

Aussi la moitié des indigènes démontent leurs maisons de bois et s'en vont; une cinquantaine de malheureux demeurent pour garder les maisons de pierre; ils doivent être pourvus de vivres comme des assiégés ; c'est la nature qui fait le blocus.

Pour les baigneurs et buveurs, l'existence d'été n'est que morose. Ils sont nombreux, quelquefois tout près de deux mille ;

une arrière-garde de tard-venus attend dans les villages voisins, surtout à Luz, que les premiers occupants délogent après avoir terminé leur saison. — Cette affluence prouve combien les misères de notre chétive nature humaine sont pressantes et impérieuses. A Barèges, nous l'avons déjà dit, rien que des malades, et les parents et les amis ou serviteurs qui les accompagnent.

L'établissement thermal est situé vers le milieu environ de cette rue unique et noire qui monte en échelle; c'est une grande bâtisse presque neuve, ayant été entièrement élevée vers 1862 ou 1863; elle est en marbre gris, avec l'aspect d'un immense tombeau. Un peu plus loin, et derrière cette construction funèbre, est la grande piscine. Cet établissement est vaste, et il a besoin de l'être, puisque la clientèle est nombreuse. Les eaux de Barèges sont incontestablement les plus puissantes que laissent couler les Pyrénées; il est même bon de se méfier de leur énergie curative, car, si elles ferment les vieilles plaies, et si elles guérissent beaucoup de maux, elles secouent vivement le système nerveux.

Un autre établissement moins important, le Barzun, se rencontre à quelques centaines de mètres en aval de la bourgade, à cheval ou à peu près sur le torrent, qui, chaque année, le mord et l'ébrèche. D'importantes réparations sont nécessaires tous les printemps. Ce sont les sources alimentant le Barzun qu'il est question de faire descendre à Luz.

L'hôpital militaire a été réédifié au bord du Gave, en face du premier établissement, et communique avec celui-ci par un tunnel. Qu'on se figure deux grandes casernes parallèles, mornes et muettes. L'hôpital peut loger quatre cents malades environ.

Une autre maison hospitalière s'élève sur les terrasses du mont, au-dessous du bois de hêtres; elle a la physionomie d'un couvent, et, d'ailleurs, c'en est un — ou peu s'en faut. L'hospice *Sainte-Eugénie* est exclusivement destiné aux ecclésiastiques et aux religieuses malades, pendant deux mois et demi, du 15 juin au 1ᵉʳ septembre. Alors, cette première couche de pensionnaires fait place aux pauvres. C'est une autre destination chrétienne affectée à la maison sainte pour l'arrière-saison. Ces malheureux y sont traités pendant six semaines, du 1ᵉʳ septembre au 15 octobre.

Hospices, casernes, couvent, tous ces grands murs percés de fenêtres banales, et la pensée des souffrances et des horreurs qu'ils abritent, ajoutent encore à la tristesse de ce lieu sombre. Dans cette rue, dont le parcours est moins une montée qu'une franche escalade, — voici pourtant des accents de gaieté qui nous poursuivent. Le piano, notre ennemi !

Encore ce piano insipide, dont l'usage, la mode et la rage ont persuadé aux deux peuples les moins musiciens de la terre, — l'Anglais et le Français (sans parler de l'Américain) — qu'ils étaient nés pour la mélomanie. Sur le pavé meurtrier de cette nouvelle voie douloureuse, *via dolorosa*, — que rencontrent nos yeux? Des visages hâves, de pauvres gens qui se traînent à peine, d'autres qui s'en vont sautillant sur leurs béquilles. Et pour nous dédommager par l'oreille, ce piano, ce sempiternel, ce mortel piano ! Vite gagnons la promenade horizontale.

Elle contourne les bases de l'Ayré; la hêtrée couvre le pied du Poury, qui en est un contrefort. Nous laissons derrière nous l'hospice Sainte-Eugénie, nous marchons vers le Rioulet, qui marque la limite de ce beau promenoir ; — car, enfin, il est uni, commode, et vraiment beau. La partie la plus riante en est l'*allée verte*. Pourquoi ce nom « d'allée »? C'est une clairière.

Elle traverse la forêt de part en part ; au-dessus, des deux côtés, la ramure devient plus intense. Nous avons toujours pensé que le hêtre est la victime d'une grande injustice ; on le taquine, on l'humilie, on l'écrase par des comparaisons malveillantes avec le chêne. Il n'a peut-être point le même air de force souveraine, mais

BARÈGES

il a plus de grâce et guère moins de hardiesse. Il ne possède pas ce superbe branchage horizontal si bien disposé pour recevoir et distribuer les jeux du soleil ; mais il est lumineux par lui-même, avec son tronc satiné et son feuillage clair, aux tons vagues d'argent, tandis que la feuille du chêne est sombre.

Ici, dans ce bois de l'Ayré, entre ces escarpements noirs, la hêtrée joyeuse tranche sur le fond ; une chênaie ne ferait qu'ajouter un premier plan, à peine distinct, à cette masse d'ombre. Et puis le chêne ne s'aviserait point de pousser si près de ces neiges accumulées pendant les deux tiers de l'année ; en dépit de sa vigueur légendaire, il y gèlerait tout net. Le hêtre est un fils des monts, il défie les hivers.

A l'extrémité de l'allée verte, une aimable vue nous attend ; ce n'est point trop de ce dédommagement, après une matinée passée dans Barèges. Nous apercevons d'abord les lieux d'excursions consacrés par l'usage pour les baigneurs valides: l'Héritage à Colas, la butte de Saint-Justin ; plus loin, tout le bassin vert de Luz, et les chaînons de l'Ardiden.

L'Héritage à Colas, nous le connaissons déjà par les fêtes qu'y donna M. de Rohan, ce cardinal trop profane. C'est une belle pelouse, coupée de bouquets de grands arbres, pourvue de sièges naturels par une galanterie, apparemment, des nymphes pyrénéennes. On la joint en traversant le Rioulet. Si l'on est las, on peut s'asseoir sur ces roches qui reçurent les dames de l'Opéra, lorsque les jambes leur manquèrent, après le ballet, — et détacher alors à des granges voisines un messager rapide qui rapportera du lait et du pain bis.

Après s'être ainsi réconforté, qui empêchera de reprendre la promenade? On la poursuivra jusqu'à l'autre grand ravin, le Pontis. Pour le plaisir des yeux, cela n'est point nécessaire, car ils ne rencontreront, après la verdure de la pelouse, que des roches en décomposition et des terres dénudées. Mais, pour peu qu'on aime les contrastes, on n'aura point perdu sa peine. Et puis cette promenade est courte et facile. Deux heures environ. On peut la faire à âne ou à mulet.

L'excursion au mamelon de Saint-Justin offre une vue plus étendue. Tandis que, de l'Héritage à Colas, on ne découvre que le massif de Saint-Sauveur et la vallée du Bastan, on embrasse de Saint-Justin presque tout le Bergons et la superbe crête du Barada.

On se rend à Saint-Justin, qui fut un ermitage, par un sentier qui serpente dans un ravin, le Leydts; un autre sentier grimpe au versant de la montagne : l'ascension n'est ni longue ni rude. Au sommet du mamelon, on reconnaît quelques vestiges de l'ancien oratoire. Ici, le premier ermite fut, dit-on, saint Justin, qu'il ne faut point confondre avec le Justin qui vivait à Rome au second siècle, sortant des écoles d'Alexandrie, enseignant la morale de l'Evangile, sans avoir quitté le manteau du philosophe. Aussi fut-il martyrisé sous l'empereur Marc-Aurèle. Le saint Justin des Pyrénées vécut seulement au Ve siècle. Il construisit son ermitage au-dessus de Barèges, et c'est là qu'on vint le chercher pour lui imposer une autre existence non moins sainte, mais bien plus active. Justin, arraché à la méditation solitaire, devint le premier évêque de Tarbes.

Nous en avons fini avec les « promenades » de Barèges, qu'il est prudent et nécessaire de distinguer des « excursions » proprement dites. Il nous est arrivé peut-être d'employer indifféremment les deux mots, — et nous avons eu tort. On voit que ces « promenades » sont rares, si elles sont agréables et commodes. Les « excursions » sont plus nombreuses : d'abord, le *Point de vue*, c'est-à-dire la première étape de l'ascension au pic d'Ayré; puis le pic de Liens, celui de Madamette et les lacs.

La fôret de Barèges conduit au « Point de vue ». Au faîte du Rioulet, des pâturages s'étendent, et le chemin monte par des lacets très capricieux vers le col d'Ayré. Le guide nous signale, du côté de l'ouest, une sorte de plate-forme élevée sur des escarpements assez raides. Voilà le « Point de vue ». Là le touriste proprement dit s'arrête ; au-dessus, c'est le domaine de l'excursionniste.

Quant à l'horizon qu'on découvre de cette terrasse, il est le même, moins étendu pourtant que celui qu'on embrassera du col, tout à l'heure, si l'on persiste à monter : le Neré, le Néouvielle, la crête du Labas-Blanc, les lacs de la Glaire, qui paraissent comme des nappes d'argent suspendues dans l'espace.

Les yeux sont un peu distraits par des objets plus voisins, bien différents et bien plus modestes, mais qui ont leur charme : ce sont les échantillons d'une flore superbe, parfois gigantesque, et toujours très diverse. Voici d'énormes gentianes et des rosiers de montagne, qui ont une grâce et une force surprenantes. Ils grimpent aux rochers ou rampent en longs anneaux fleuris dans l'herbe des pentes. Cette riche végétation ne cesse presque point jusqu'au col ; mais ici commence l'horreur sauvage.

Le sommet de l'Ayré est fait pour les savants, point pour les curieux. La science donne du cœur ; c'est comme l'amour ou la foi. Cependant, nous inclinerions à penser que ces deux motifs sont plus forts ; ce n'est pas pour rabaisser le premier ! Ce méchant pic d'Ayré est entouré d'abimes ; la crête s'effrite et roule ; mais elle a son attrait scientifique, car c'est un monument qui parle. Faite mi-partie de schiste, mi-partie de granit, elle sollicite le géologue.

Toute la question, ici, tient donc en deux mots : Avez-vous l'honneur d'être de la Société géologique de France ? Montez. N'en êtes-vous point ? Restez en bas.

Quant à nous, avouons humblement n'avoir pas gravi le pic, n'étant pas de la Société.

Le pic de Lienz est moins dangereux ; en revanche, il est plus perfide. On le joint, de Barèges, par la vallée du même nom. Vallée toute petite, plutôt un vallon. De riches prairies courent sur les pentes ; le chemin a été tracé par les troupeaux. Ces escarpements gazonnés sont la perfidie que nous dénoncions à l'instant; ils justifient un proverbe suivant lequel il est plus aisé, quelquefois, de glisser sur le gazon que sur la glace.

Il vaut donc mieux monter en s'accrochant aux roches : c'est le conseil que vous donneront les guides ; ils donnent aussi

LES THERMES ET L'HÔPITAL MILITAIRE

l'exemple. Au demeurant, ce dernier chemin n'est point dangereux. Le pic n'est guère élevé que de 2,300 mètres environ. L'Ayré, qui le domine, cache le Bergons. La vue s'étend, non sans quelques obstacles, sur le bassin de Luz : on devine le Néouvielle au sud, plutôt qu'on ne le découvre, mais on distingue fort bien une région lacustre intéressante : ce sont les lacs d'Escoubous. Le versant du pic de Lienz a, pour les botanistes, le même attrait que le pic d'Ayré pour les géologues. Nous y retrouvons le grand aconit mariant son bleu sombre aux fleurs jaunes de l'arnica et au lis rouge.

Suivant M. Joanne, le Lienz offrait, autrefois, de beaux échantillons minéralogiques, surtout des grenats et des amiantes; mais on ne retrouve plus de trace de ces richesses naturelles, bonnes à broder le manteau des fées.

Le premier des lacs voisins de Barèges que l'on y reçoit le conseil de visiter est celui d'Escoubous ; — les habitants du pays disent Escobous. Il faut prendre le chemin du Tourmalet, le plus haut mont de ce canton sauvage, qui laisse couler sur son flanc, des chutes de l'Artigue, la source de l'Adour. Mais nous ne détournerons point de notre but pour visiter ces cascades célèbres.

Nous longeons le Bastan, sur sa rive gauche, et les méandres du torrent qui court à une grande profondeur au-dessous de nos pieds, nous conduisent, après le hameau de Tourneboup, dans la vallée d'Escoubous. Franchissons le ruisseau qui l'arrose, traversons des pâturages. Un moment encore, et nous allons retrouver le petit Gave d'Escoubous à son confluent avec celui d'Aygues-Cluses. Devant nous, on a pris soin de jeter un pont; il est étroit, il présente un terrible dos d'âne ; mais il est de pierre, solide et rassurant, et il aboutit à un escarpement bizarrement déchiqueté, qui a des aspects de terrasses ruinées, portant sur des épaulements de roches.

C'est qu'en effet cet escarpement est une digue et le rebord colossal d'une cuvette. Il soutient et contient le lac.

Est-ce bien un lac, cette grande surface morne? Huit hectares de circuit. On dirait plutôt une vaste flaque d'eau; point de couleur ; quelques reflets à peine se jouant sur ce grand miroir d'étain. On nous assure que la profondeur de ce triste flot est prodigieuse, inconnue. La masse liquide descendrait jusqu'aux bases de la montagne. Elle les rompra quelque jour, et la catastrophe d'Héas sera dépassée. Les bords d'Escoubous sont aussi maussades que le lac même; on y voit le plus parfait et le plus hideux tableau qu'on puisse souhaiter de la décrépitude des monts,

Roches caduques, éboulis énormes, entassements de ruines, un *chaos*, — mais sans caractère et sans grandeur. Ce pays de Barèges est décidément le coin disgracié des Pyrénées. — Nous le disons sans crainte de lui nuire ; sa fortune a des causes malheureusement trop sûres, les misères humaines ne cesseront point de lui amener des hôtes !

Cette région lacustre, presque partout aussi désolée, est bien différente de celle qui balance ses grandes nappes d'azur et d'argent aux cimes qui environnent Cauterets. Ici, nous rencontrerions successivement le lac Blanc et le lac Noir, en suivant les lacets escarpés qui montent, à travers de nouveaux éboulis, vers le col d'Aure ; mais il vaut mieux laisser à droite ce chemin difficile : c'est du faite du pic de Madamette qu'on embrassera le mieux tout le cadre sauvage de ces bassins flottants.

Contournons la « digue » d'Escoubous, élevons-nous de six cents pieds environ ; nous trouverons d'abord le petit lac de Tracens, qui porte un îlot verdoyant et fleuri. Quelle surprise ! Au commencement de l'été, c'est une corbeille de rhododendrons en plein épanouissement. Nous le parcourons et nous reconnaissons que c'est seulement une presqu'île. Des bergers y conduisent leurs troupeaux à la fin de mai. — La végétation, ici, a dépassé la limite ordinaire, car nous sommes à près de 2,200 mètres.

A l'est, avec une légère inflexion vers le nord, s'élève le pic de Madamette que nous voulons atteindre, et qui nous apparait profondément raviné de son sommet à sa base. C'est par ce ravin que se fera l'ascension, qui n'offre point de périls, mais impose une fatigue excessive. Près de 400 mètres encore à gravir à travers des éboulis ; le pic se dresse à 2,540 mètres. C'est un observatoire excellent ; nous voyons dans leur développement le lac d'Escoubous et celui d'Aygues-Cluses, ouvert au pied du mont ; nous embrassons tout le massif de Néouvielle.

Cette excursion, avec ses haltes nécessaires, le repas pris dans la jolie presqu'île de Tracens, n'exige pas, pour l'aller et le retour, moins de dix grandes heures. On peut se servir des mulets jusqu'à Escoubous. La nuit approche quand on rentre dans Barèges, — au son des pianos. Nous vous le disons, en vérité, le piano est plus infatigable que le voyageur, que le guide, même que le mulet!

Il faut épuiser ces environs de Barèges. Nous reprendrons le lendemain, à l'aurore, la route du Lienz. Un autre déploiement de lacs commence à l'extrémité supérieure de la vallée de ce nom. Le torrent qui en descend nous trace le chemin; il ne s'agit que de le remonter à travers les éboulement de l'Ayré, puis de gravir la muraille qui lui sert de digue. Trois heures suffisent pour arriver au lac de la Glaire, qui se berce entre de nouvelles ruines.

L'aspect n'est guère moins sinistre que celui d'Escoubous; mais, ici, du moins, la grandeur et le caractère ne manquent point. D'abord, ces ruines sont de granit; ce ne sont plus les effritements des calcaires rongés et l'affreuse décomposition des schistes. Cette digue que nous venons d'escalader assez péniblement continue de monter vers le ciel; c'est un escalier gigantesque, formant des terrasses dont chacune porte un lac. Il n'a pas moins de six étages : — Glaire, Combe-Longue, Combescure, le Mail, la Mourelle, l'Estallar; à droite, sur un contour légèrement incliné du prodigieux édifice, le lac de Louey-Nègre, le seul pittoresque, qui verse un torrent dans la vallée de la Justé. Plus haut d'autres bassins, d'ailleurs bien plus petits; des glaciers plutôt que des lacs, car c'est seulement à la fin d'août qu'ils brisent leur croûte de glace et engloutissent leur manteau de neige, qui se reforment en octobre. Ils marquent le chemin qui pourrait nous conduire au faîte du Néouvielle; mais, ayant assez grimpé, nous avons mérité de redescendre.

Une dernière visite nous reste à faire, celle de ce *Labas-Blanc* ou *Pène-Blanque* qui fut pendant tant de siècles le tyran de Barèges — tyran et bourreau; — le monstre qui déversait ses avalanches par ses quatre ravins sur la pauvre villette, qui a recouvert tant de ruines, enseveli tant d'hommes et de femmes et d'enfants, et qui n'en élève pas moins tranquille, pas moins radieux, au-dessus de ce champ de victimes, sa crête de roches blanches qui lui a valu son nom.

Le Pène-Blanque sépare la vallée de Bastan du bassin de l'Adour. Nous reverrons dans un autre récit ce beau fleuve, — car on l'appelle improprement rivière — ou les définitions géographiques n'ont plus de sens — qui descend du Tourmalet pour aller joindre, là-bas au-dessus de Bayonne, la mer de Biscaye. Bientôt il quittera son lit de montagne, il entrera dans la région fertile, où les moissons se bercent sous la brise marine. Il coulera paisible entre des prairies horizontales et des blés mûrissants; il ne sera plus mêlé à la *nature*, telle qu'elle est sortie des mains de Dieu, il fertilisera la *campagne* faite de la main des hommes.

Pour monter au Pène-Blanque, nous traverserons d'abord les ravins et les travaux des ingénieurs qui ont su dompter ses colères; après tout, c'est un assez glorieux ouvrage, très humain, surtout, et très utile. De jolies cascades égayent le chemin, qui se poursuit par des pâturages circulaires, puis sur de terribles pentes vertes, fort glissantes, jusqu'à des escarpements qu'il faut gravir en retenant son haleine, de peur de la perdre trop tôt à ce jeu laborieux. En effet, ce n'est guère qu'un jeu, car le péril est absent.

Nous nous retrouvons bientôt en présence d'un de ces escaliers naturels formant des étages, avec des paliers qui adoucissent le chemin et la peine. Nous voilà sur la crête blanche (plus de 2,600 mètres).

La vue est belle sur le Néouvielle et l'Ardiden; mais l'intérêt nouveau et saisissant en est le lac de Lhéou, situé sous nos pieds, à une distance de 700 mètres. Qui nous empêche d'y descendre ?

Rien que le raisonnement du guide. Le brave homme nous

assure qu'il n'y a point de danger, point de « mauvais passage ». Seulement, la pente est verticale ; et le guide ajoute qu'il y faut le « vrai pied montagnard ».

Nous découvrons le lac dans son ensemble et dans tous ses détails ; pourquoi tenter l'aventure? Restons en haut. Le lac Lhéou s'appelle également le lac Bleu. Un nom tiré de sa couleur qui le lui a bien mérité ; les lacs de Suisse n'offrent pas un bleu plus intense. Ce qui le fait mieux ressortir ici, c'est la teinte claire, éclatante, presque dorée des roches encadrant la nappe d'eau, qui est superbe et d'une étendue considérable (près de 50 hectares).

Le lac de Lhéou est le plus renommé des Pyrénées. Il est digne de sa réputation. Malheureusement, aucun paysage ne l'entoure. Rien que ces roches si bizarrement revêtues de ces tons d'ocre et qui paraissent fort belles ; mais ce ne sont que des roches.

Nous rentrons encore à Barèges, après cette excursion relativement assez courte ; elle peut se faire en une matinée.

Aujourd'hui, la mélancolique et sombre bourgade nous paraît extraordinairement animée. Les hôtelleries sont pleines de touristes qui déjeunent, et vont prendre, après le repas, la route de Bagnères par le Tourmalet. Une autre troupe arrive : autre catégorie de voyageurs ; ceux-ci se rendent au pic du Midi.

Pourquoi ne pas suivre cette caravane ?

L'OBÉLISQUE DU DUC DE NEMOURS

DE BARÈGES AU PIC DU MIDI

A deux kilomètres au-dessus de Barèges, nous quitterons la route qui va joindre celle de Bagnères par le col du Tourmalet. Un chemin s'ouvre à gauche et traverse le Bastan sur un pont de bois. Chemin muletier sur les longues pentes, parfois herbeuses, de Pène-Taillade; il s'élève vers le col d'Aouda. Une heure de marche. Mais quelle vue !

Au-devant de nous, la vallée d'Escoubous, du fond de laquelle paraît s'élancer le Néouvielle, semé de grandes taches blanches, qui s'irisent au soleil, comme des nappes de cristal : ce sont ses glaciers. — A gauche, une envolée de hautes silhouettes, un emmêlement étrange de pics : l'Isé, la Campana, l'Espada, qui se heurtent. La Campana renferme, suivant la légende, la cloche qui doit sonner au jugement dernier. L'Espada mérite son nom ; on dirait une immense épée ébréchée.

La route gravit lentement les bases de ces montagnes, et disparaît sous une des déclivités du col de Tourmalet. A droite, nous revoyons Barèges, assis entre l'Ayré et le Pène de Poury, au-dessous de sa forêt de hêtres, la seule beauté de ce lieu morose. La vallée de Bastan s'enfonce au creux des monts, dominée par le vaste rideau des massifs plus lointains : le Viscos, l'Ardiden, Bergons, l'Aubiste.

Contournons le pic d'Aouste; nous voici arrivés à un terre-plein qui forme une belle prairie, où paissent de grands troupeaux de moutons et de vaches. Chaque troupeau est marqué en bleu, en rouge, en jaune, et ce peuple quadrupède bariolé se disperse dans les hautes herbes. Là sont les *cabanes de Toue*. Là est le véritable point de départ pour l'ascension : M. le duc de Nemours s'y arrêta.

Ce n'est pas d'hier ; il y a quarante-deux ans. La vallée de Barèges a voulu perpétuer le souvenir de cette halte princière. — Et puis, c'était encore une occasion de monument commémoratif. On a donc érigé une colonne portant une inscription : « Témoignage de reconnaissance de la vallée de Barèges à S. A. R. Monseigneur le duc de Nemours. 1839. »

Ce prince est la première personne de marque qui ait gravi le pic du Midi ; et voilà pourquoi les Barégeois crurent lui en devoir de la reconnaissance. C'est, d'ailleurs, le goût du pays. M. le duc de Nemours pouvait bien, après tout, l'éveiller plus qu'aucun autre ; il rappelle des traits chers aux Béarnais et aux Bigorrans, il ressemble à leur Henri IV, son aïeul.

. Un rempart de roches domine ce plateau ; le ruisseau d'Oncet en descend à travers un vallon sauvage qu'il a creusé. Il faut escalader ce rempart. On y perd beaucoup de temps, mais on y gagne beaucoup de peine ; c'est une compensation passablement dérisoire.

L'opération n'exige pas moins d'une heure, et l'on arrive dans une sorte de petit cirque verdoyant, tout encadré de hautes cimes. La plus fière et la plus voisine du ciel est le pic du Midi, qui se détache vigoureusement du massif, et paraît isolé. Nous avons déjà dit que ce beau mont était la sentinelle avancée des Pyrénées vers la plaine.

On a vu que les abords n'en sont pas des plus aisés. Il nous reste à franchir le pas des *Cinq-Ours*. Aimons à croire que les parrains de ce lieu menaçant ne s'aviseront pas de nous y attendre, car ce ne seraient point des hôtes engageants.

Le pas ou la *Hourque* des Cinq-Ours est un col ou une gorge d'un aspect plus que sévère. La neige n'en disparait jamais entièrement ; et, de fait, la Hourque est située à une altitude de près de 2,400 mètres ; de grandes flaques blanches bordent le chemin ; des miroirs de glace brillent au creux des rochers. Le sentier est étroit, la pente presque verticale ; il conduit à une petite crête d'où l'on découvre, au-dessous de soi, le lac d'Oncet (2,238 mètres), ouvert entre d'énormes éboulis : une cuvette au fond d'un entonnoir.

Pour y arriver, la pente est encore plus rapide, mais le chemin la tourne, et l'on s'aperçoit alors qu'il bifurque avec celui qui vient de Bagnères. C'est au point d'intersection qu'est située l'hôtellerie, ouverte du 1er juillet au 1er octobre, l'habitation la plus élevée de l'Europe, après l'hospice du mont Saint-Bernard. L'hôtellerie est à 2,472 mètres.

Si nous n'avions déjà fait l'excursion du lac Bleu ou de Lhéou, nous trouverions ici un autre chemin pour nous y rendre. Le col d'Oncet y conduit. Le lac, en effet, est exactement situé entre le mont Aigu et le pic du Midi, au faîte des chaines qui séparent les deux vallées de Lesponne et de Barèges. De ce côté, nous aurions gagné la vue de la vallée de Lesponne, petit coin bien cultivé, et d'abord tout à fait champêtre. Les forêts de sapins bientôt succèdent aux prairies, la roche nue et les chaos aux forêts. Cependant le mont Aigu présente de nombreuses hachures, et chacune de ces larges fentes renferme un vallon, avec des pâturages et des bois.

Le danger de cette route, très pittoresque, consiste dans des brouillards soudains qui enveloppent toute la région. Mais le tableau est admirable quand on a franchi la Hourquette de Baran et le chainon de Bizourtère. On se trouve au centre d'un cercle de glaciers, devant le flot azuré du lac; et ce grand miroir horizontal fait mieux ressortir l'élévation de son cadre, qui parait immense. Ce lac de Lhéou est vraiment beau, enveloppé de calme et de silence. Vers le soir, le bleu profond, d'où son nom lui est venu, prend une intensité extraordinaire. Ce n'est plus la couleur du ciel, c'est le ton sombre de ces fleurs d'aconit qui tapissent la montagne. Les étoiles doivent s'y piquer comme des pointes de diamant et les clartés de la lune y faire courir des effets magiques. Mais qui bravera la nuit, et qui attendra le lever de la lune au bord du lac Bleu?

De l'hôtellerie des Cinq-Ours (— il parait que vraiment on doit dire Cinq-Cours), nous voyons descendre encore un chemin romantique, conduisant à la petite vallée d'Arize, et de là, à la célèbre vallée de Campan. La pente, très escarpée, suit le ravin de l'Arize, où l'on montre une curiosité peu rassurante : c'est un quartier de roche tombé de la montagne, il y a quelque vingt ans. On dit au voyageur : « Regardez! C'est plus gros qu'une maison. » — Il regarde, vraiment un peu effaré, au-dessus de sa tête... Si toute une armée de ces monolithes s'allait mettre en branle!... Si celui-ci n'était que l'avant-garde!...

Nous n'avons pas à suivre cette route; nous n'allons pas à Bagnères.

L'hôtellerie où nous entrons, nous parait très pittoresque; elle est bâtie sur un terre-plein et n'a qu'un étage, dont la plus grande partie est occupée par la cuisine. Voilà qui certainement est de bon augure. Cependant un peu de méfiance nous reste. On trouve à manger dans ce nid hospitalier, nous le savions ; mais aussi nous n'ignorions pas que la destination principale n'en était pas la réfection des corps. Avant tout, la maison sert à fournir des aliments à l'esprit ; l'astronomie et la météorologie doivent y avoir le pas sur la gastronomie : c'est un observatoire.

La bâtisse est assez neuve ; une autre l'a précédée ; mais une avalanche glissa d'en haut ; et l'hôtellerie, de rouler en bas avec elle.

Des savants du dernier siècle avaient signalé le pic du Midi de Bigorre comme un des postes les plus favorables aux observations scientifiques ; ils s'adressèrent au gouvernement royal ; mais on était déjà en 1780 ou 1782 ; le gouvernement était engagé dans de grands travaux, tels que la construction de la digue de Cherbourg et du canal du Centre, et ses finances étaient fort bas. Il est vrai que Necker lui avait promis de les rétablir ; mais on vit une fois de plus que le mal est souvent moins à craindre que le médecin. Bref, pour l'observatoire projeté au pic du Midi, le roi et ses ministres n'avaient rien à donner. Restait le duc d'Orléans, prodigieusement riche, qui s'était mis l'astronomie en tête.

Il fut séduit, offrit une grosse somme ; comme on ne la trouvait pas suffisante, il la doubla ; — seulement, il ne la versa point.

Cela se passait en 1785 ou 86. Le duc d'Orléans se logea bientôt dans l'esprit la politique, au lieu de l'astronomie, qui fut oubliée. Il eut tort de changer de passion ; la première ne lui aurait coûté qu'une centaine de mille livres ; la seconde lui coûta la tête.

Un long temps s'écoula ; il y eut, au sortir du défilé des Cinq-Ours, un premier campement, comme nous l'avons dit, et il dut être établi peu après l'ascension faite en 1839 par le duc de Nemours, petit-fils de l'illustre et oublieux prometteur. L'avalanche l'emporta. Vers 1854, un savant du pays, modeste, mais actif et passionné, le docteur Costallat, fonda la présente hôtellerie et

LE COL DU TOURMALET ET LE CAMPANA

reprit le projet d'observatoire. Nous ne serions pas surpris si l'on nous révélait que, dans sa pensée, l'auberge où l'on mange et où l'on couche fût destinée surtout à combler les frais du poste où l'on observe la situation des étoiles et le temps qu'il fait.

Ce docteur n'aurait pas été un vrai savant, s'il s'était aussi franchement soucié de la commodité des voyageurs que de la détermination des courants atmosphériques.

L'hôtellerie des Cinq-Ours — ce n'est point son nom, mais sa situation permet de le lui donner — n'en est pas moins d'un grand secours aux ascensionnistes — savants, artistes ou simples curieux. Déjeuner est un besoin, et un plaisir en soi; déjeuner en l'air est un raffinement, que saint Siméon le Stylite connut sur sa colonne; mais l'endroit était moins haut, et le saint ne déjeunait qu'une fois par semaine, ce qui ne suffit plus, même à de bons chrétiens.

Le voyageur trouve également dans le campement installé par le docteur Costallat un refuge contre les tourmentes et les brumes qui coiffent souvent le pic du Midi. Le coucher est assez rudimentaire. Dans la vaste salle à manger attenant à la cuisine, se voient des planches relevées le long du mur; on les baisse, et voilà des lits de camp dressés. La maison est pourvue de couvertures et de matelas. Il n'est pas mention de draps fins, et ce ne sont pas des lits de roses. Mais quand le vent mugit, que l'orage gronde ou que la pluie fouette les monts, comme on y dort, doucement bercé par la pensée de ce qu'on souffrirait au dehors!

Ces orages de montagne dénoncent leur méchanceté par leur fracas épouvantable. Nous l'avons déjà dit : c'est la mort qui passe, comme dans les batailles, au bruit de cinq cents canons.

Les provisions sont abondantes dans la maison, toujours très saines, et livrées au consommateur suivant un *tarif* modéré. Qu'on veuille bien retenir le mot : — il y a un *tarif*. On verra, tout à l'heure, comment nous sommes ici placés sous un *règle-*

ment militaire. — Mais il est bon, d'abord, de reprendre l'histoire de l'hôtellerie.

M. le docteur Costallat, le fondateur, rencontra, vers 1867, de puissants auxiliaires de son idée, et d'ardents associés à son entreprise. Le projet d'observatoire fut adopté par la Société Ramond. Il ne faut pas oublier que ce personnage célèbre qu'elle a choisi pour patron, outre son *Voyage au Mont-Perdu* et ses *Observations* sur les Pyrénées, a laissé un ouvrage savantissime : un *Mémoire sur la formule barométrique de la mécanique céleste*. La Société consulta les maitres de la science, particulièrement Babinet et M. Sainte-Claire Deville, et sur leur réponse favorable et leurs encouragements, nomma une commission spécialement chargée de recueillir des souscriptions et de procéder à une installation provisoire. Le président de cette commission était M. le général de Nansouty. M. Sainte-Claire Deville en accepta la présidence honoraire.

Les travaux commencèrent au mois de juin 1873, et l'aide principal et le plus autorisé du général commença, le 3 juillet, les observations à la station *Plantade*, disposée au nord de l'hôtellerie. Une autre station, le pavillon d'*Arcet*, ainsi nommé en souvenir du premier savant qui, au xviiie siècle, avait signalé les chances d'une entreprise, fut construite au sommet du pic. La première campagne dura du 1er août au 10 octobre de cette année, — soixante-dix jours.

Le général de Nansouty dirigeait cette bataille contre la nature, et cela ne fut guère moins rude et moins vif que les célèbres charges de cavalerie conduites par le premier Nansouty, son père, à Friedland et à Wagram.

L'année suivante, les souscriptions avaient beaucoup donné. Qui croirait que l'amour de la science peut faire couler une pluie d'or ? Indomptable autant que généreuse, la même passion conseilla au général et à M. Baylac, son fidèle compagnon, de passer l'hiver dans l'hôtellerie. Ils devaient pourtant savoir que ce vieil

Hiver est un bonhomme féroce, et ils le virent bien, car tant de présomption le fâcha.

Vers la mi-décembre, il déchaîna une de ses bonnes tempêtes. Les portes et les fenêtres de l'hôtellerie volèrent, la maison tremblait sur ses bases. Il fallut redescendre. L'hôtelier Brau avait été de la partie, il fut du naufrage. Ces trois hommes intrépides errèrent plus de seize heures sur les neiges nouvelles avant d'atteindre Gripp, dans la vallée de l'Adour, à dix lieues de Bagnères.

Le rêve du général ne put être réalisé qu'en 1875. Il put passer l'hiver entier de 1875-1876 dans l'hôtellerie, sous une température qui n'est point descendue au-dessous de 20 degrés — petite froidure ! Au pavillon d'Arcet, c'est-à-dire au sommet du pic, le thermomètre a marqué près de 38°. — Il faut monter haut pour trouver la Sibérie chez nous ; mais, enfin, vous voyez qu'on la trouve.

Maintenant, la station est terminée. L'observatoire définitif et l'habitation des observateurs ont été construits par les soins de M. l'ingénieur Vausselat. Construction coûteuse ! Un mètre cube de sable à cette hauteur ne revient pas à moins de quatre-vingt-seize francs.

L'observatoire proprement dit est une plate-forme carrée, pratiquée au point le plus élevé de l'étroit plateau qui domine toutes les plaines du double bassin de l'Adour et de la Garonne, et tout le développement des monts, en regardant vers l'Espagne. Il sera relié par un tunnel à l'habitation, placée à sept mètres au-dessous du sommet ; une partie a été creusée dans le rocher, l'autre y est encastrée du côté du nord, et par conséquent n'a d'ouverture qu'au midi. On peut se figurer ces pièces souterraines, carrées et voûtées, séparées par de grands corridors de la croûte du mont. L'étrange maison a donc deux étages ; le plus élevé sort à demi de son étui de roches ; la toiture est énorme, faite d'épaisses et larges dalles d'ardoise ; et il semble qu'aucune tourmente, aucune commotion ne puisse les déplacer, — à moins qu'elle n'ébranle les bases mêmes de la montagne.

Le tunnel seul n'est pas achevé ; on y travaille activement. Au-devant de l'habitation, le sol sera nivelé, — ce qui ne pourra être un petit travail. Une belle terrasse sera disposée au-devant de l'habitation, du côté du midi.

L'observatoire est relié par des fils télégraphiques à la station de Bagnères.

L'HÔTELLERIE ET L'OBSERVATOIRE

L'APOTHÉOSE

Nous venons de traverser le drame et la féerie de la nature, nous allons arriver au dernier tableau. Nous serons tout à l'heure en face du plus merveilleux décor de toutes les Pyrénées. Cent lieues d'étendue, des forêts, des plaines et des landes, des coteaux, des montagnes et des glaciers, des torrents et des fleuves, là-bas la mer, tout ce panorama baigné d'ombre, noyé de vapeurs en quelques-unes de ses parties, en d'autres étincelant de lumière.

Voilà l'apothéose ménagée par le décorateur, à la fin du spectacle. Seulement, ici, le décorateur, c'est le grand ouvrier qui fit le monde.

Montons au pic.

Dans la salle à manger de l'hôtellerie, la table est prête. Le général sort de son appartement. Ce n'est pas logis de prince : trois pièces pour lui, son secrétaire et son domestique ; elles sont à peu près de la longueur d'un homme, basses comme des tombes, mais enfumées, et c'est tout ce qu'elles ont de vivant et d'humain. Le feu, c'est la vie, — surtout à 2,472 mètres de hauteur, au cœur des neiges. Sans le feu, le linceul serait tout prêt : on n'en fait point de cette blancheur.

Pour nous, en attendant le repas, nous avons pris place dans un petit couloir vitré placé au-devant de la maison, et qu'on appelle la Verandah. Cela ne fait pas mal à l'extrémité du pays gascon. Les enfants de la Garonne disent volontiers : Le château de mon père, quand ils parlent de la masure qui leur est échue en héritage, — et ces fils de la Garonne sont ici nos voisins. Mais de la Verandah des Cinq-Ours, quelle perspective ! Le couloir vitré s'ouvre sur une petite terrasse sans garde-fou, qui surplombe de trois cents pieds le lac d'Oncet. Il n'est pas mauvais de s'asseoir pour regarder l'eau.

La « station droite », qui distingue l'homme du reste des animaux, peut engendrer le vertige.

Le général est à table, il préside. Jamais on ne vit convives si bigarrés : savants, touristes, ouvriers des travaux du pic. Par exemple, absence complète de la grande cause des discordes et de la source des consolations en ce monde : point de femmes.

Que viendraient-elles faire en cette galère sublime — au faîte de cette rude échelle ?

Le repas est copieux ; il est frugal : surtout du lard et des œufs, quelques truites. Auprès de nous, un touriste se désole : il avait espéré manger un filet d'ours. Encore un qui croyait à la présence réelle des parrains de la maison. Nous le consolons en lui représentant que si ces hôtes mal léchés s'étaient trouvés là, les mangeurs dont il fait partie auraient bien pu être les mangés.

Le général, président de la table, est coiffé d'un bonnet rouge qui rappelle le fez oriental, sans le gland bleu dont ce couvre-chef est toujours orné. C'est un robuste sexagénaire, de haute taille, au visage accentué, encadré de longs cheveux blancs. La moustache est longue et pendante, l'œil luisant. Le type général a quelque chose d'oriental, comme le bonnet : on dirait un chef hongrois. Mais quand M. de Nansouty parle, on reconnait le meilleur des Français.

Causeur fin et très vif, ayant au plus haut point la qualité nationale, le charme de la sociabilité. Ravi de se retrouver au milieu des hommes et de *voir du monde*, il le dit avec une entière simplicité. Il n'a pas moins hanté les salons que la montagne, et il les aime aussi ; mais ce sont des amours inégales, la montagne l'emporte. Au reste, il a été construit pour les terribles épreuves que sa passion lui a imposées. Quelle vigueur ! quel appétit ! Il mange du lard et il boit comme un reitre ; il fume comme un matelot — ou, si l'on veut, comme une cheminée. — Ce qui étonnera bien des gens, c'est que ce formidable genre de vie qu'il s'est choisi est plus coûteux que la vie mondaine en plein cœur de « tout Paris ».

Le général a trouvé des amis de la science pour souscrire aux frais de son œuvre ; mais le plus gros souscripteur, c'est lui.

Le déjeuner est fini. C'est dommage. Si le général n'est point fâché de trouver « à qui parler », les touristes ne se lassent pas de l'entendre conter ses aventures scientifiques et s'animer au tableau des mauvais jours. Cependant l'heure est venue. A l'escalade !

Une demi-heure va nous suffire pour atteindre le col du Laquet. Nous suivons d'innombrables lacets, qu'il faut tracer à nouveau tous les ans, à travers un champ de petites pierres plates et carrées, qui semblent avoir passé au feu. Leur couleur rappelle celle des débris romains qu'on rencontre dans les fouilles. Singuliers effritements de la montagne, tels que nous n'en avions pas encore vu. — Nous gagnons le col ; nous n'avons parcouru que cent cinquante mètres environ ; la même distance nous reste à franchir pour joindre le sommet.

Déjà, nous embrassons l'horizon des plaines : à nos pieds, la vallée d'Aure, la grande vallée de Campan, avec ses milliers de peupliers qui se balancent comme d'énormes éventails, avec ses riches cultures et ses bouquets de bois. — Plus loin, les trois vallons du Gave de Pau, de l'Adour, de la Garonne ; le vaste plateau des Landes de Pontacq, des villes, des villages, des clochers, des ruines ; au loin, vers l'ouest, une grande lueur blanche et mobile : — c'est la mer. — Au milieu de cette dernière ondulation vague, à peine saisissable, un point fixe et brillant : ce sont les dunes de Bayonne.

Mais nous avons gagné le faite sans trop de peine, car le pic du Midi, bien que s'élevant à près de 3,000 mètres, ne porte point de neige pendant l'été. Les gens du pays attribuent ce privilège unique à la raideur des pentes. Il n'est dû qu'à son isolement. D'autres monts ont des escarpements auss redoutables.

Enfin, nous mettons le pied sur l'étroite plate-forme qui do mine l'observatoire. Le tableau féerique a changé.

Du côté de l'Espagne, plus de villes, plus de hameaux, plus de forêts, plus de cultures. La neige, les glaciers, les murailles de calcaires, les assises de granit toutes nues, des centaines de pics ébréchés, tailladés ; les géants de la chaîne, la Maladetta le Mont-Perdu, le Nethou, le Posets, dépassant toute cette mêlé sublime de pyramides et de pitons. Cependant la Maladetta s voit mal ; c'est la seule lacune à ce spectacle si complet. Mais qu ce Mont-Perdu est beau sous son énorme manteau de glaces

Devant nous s'étend tout le massif de Troumouse, qui le sépar du Vignemale, puis la chaîne de Gavarnie, le Cylindre, le Taillon les deux Brèches, les tours du Marboré, et nous distinguons l'am phithéâtre. Tout près voici le cône ruiné du Balaïtous ; cette crête rougeâtre, d'où se détache le pic d'Enfer, ramène nos yeux en terre espagnole ; à droite, se profilent les montagnes de Luz, de Saint-Sauveur et de Barèges, le Bergons, le Soulom, l'Arbizon, les monts de Cauterets, et le Monné, leur plus haute cime ; le pic d'Ossau ; plus loin, les monts de Béarn, le pic du Midi de Pau ; à l'ouest, les basses chaines qui courent vers l'Océan. A l'extrémité orientale, c'est le Montcalm, qui borne ce prodigieux horizon. La vue ne dépasse point les murailles de l'Ariège ; elle s'arrête aux monts de l'Andorre.

Nous avons voulu demeurer très sobre de détails dans l'exposition de ce panorama unique au monde, — ou du moins en Europe. Ce n'est pas une description que nous présentons ici ; la plume s'y refuse. Elle n'a que de petits moyens lorsqu'elle est résolue à ne point se départir de la simplicité, et qu'elle redoute de tomber dans les procédés de la rhétorique. Quant aux sentiments que peut éveiller, dans un esprit ouvert et bien fait, l'heure réglementaire de contemplation passée sur la plate-forme du pic, ils sont certainement multiples et divers.

L'admiration n'exclut point la réflexion ; l'immensité que les yeux embrassent doit ramener nos pensées sur la petitesse qui nous est échue, à nous autres « rois de la création ». Un roitelet au faite du plus haut des chênes se trouve moins en disproportion avec cet énorme perchoir, que le plus grand des humains, sur le pic du Midi, ne l'est avec le cadre qui l'environne.

Et cependant, l'homme a raison de dire qu'il a vaincu cette gigantesque nature : il paye sa victoire, puisque la fin en est toujours la même, et que cette nature implacable le dévore ; mais, tant qu'il est debout, il peut se vanter d'avoir été quelquefois le plus fort. L'observatoire placé au sommet de ce mont est bien la preuve d'une de ses conquêtes. Celle-ci a été rude, et ce n'était pas trop que d'y employer la main d'un soldat.

Nous regardons au-dessous de nous ; ce beau pic du Midi

vaut bien qu'on l'admire en soi. Nos yeux plongent jusqu'au fond du cône renversé occupé par le lac d'Oncet, et retrouvent l'hôtellerie. Une forte digue de rochers entassés a été construite un peu au-dessus du bâtiment, afin de recevoir l'assaut de l'avalanche et de l'en préserver. La neige roule du faîte par masses épaisses, dès le commencement du printemps. C'est l'époque où la station offre le plus de périls.

Quelle terrible vie, quand on y songe, que celle de ces vaillants « observateurs »! Mais quelle sincérité, quelle grandeur de dévouement à une superbe cause, après tout, celle de la science, la seule qui ne décourage point ses champions!

Avant de descendre du pic, nous embrassons une dernière fois la « féerie ». De légères vapeurs s'élèvent, se groupent, se massent et forment des nuées, dont la disposition reproduit le dessin des montagnes ; on dirait un mirage. Ces nuages se balancent surtout au-dessus des chaînes qui s'allongent à l'ouest. C'est là, vers les Basses-Pyrénées, vers ces Eaux-Bonnes, appelées autrefois les *Eaux-d'Arquebusades*, parce qu'on y venait, au XVIe siècle, chercher la guérison des blessures; vers ces Eaux chaudes, dont la réputation est si vieille, puisqu'elles furent certainement connues des Romains; vers le massif du Gabizos, dont les pointes ressemblent aux dents de quelque monstre haut de huit mille pieds; vers le pic du Midi d'Ossau, dernier contrefort de la chaine du côté de l'Océan; vers la mer elle-même, que nous ferons notre prochain voyage.

Ave, domine lector.

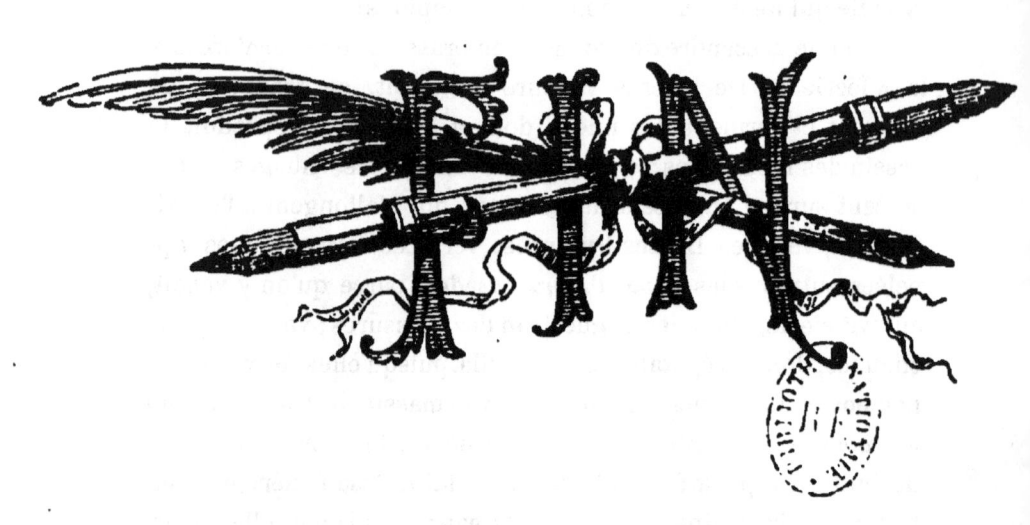

CHANTS PYRÉNÉENS

Nous devons à l'obligeance de M. Lacome les deux chansons pyrénéennes qu'on trouvera plus loin. L'artiste les a saisies sur les lèvres de ses compatriotes ; c'est la nature prise sur le vif. M. Lacome est un enfant des Pyrénées ; la maison de son père est située près d'Auch. De toutes les fenêtres, et de la terrasse qui domine le jardin, on embrasse le panorama entier de la grande chaine. C'est là que le compositeur est né. Tout le monde sait que M. Lacome a écrit plusieurs opérettes représentées avec succès. Citons seulement *Jeanne, Jeannette et Jeanneton*, et *Le beau Nicolas*. Il ne s'est point borné à ces ouvrages légers ; il a poursuivi d'autres travaux sur les origines de l'opéra et sur les vieux compositeurs français ; Lacome est un musicographe autorisé — et à bon droit.

Modeste et sincère autant que savant, il ne cherchera jamais à tromper le public. Il a des scrupules trop rares. Ainsi, bien que la chanson de Gaston Phœbus, qu'on va lire, ait été attribuée par une tradition constante à travers les siècles, au fameux prince « à la chevelure dorée » qui édifia la tour carrée du château de Pau et qui remplit de l'éclat de son nom la France de la langue d'Oc et l'Espagne, il n'ose certifier cette origine. Il se borne à dire : — Cette chanson a toujours passé pour avoir été composée par Phœbus, en l'honneur d'une reine de Navarre dont il était épris ; elle est si populaire de Bayonne à Perpignan, que l'air en est devenu une sorte de pont-neuf sur lequel se chantent d'innombrables couplets célébrant les mérites des filles au capulet rouge. Beautés de Bagnères, de Luz, de Cauterets, de Lourdes, d'Argelès et de Pau.

Quant au petit poème de Despourrins, il est écrit dans ce langage que nos lecteurs connaissent déjà, mélange de patois et de français, et les paroles en sont portées sur les ailes d'une adorable mélodie, très populaire aussi dans la région sub-pyrénéenne.

On ne connait point l'auteur de cette délicieuse musique; nous sommes en présence d'une perle anonyme.

Voici ces deux chants *nationaux* :

AQUÉRES MOUTINES

CHANSON DE GASTON PHŒBUS

TRANSCRITE AVEC ACCOMPAGNEMENT DE PIANO PAR P. LACOME

1.

Aquéres mountines, qué ta hautes soun (bis),
M'empachen dé béde mas amous oun soun.
   Deritoun toun toun déritène
   Mas amous oun soun.

2.

Sé sabei las béde ou las rencountra (bis)
Passeri l'ayguéte chens pou d'em néga
   Deritoun toun toun déritène
   Chens pou d'em néga.

3.

Hautes b'én soun hautes qué s'abachéran (bis)
Et mas amourétes qué parécheran
  Deritoun toun toun déritène
  Qué paréchéran.

VOICI LA TRADUCTION DE CE VIEUX CHANT :

1.

Ces montagnes
Qui sont si hautes
M'empêchent de voir
Où sont mes amours. — *Tra la.*

2.

Si je savais les voir,
Ou les rencontrer,
Je passerais l'eau
Sans peur de me noyer. — *Tra la.*

3.

Hautes, elles sont hautes,
Mais elles s'abaisseront,
Et mes amourettes,
Alors paraîtront. — *Tra la.*

ROMANCE DE DESPOURRINS

TRANSCRITE AVEC ACCOMPAGNEMENT DE PIANO PAR P. LACOME

1.

Cessats bostes ramadges
Aymables ausélous,
Quittats-mé lous boucadges
Témoins dés mas amous.
Ah! lechats-mé soulette
Ploura lou qui sy perzut! } (bis).
You bau mouri, praubette,
Sé leu nou m'ey rendut.

2.

Ta bouts tendre et doucette
Charman roussignoulet,
Nou charme mey Annette
Despuch qué mey n'eou bet.
Dap plasé qu'escoutabem
Tous airs méloudious } (bis).
Quan tous trés celebrabem
Noustes prumes amous

3.

Sus aqueste branquette
Miey mourte de chagri
Praube tourterellette
Que t'enteni gémi.
A ta bouts langourouse
Nou's poudem qu'atendri } (bis).
Coum you qu'ès malhurouse,
Coum you qu'et cau mouri

TRADUCTION DE LA ROMANCE DE DESPOURRINS.

1.

Cessez votre ramage,
Aimables oiseaux;
Quittez aujourd'hui le bocage,
Témoin de mes amours;
Ah! laissez-moi seule
Y pleurer celui que j'ai perdu;
Je vais mourir malheureuse,
Si bientôt il ne m'est rendu.

2.

Ta voix tendre et douce,
Heureux rossignol,
Ne charme plus Annette,
Depuis qu'elle ne le voit plus.
Avec plaisir nous écoutions
Tes airs mélodieux,
Quand tous trois nous célébrions
Nos premières amours.

3.

Sur cette branche,
A demi morte de chagrin,
Pauvre tourterelle,
Je t'entends gémir.

*A ta voix langoureuse,
On ne peut que s'attendrir;
Comme moi, tu es malheureuse,
Comme moi, il te faut mourir!*

TABLES

TABLE DES MATIÈRES

	Pages
Introduction.	1

LA VALLÉE DU LAVEDAN

Les portes du Bigorre.	7
Lourdes.	22
Route d'Argelès.	32
Excursions.	41
Les forteresses.	51
Saint-Savin.	61
La vallée d'Azun.	85

LA VALLÉE DE SAINT-SAVIN

Le chemin de Cauterets.	103
Cauterets autrefois.	114
Cauterets aujourd'hui.	126
Le pont d'Espagne et le lac de Gaube.	139
La vallée de Lutour.	149
De Cauterets à Arrens.	160
De Cauterets à Saint-Sauveur.	169

LA VALLÉE DE BARÈGES

La gorge de Luz.	179
Luz.	194
De Luz à Saint-Sauveur.	203
La vie à Saint-Sauveur.	216
De Luz ou Saint-Sauveur à Gèdres.	228

De Gèdres à Gavarnie 243
Les aspects de Gavarnie. 256
La brèche de Roland. 265
De Gèdres à Troumouse. 274
Le pays de Barèges. 296
De Barèges au pic du Midi. 318
L'apothéose. 329

CHANTS PYRÉNÉENS

Chanson de Gaston Phœbus. 341
Romance de Despourrins. 344

TABLE DES GRAVURES HORS TEXTE

	Pages
Le château de Lourdes.	19
Lourdes. — La ville.	25
L'église.	29
La vallée d'Argelès et Vidalos.	33
Argelès de Bigorre.	37
Le pic de Viscos.	49
Château de Beaucens — Le donjon.	53
Le château de Beaucens.	59
Saint-Savin.	65
Les orgues.	69
La salle capitulaire.	73
Château du Prince Noir.	83
La gorge de Cauterets.	109
Cauterets — Le Gave.	117
Cauterets.	121
La Raillère.	131
Cascade du Pont d'Espagne.	141
Le lac de Gaube.	143
La vallée de Lutour.	153
Cauterets — Le Casino.	165
Le Bergons.	191
Luz — L'église.	197
Château de Sainte-Marie.	209
Le pont Napoléon.	223
La gorge de Gavarnie.	231
Barbe de Bouc et le Peyre Ardonne.	235
Le chaos de Gavarnie.	245
Le cirque de Gavarnie.	251
Les deux Sœurs de Troumouse.	291
La vallée du Bastan.	301

	Pages
Barèges.	309
Le col du Tourmalet et le Campana.	323
Fleurs et Instruments de Musique.	338

TABLE DES GRAVURES DANS LE TEXTE

La chaîne vue de Coarraze.	7
Vue générale de Lourdes.	14
Le donjon de Gavarnie.	17
La vieille église.	22
La grotte.	27
Château de Gélos.	32
Les ruines de Gélos.	35
Donjon de Vidalos.	40
La porte de l'église de Serre.	42
Château d'Ourout.	46
Le donjon de Vieuzac.	48
Église de Boo-Silhen.	49
Le pic d'Arraillé.	50
Pont d'Argelès.	51
Cour intérieure de Beaucens.	56
Passerelle de Beaucens.	59
Chapelle de la Piétad.	61
Abside de l'église de Saint-Savin.	63
Bénitier des cagots.	66
Porte de l'église.	68
Tombeau de Saint-Savin.	71
Maison du XVe siècle.	76
Monument de Despourrins.	80
Chapiteau antique de la salle capitulaire.	82
Le village d'Arras.	85

	Pages
Le castelnau d'Azun.	87
Fenêtre à Aucun.	91
Fenêtres à Marsous.	93
Arrens.	95
La chapelle de Poey-la-Houn.	98
Vieilles maisons à Pierrefitte.	103
Le pic de Peguère.	112
Les thermes de César.	126
La cascade de Lutour.	136
Manhourat et le Gave de Géret.	139
Le tombeau sur le lac.	147
Le pont d'Espagne.	148
Une scierie sur le Gave de Lutour.	149
La vallée de Cambasque.	160
Le pont d'Arrens.	168
Pause vieux et César.	169
Porte de l'église de Sazos.	173
Le pont de Villelongue.	179
Église de Soulom.	180
Le pont d'Arsimpré.	183
L'église de Sère.	185
Porche de l'église de Sère.	187
Le fort de Sainte-Marie.	188
La gorge de Pierrefitte.	193
Le Gave dans la plaine de Luz.	194
Le chemin de ronde de l'église.	197
Tombeau d'enfant à l'église de Luz.	199
Burette du Trésor de l'Église.	201
Bénitier du XVIe siècle.	202
Luz et la vallée du Bastan.	203
L'ermitage de Saint-Pierre.	215
Saint-Sauveur.	216
Le Gave à Saint-Sauveur.	220
Le pont Napoléon.	228
Le pont de Sia.	237
Gèdres.	243
L'auberge de Gavarnie.	248

	Pages
L'église de Gavarnie.	255
L'auberge de la Cascade.	256
La cascade.	261
Un pont de Neige.	265
La brèche de Roland.	269
Le chemin de Héas dans le Chaos.	274
La pierre de l'Arayé.	280
Le village d'Héas.	285
Le châlet de l'Hôtel de l'Univers.	296
Les dernières maisons de Barèges.	306
Les thermes et l'hôpital militaire.	312
L'obélisque du duc de Nemours.	318
L'hôtellerie du pic et l'observatoire.	329

POITIERS. — TYPOGRAPHIE OUDIN.

RENSEIGNEMENTS GÉNÉRAUX

Nous ne croyons pas devoir fermer ce livre, sans donner à nos lecteurs les quelques renseignements pratiques suivants, sur le pays que nous venons de parcourir ensemble.

LOURDES

Hôtels : de France — de la Grotte — de Paris — des Princes — des Pyrénées.
Chevaux et voitures de toute espèce.
On peut se faire conduire facilement en voiture à Argelès.

Librairie Pujo. — Livres, Guides, Vues, Photographies.
Bureau de Poste. — Télégraphe.

ARGELÈS

Hôtels : d'Angleterre dans la vallée, et de France à l'entrée de la ville.
Voitures, chevaux pour les excursions nombreuses à faire aux environs d'Argelès.
Bureau de Poste. — Télégraphe.

PIERREFITTE

Hôtels : d'Angleterre — des Pyrénées.
Omnibus et voitures particulières pour Cauterets — Luz — Saint-Sauveur — Barèges.
Bureau de Poste. — Télégraphe.

CAUTERETS

Établissements thermaux

Groupe du Nord : Les Œufs — Thermes de César —
Les Espagnols — Le Rocher et Rieumiset
Pause vieux — Pause nouveau — Buvette de César.
Chaises à porteur pour ces divers Établissements.
Groupe du Sud : La Raillère — Petit Saint-Sauveur — Le Pré — Manhourat
et les Yeux — Le Bois.
Ces Établissements un peu éloignés de la ville, sont desservis par des omnibus.

Casino au milieu de la ville — Restaurant — Salle de lecture
Spectacles et Concerts.

Concert Casino Club de l'Hôtel Continental — Spectacles et concerts
Restaurant — Salle de lecture, etc.

Hôtels : d'Angleterre — des Ambassadeurs — des Bains — Continental
de l'Europe — de France — de Paris — du Parc — de la Paix
des Princes — des Promenades — des Pyrénées — de Richelieu — de l'Univers.

Guides — Voitures — Chevaux — Chaises à porteur, se trouvent dans
tous les Hôtels.
Bureau de Poste. — Télégraphe.

Librairie Cazaux frères. — Publications locales — Nouveautés littéraires
Guides — Albums et vues des Pyrénées — Photographies, etc.

LUZ

Hôtels : des Pyrénées — de l'Univers
A l'Entrée de la ville — Omnibus pour Saint-Sauveur
Guides — Chevaux — Voitures pour les excursions.
Bureau de Poste. — Télégraphe.

SAINT-SAUVEUR

Établissements :

Les Thermes dans la grande rue de Saint-Sauveur — La Hontalade à trois cents
mètres au-dessus de la ville.
Chaises à porteur pour monter à ce dernier Établissement.
Hôtels : des Bains — de France — de Paris — des Princes.
Bureau de Poste. — Télégraphe.

Librairie Cazaux : Livres — Guides — Photographies — Albums et vues
des Pyrénées.

BARÈGES

Établissement des Thermes.

—

Établissement de Barzun.

—

Guides — Chaises à porteur — Chevaux — Voitures procurées par tous les Hôtels.

—

Librairie Cazaux frères : Cabinet de lecture — Guides — Vues des Pyrénées.

Bureau de Poste. — Télégraphe.

Hôtels : de l'Europe — de France — des Princes — des Pyrénées — Richelieu.

—

Hôtellerie du Pic du Midi.

www.ingramcontent.com/pod-product-compliance
Lightning Source LLC
Chambersburg PA
CBHW050539170426
43201CB00011B/1487